Helma Danner

Die Naturküche

Vollwertkost
ohne tierisches Eiweiß

Mit einer ärztlichen Einführung
von Dr. M. O. Bruker

Ullstein

Besuchen Sie uns im Internet:
www.ullstein-taschenbuch.de

Umwelthinweis:
Dieses Buch wurde auf chlor- und säurefreiem Papier gedruckt.
Ungekürzte Ausgabe im Ullstein Taschenbuch
4. Auflage 2005
© Ullstein Buchverlage GmbH, Berlin 2005
© 2003 by Ullstein Heyne List GmbH & Co. KG
© 2001 by Econ Ullstein List Verlag GmbH & Co. KG, München
© 1986 by Econ Verlag, Düsseldorf und München
Die Ratschläge in diesem Buch sind von Autorin und Verlag
sorgfältig erwogen und geprüft; dennoch kann eine Garantie nicht übernommen werden.
Eine Haftung der Autorin bzw. des Verlages und seiner Beauftragten für
Personen-, Sach- und Vermögensschäden ist ausgeschlossen.
Umschlaggestaltung: Büro Hamburg (nach einer Vorlage von Petra Soeltzer, Düsseldorf)
Titelabbildung: Zefa
Zeichnungen: Eva-Maria Wowy
Druck und Bindearbeiten: Ebner & Spiegel, Ulm
Printed in Germany
ISBN-13: 978-3-548-36597-8
ISBN-10: 3-548-36597-3

Inhalt

Ein Wort voraus 7

Ärztliche Einführung:
Die Ernährung ohne tierisches Eiweiß 9

Das Frischkornfrühstück 23
Frischkost-Salate und -Gemüse 31
Brotbacken 71
Kleingebäck, salzig und süß 95
Kuchen 115
Torten 135
Plätzchen 145
Weihnachtsgebäck 153
Brotaufstriche, würzig und süß 169

Saucen und Dressings 179
Suppen 189
Eintopfgerichte 199
Hauptgerichte 211
Pfannengerichte 243
Gekochte Salate 253
Gemüsegerichte 263
Beilagen 275

Knabbereien, salzig und süß 285
Desserts und Eis 295
Süßspeisen 317
Gärgemüse 331

Anhang
Die Kollath-Tabelle als Wegweiser
   durch die Vollwertkost 340
Getreidemühlen 346
Begriffserläuterungen und Hinweise 348
Schonendes Tiefkühlen 351
Rezept- und Zutatenregister 357

TL = Teelöffel
EL = Eßlöffel
MS = Messerspitze

Alle Rezepte sind für
4–5 Personen berechnet.

Ein Wort voraus

> So einer Gesundheit sucht durch dich,
> frage ihn, ob er willens ist, die
> Ursachen der Krankheiten in Zukunft
> zu meiden – nur dann darfst du
> ihm helfen.
>
> *Sokrates*

Mit meinem Standardwerk der natürlichen Ernährung »Biologisch kochen und backen« (auch bei Econ) habe ich vielen Menschen die gesundheitlichen und geschmacklichen Vorzüge der vitalstoffreichen Vollwerternährung aufgezeigt und nahegebracht. Diese Kostform ist heute fester Bestandteil im Rahmen gesundheitserhaltender und -vorbeugender Maßnahmen und wird als Basistherapie für die vielen ernährungsbedingten Zivilisationkrankheiten eingesetzt. Es ist erstaunlich, jedoch nur natürlich, wie viele Menschen sich innerhalb der letzten Jahre dieser Ernährungsrichtung zugewandt und sie fest in ihren täglichen Speiseplan eingebaut haben.

Die vitalstoffreiche Vollwerternährung ist aus der Außenseiterrolle, die man ihr viele Jahrzehnte zugedacht hatte, durch die zwischenzeitlich vermehrt sichtbaren Heilungserfolge bei bestimmten Krankheiten herausgewachsen und hochaktuell geworden. Ärzte und für die Gesundheit aufgeschlossene Verantwortliche wenden sich verstärkt wieder den Grundlagen der Gesundheit zu und setzen die gesunde, natürliche Ernährung als Heilmittel für die verschiedensten Krankheiten ein.

Diese abgesicherten wissenschaftlichen und ärztlichen Erkenntnisse zu verbreiten und unter die Menschen zu bringen ist eines der Hauptziele der von Prof. Dr. med. M. O. Bruker gegründeten Gesellschaft für Gesundheitsberatung e.V. (GGB) in Lahnstein. Zu diesem Zweck werden dort Gesundheitsberater ausgebildet, welche hauptsächlich die Vollwertkost in Theorie und Praxis allen nach Gesundheit suchenden Menschen nahebringen. Ich selbst bin Gesundheitsberaterin (GGB) und habe mir zum Ziel gesetzt, Hausfrauen, Müttern oder den vielen für unsere Ernährung Verantwortlichen sichere Leitlinien für die tägliche Ernährungs- und Küchenpraxis zu geben. Mit leicht verständlichen und ohne allzu großen Aufwand nachvollziehbaren Rezepten aus meinen Kochbüchern soll jeder lernen, seine Gesundheit in eigene Hände zu nehmen. Verantwortung für die eigene Gesundheit zu tragen ist heute ein Gebot der Stunde.

Nun gibt es aber Krankheiten, die je nach Schwere eine zeitweise strenge Meidung des tierischen Eiweißes, das in der normalen vitalstoffreichen Vollwerternährung verwendet werden kann, bedingen. Die rapide zunehmenden Erkrankungen an Rheuma, Allergien, Herz und Kreislauf können nach modernsten wissenschaftlichen Erkenntnissen mit Naturheilmitteln geheilt, gelindert oder verhindert werden, wobei die Basistherapie immer die von tierischem Eiweiß freie Ernährung im Rahmen einer vitalstoffreichen Vollwertkost ist.

Die Notwendigkeit eines Kochbuches über die Naturküche ohne tierisches Eiweiß habe ich aus den vielen Gesprächen mit nach Heilung und Gesundheit suchenden Menschen in meinen zahlreichen Vorträgen und Praxisseminaren erkannt. Darüber hinaus ist dieses Buch auch für die gesunden Vollwertköstler und Anfänger in der Vollwertkost geschrieben worden, die viele neue Rezeptideen als Ergänzung und Erweiterung von »Biologisch kochen und backen« finden werden. Mit dem vorliegenden Koch- und Backbuch gelingt die Umstellung auf Vollwertkost problemlos.

Auch für mich bedeutete der Einstieg in die Vollwertkost ohne tierisches Eiweiß Neuland, da nun alle Speisen ohne Milch, Käse, Quark und Eier zubereitet werden mußten. In unzähligen eigenen Koch- und Backversuchen wurden die Rezepte erarbeitet und kritisch geprüft. Sie sind für einen Vier- bis Fünfpersonenhaushalt berechnet. Je nach Belieben können die Rezepte in kleinere Quantitäten vermindert oder in größere Mengen vervielfältigt werden. Jedes Rezept in diesem Buch wurde von mir erprobt und von meiner Familie auf Bekömmlichkeit und geschmackliche Ausgewogenheit geprüft. Das Ergebnis liegt nun vor Ihnen.

Ihre Phantasie bei der Erfindung neuer Rezepte der Naturküche soll mit diesen Grundrezepten angeregt werden. An Ihrem Wohlbefinden werden Sie merken, wie wichtig es ist, neue Wege zu gehen. Es lohnt sich bestimmt für Sie. In diesem Sinn wünsche ich Ihnen viel Freude und Spaß bei der Lektüre des Buches und bei der Zubereitung der Vollwertkost ohne tierisches Eiweiß.

Helma Danner

Ärztliche Einführung:
Die Ernährung ohne tierisches Eiweiß

Immer mehr Menschen sind durch Krankheit gezwungen, eine Nahrung zu sich zu nehmen, die kein tierisches Eiweiß enthält. Dies bedeutet einen erheblichen Eingriff in die täglichen Gewohnheiten, da die übliche Kost in den zivilisierten Ländern, zumindest in Europa, zu einem beträchtlichen Anteil aus tierischen Produkten besteht. Demgegenüber ist in vielen Teilen Asiens aus religiösen Gründen der Verzehr von Tieren und ihren Produkten nicht nur unüblich, sondern sogar ein Verstoß gegen religiöse Verbote. Beim Menschen in Europa muß schon der unausweichliche Zwang einer unheilbaren Erkrankung vorliegen, bis er sich zu einer so einschneidenden Änderung seiner Eßgewohnheiten entschließt.

So gibt es tatsächlich eine Reihe von Krankheiten, die als unheilbar gelten, aber durch den Verzicht auf tierisches Eiweiß geheilt werden können. Dies gilt für vier große Krankheitsgruppen, nämlich:
1. Bestimmte Erkrankungen der Bewegungsorgane, das heißt des rheumatischen Formenkreises;
2. Gewisse Hautkrankheiten;
3. Viele allergische Erkrankungen;
4. Gefäßkrankheiten und Bluthochdruck.

Diese vier Krankheitsgruppen haben in den letzten Jahrzehnten in starkem Maße zugenommen. Dies ist allgemein bekannt. Über die Gründe dieser Häufigkeitszunahme ist sich die medizinische Wissenschaft völlig im unklaren und steht vor einem scheinbar unlösbaren Problem. Diese Wissenslücke hat ihrerseits den Grund darin, daß keine ausreichende Ursachenforschung betrieben wird. Dies betrifft insbesondere das Gebiet der Ernährung.

Die mangelnde Beschäftigung mit Nahrungsfragen in der medizinischen Wissenschaft hat schließlich dazu geführt, daß eine Vielzahl ernährungsbedingter Zivilisationskrankheiten entstanden ist. Diese ungenügende Ausbildung von uns Ärzten in Ernährungsfragen an der Universität und in der weiteren Fortbildung hat zur Folge, daß auch in der Bevölkerung dieselbe Unwissenheit darüber herrscht, daß die Ursache der erwähnten Krankheiten in falscher Ernährung liegt und daß diese Krankheiten nur durch richtige Ernährung verhütet und geheilt werden. An dieser eigentlich kaum glaubhaften Wissenslücke ist aber noch ein anderer Umstand maßgeblich beteiligt, nämlich die Spezialisierung innerhalb der Medizin und der Naturwissenschaften.

So liegt der Bereich der Ernährungsforschung im Rahmen der Naturwissenschaft nicht bei der Medizin, sondern gehört zu einem abgesonderten Spezialgebiet, der Ernährungswissenschaft; sie treibt reine chemisch-analytische Forschung im Labor, die keinen direkten Bezug zum ärztlichen Bereich hat. Bei den Thesen, die auf der Laborforschung beruhen, fehlt die Kontrolle an der Wirklichkeit, d.h. an den vielen ärztlichen Beobachtungen am Kranken. Die in der chemischen Analyse gewonnenen Laborergebnisse reichen keineswegs aus, um ernährungsbedingte Erkrankungen zu verstehen. Sie haben im Gegenteil zu falschen Vorstellungen geführt, die letzten Endes gerade zu der ständig wachsenden Lawine der ernährungsbedingten Zivilisationskrankheiten geführt haben, statt zu ihrer Verhütung beizutragen. Über Zusammenhänge zwischen Ernährung und der am Kranken gewonnenen ärztlichen Erfahrung liegen zwar genügend Berichte vor; sie stimmen aber nicht mit den Schlußfolgerungen aus der Laborforschung überein. Diese Diskrepanz zwischen den praktischen Erfahrungen des Arztes und den theoretischen Vorstellungen der Vertreter der herkömmlichen Ernährungsphysiologie, die sich auf chemische Laboruntersuchungen stützen, erklärt, weshalb man in der Literatur so verschiedenen, zum Teil direkt gegensätzlichen Vorstellungen auf dem Nahrungsgebiet begegnet.

Dadurch kommt es natürlich auch zu einer starken Verunsicherung der Bevölkerung, die nicht beurteilen kann, welche der widersprechenden Aussagen nun richtig sind. Aus ärztlicher Sicht müssen aber die Ergebnisse Vorrang haben, die auf wissenschaftlichen Beobachtungen am lebendigen Menschen, sowohl am gesunden wie am kranken, beruhen, und nicht die spekulativen Ansichten, die nur aus Laborforschung kommen und die keine Kontrollprüfung am Lebendigen durchlaufen haben. Wenn es um die ärztliche Aufgabe des Heilens geht, hat die Erfahrungswissenschaft Vorrang vor der rein naturwissenschaftlichen Betrachtungsweise der Chemie. So gilt für die Behandlung ernährungsbedingter Zivilisationskrankheiten der Satz »Wer heilt, hat recht« in ganz besonderem Maße.

Die Tatsache, daß die medizinische Wissenschaft sich fast gar nicht um die Ernährung des Gesunden und Kranken kümmert, bedeutet, daß sie das Feld Ernährungswissenschaftlern überlassen hat, die im Labor und nicht am Krankenbett stehen. Wenn dies nicht so wäre, hätte es auch nicht dazu kommen können, daß sich eine rein chemisch-analytisch orientierte mächtige Nahrungsmittelindustrie entwickelte, die nun ihrerseits den Informationsmarkt auf dem Gebiet der Ernährung weitgehend beherrscht. Und die Industrie stützt sich nun ihrerseits wieder auf die Vertreter der chemisch-analytischen Wissenschaft fernab von ärztlicher Erfahrung.

Man muß sich diese groteske Situation klar machen, um zu verstehen, wie es dazu gekommen ist, daß heute so viele Menschen, die an ernährungsbedingten Zivilisationskrankheiten leiden, ahnen, daß ihre Krankheit durch fehlerhafte Ernährung entstanden ist.

Eine der Hauptursachen der fehlerhaften Ernährung der zivilisierten Völker ist der Einbruch der Technik in den Nahrungsbereich. Die Industrialisierung der Nahrung ist gekennzeichnet durch drei Punkte:
1. die Herstellung von raffinierten Kohlenhydraten, d.h. von zahlreichen Fabrikzuckerarten und von Auszugsmehl anstelle von Vollkornerzeugnissen,
2. die Herstellung von Fabrikfetten, d.h. von Margarinen und raffinierten Ölen, ermöglicht durch die hochentwickelte Technik auf dem Fettgebiet,
3. die bereits erwähnte Zunahme des Verzehrs tierischer Produkte.
Alle drei Komponenten sind an der Entstehung der ernährungsbedingten Zivilisationskrankheiten beteiligt und verstärken gegenseitig ihre nachteilige Wirkung.

Die raffinierten Kohlenhydrate führen an den Zähnen zu Karies, im Stoffwechselbereich zu Fettsucht, Zuckerkrankheit und Leberschäden, während bei den Ablagerungskrankheiten wie Gallenstein, Nierenstein und Arteriosklerose (Herzinfarkt) auch die raffinierten Fette eine Rolle spielen. Bei den rheumatischen Krankheiten, Hautkrankheiten, allergischen Erkrankungen und der Parodontose ist das tierische Eiweiß zusätzlich von negativer Bedeutung.

Gerade bei der Behandlung der erwähnten Krankheiten, bei denen der Verzicht auf tierisches Eiweiß erforderlich ist, ist der Hinweis nötig, daß zusätzlich die Vermeidung raffinierter Kohlenhydrate (Auszugsmehle und Fabrikzucker) und von Fabrikfetten nötig ist.

Dem ärztlichen Rat, tierisches Eiweiß zu meiden, wird meistens mit der ängstlichen Frage begegnet, womit dann der Eiweißbedarf gedeckt werde. Denn nach der herkömmlichen Ernährungslehre sei doch bekannt, daß ohne tierische Produkte der Eiweißbedarf nicht gedeckt werden könne. Da diese Vorstellungen nicht nur in allen Bevölkerungsschichten, sondern auch in Ärztekreisen üblich sind, erscheint es nötig, darauf einzugehen, wie es zu dieser falschen Meinung kommen konnte.

In einer Zeit, als die Chemie noch nicht so fortgeschritten war, vor etwa 50 Jahren, hat man tatsächlich aufgrund chemischer Analysen die These aufgestellt, es gäbe vollwertige und nicht vollwertige Eiweiße. Unter vollwertigen Eiweißen verstand man diejenigen, die alle notwendigen Eiweißbausteine, d. h. Aminosäuren enthielten. Heute weiß man, daß unter den ca. 22 Aminosäuren, aus denen die Eiweiße bestehen, acht Aminosäuren mit der Nahrung zugeführt werden müssen, da der Organismus sie nicht selbst bilden kann. Er ist auf ihre Zufuhr angewiesen. Man nennt sie essentielle Aminosäuren. Diese acht sowie einige weitere wichtige Aminosäuren seien angeführt; es sind Arginin, Histidin, Lysin, Tryptophan, Phenylalanin, Methionin, Threonin, Leucin, Isoleucin, Valin und Cystein.

Man nahm früher fälschlicherweise an, daß nur die tierischen Eiweiße alle essentiellen Aminosäuren enthielten, die pflanzlichen dagegen nicht. Obwohl man dem Fortschritt der Chemie entsprechend schon seit ca. 50 Jahren weiß, daß auch die pflanzlichen Eiweiße alle essentiellen Aminosäuren enthalten, wird die alte Irrlehre immer noch verbreitet. Hier fällt einem der bekannte Spruch des Nobelpreisträgers Max Planck ein: »Irrlehren der Wissenschaft brauchen 50 Jahre, bis sie durch neue Erkenntnisse abgelöst werden, weil nicht nur die alten Professoren, sondern auch ihre Schüler aussterben müssen.« Es muß also mit Nachdruck betont werden, daß alle pflanzlichen Eiweiße alle essentiellen Aminosäuren enthalten, daß also pflanzliche Eiweiße genauso vollständig sind wie tierische. Damit ist auch klar ausgesagt, daß der Eiweißbedarf mit pflanzlichen Lebensmitteln gedeckt werden kann.

Zur besseren Beurteilung des Eiweißproblems müssen wir uns auch mit der Frage beschäftigen, wie hoch der tägliche Eiweißbedarf des Menschen ist. Zur Beantwortung sind keine großen chemisch-analytischen Untersuchungen nötig, da wir einfache Modelle in der Natur besitzen, welche die Frage eindeutig beantworten. Der menschliche Säugling gedeiht mit Muttermilch so prächtig, daß er in weniger als einem Jahr sein Gewicht verdoppelt. Es ist sicher daraus der Hinweis abzuleiten, daß die Muttermilch alle Nährstoffe und sonstigen biologischen Wirkstoffe in optimaler Menge enthalten muß, wenn man nicht der Natur den Vorwurf machen müßte, daß sie ein minderwertiges Produkt geschaffen habe.

Wir dürfen also getrost den Gehalt der Muttermilch an Eiweiß als Modell eines ideal und optimal zusammengesetzten Lebensmittels ansehen. Und siehe da: Sie enthält nur 1,4 bis 2,0%, (maximal 2,5%) Eiweiß! So wenig Eiweiß braucht also der Organismus, und zwar in einer Zeit stärksten Wachstums und Aufbaus. Die Wachstumsgeschwindigkeit des jungen Menschen nimmt ständig ab und hört in einem bestimmten Alter auf. Demnach kann auch angenommen werden, daß der Bedarf an aufbauendem Eiweiß in zunehmendem Alter geringer wird. Der prozentuale Eiweißanteil an der Gesamtnahrung ist daher sicher nicht höher als 2%, gemessen an der Idealnahrung Muttermilch.

Im Vergleich zur Milch des Menschen enthält z.B. die Kuhmilch ca. 3,5% Eiweiß. Man könnte daraus den Schluß ziehen, daß für den Menschen als Vernunftwesen und als Ausdruck höherer geistiger Entwicklung eine geringere Eiweißmenge als für das Tier erforderlich ist.

Vergleichen wir damit den Gehalt an Eiweiß bei den Pflanzen, so ist auch hier der relativ geringe Eiweißgehalt von durchschnittlich 3% ein Hinweis, wie geringe Eiweißmengen in der Nahrung für den Menschen vorgesehen sind. Dies setzt allerdings die Annahme voraus, daß die Pflanzen dem Menschen als Nahrung dienen.

Wir müssen uns daher mit der Frage auseinandersetzen, ob der Mensch ein Tier- oder Pflanzenesser ist. Ein sicheres Merkmal derjenigen Lebewesen, die sich von Tieren ernähren – man denke an die sogenannten Raubtiere – ist die Tatsache, daß sie ihre Beutetiere roh und ganz fressen. Der Verzehr der Beute in unerhitztem Zustand ist genauso eine Voraussetzung für die Gesunderhaltung des tierfressenden Tieres wie der Verzehr des ganzen Beutetiers und nicht nur einzelner Teile. Auf den Menschen übertragen, würde dies bedeuten, daß er die Tiere, die ihm zur Nahrung dienen, ganz und roh verzehren müßte.

Der Mensch genießt aber das »Fleisch« fast ausschließlich in erhitzter Form, gekocht, gebacken oder gebraten. Und als Fleisch im engeren Sinne ist vorwiegend das Muskelfleisch des Tieres gemeint, der ernährungsphysiologisch minderwertigste Teil des Tieres. Jeder Direktor eines zoologischen Gartens weiß, daß die Raubtiere nach kurzer Zeit zugrunde gingen, wenn sie nur mit rohem Muskelfleisch ernährt würden; sie benötigen zur Erhaltung der Gesundheit das ganze Tier, also auch die Innereien (Leber, Lunge, Herz, Därme, Blut usw.). Würde ein Löwe nur mit gebratenen Kaninchen oder gar nur mit gebratenen Hühnerschenkeln gefüttert, lebte er nicht mehr lange. Schon diese Überlegungen zeigen, daß der Mensch im Gegensatz zum Raubtier nicht dazu bestimmt ist, sich seine notwendigen Nährstoffe und biologischen Wirkstoffe aus dem Tierreich zu beschaffen.

Aber auch das pflanzenfressende Tier ist darauf angewiesen, seine Nahrung unerhitzt zu verzehren. Wird es vom Menschen gezwungen, nur erhitzte Nahrung zu sich zu nehmen, geht es zugrunde. Die Gesundheitsschäden, die beim Verzehr von erhitzter Nahrung, ob pflanzlicher oder tierischer Herkunft, auftreten, hat man nach der Entdeckung der Vitamine lange auf deren Beeinträchtigung durch die Hitze zurückgeführt. Erst seit den grundlegenden Forschungen Kollaths weiß man, daß das Wesentliche bei der Erhitzung pflanzlicher und tierischer Produkte die Veränderung des Eiweißes ist.

Wie kam es zu Kollaths bahnbrechender Entdeckung? In der Vitaminforschung benützte man für die Tierfütterungen von jeher als Eiweißträger das Milcheiweiß, das Kasein. Dieses Kasein wurde von der Firma Merck bei 73° durch Alkohol-Extraktion gewonnen. Professor Kollath stand dieses Kasein nicht zur Verfügung, so daß er es in seinem Institut in Greifswald selbst herstellte. Er extrahierte aber das Kasein nicht bei 73° mit Alkohol, sondern bei 34° mit Äther. Die mit diesem Kasein angestellten Versuche ergaben bei den damit gefütterten Tieren ganz andere Ergebnisse als die früheren Versuche mit Kasein der Firma Merck. Beim Fehlen bestimmter Vitamine waren früher Ratten gestorben, während sie unter sonst völlig gleichen Bedingungen, aber bei Verabreichung von Kasein, das nur auf 34° erhitzt war, am Leben blieben. Das entscheidende Ergebnis dieser Versuche war der Zustand des Eiweißes: ob es durch Erhitzung verändert, *denaturiert,* oder noch natürlich, *nativ,* war.

Wie schon die Aminosäurenforschung ergeben hat, ist es völlig ohne Belang, ob das Eiweiß pflanzlicher oder tierischer Herkunft ist. Seit den Forschungen Kollaths weiß man, daß das Entscheidende ist, ob das Eiweiß nativ oder denaturiert ist.

Da es in der menschlichen Nahrung schwierig bzw. unmöglich ist, den Bedarf an nativem Eiweiß durch unerhitzte Tierprodukte zu decken, dies aber mit pflanzlicher Nahrung leicht möglich ist, ergibt sich daraus die logische Schlußfolgerung, daß die Lösung des Eiweißproblems im Vegetarismus liegt. Mit frischen Pflanzen ist der Bedarf an nativem Eiweiß, auf das es ankommt, spielend zu decken, während dies mit tierischen Produkten schwierig ist.

Schon das Wissen um diese wissenschaftlich einwandfreien Fakten reicht aus, um zu begreifen, daß zur Deckung des Eiweißbedarfs – es geht nur um den nativen Anteil – der Verzehr von tierischem Eiweiß zwecklos und völlig unnötig ist.

Wenden wir uns nun dem besonderen Kapitel der Milch zu, soweit sie Träger von Eiweiß ist. Neben dem Kasein enthält die Milch noch das Molkeneiweiß. Für die hier zur Debatte stehende Eiweißfrage ist der Unterschied zwischen den beiden Eiweißarten ohne Bedeutung.

Alle Säugetiere ernähren ihre Jungen in der Säuglingszeit mit der Milch ihrer Art, die Löwin mit Löwenmilch, die Giraffe mit Giraffenmilch usw. Kein Säugetier, das frei lebt, ernährt sich nach der Säuglingszeit mit Milch, schon gar nicht mit Milch einer anderen Art. Nur der Mensch glaubt, daß nach der Säuglingszeit, wenn die Muttermilch nicht mehr vorhanden ist, Milch einer anderen Art, Kuhmilch, nötig sei. Mit diesem Verhalten, nach der Säuglingszeit Milch einer anderen Art zu sich zu nehmen, bildet der Mensch unter den Säugern eine bemerkenswerte Ausnahme. Man stelle sich als Parallele vor, ein erwachsener Elefant gedeihe nicht ohne Löwenmilch und ein Löwe nicht ohne Tigermilch oder, um es noch plastischer darzustellen, die Giraffe laufe mit der Milchkanne zum Esel und dieser mit einer Milchflasche zum Känguruh. Merkwürdig, daß uns dieser Gedanke zum Lachen zwingt, wir es aber nicht abwegig finden, Milch von einer Kuh zu trinken.

Vielleicht tragen diese Gedanken zum Verständnis dafür bei, daß es eine Reihe von Kindern gibt, die auf den Verzehr von Kuhmilch mit Krankheiten reagieren. Dies trifft schätzungsweise auf etwa 1/3 aller Kinder zu, während andere Kinder die Milch anstandslos vertragen. Bei ihnen ist gegen die Verwendung von Milch kaum etwas einzuwenden, sofern man nicht die Beobachtung ernst nimmt, daß Milch bei vielen Kindern den Appetit hemmt und dadurch eventuell andere wichtige Lebensmittel nicht ausreichend gegessen werden. Milchtrinker sind oft schlechte Esser. Wenn auch nicht statistisch gesichert, so entsteht doch der Eindruck, daß Kinder, die keine oder nur wenig Milch trinken, im Durchschnitt bessere Schulleistungen aufweisen als Milchtrinker.

Diejenigen Kinder, die die artfremde Kuhmilch nicht vertragen, gehören meist der Gruppe der sogenannten lymphatischen Kinder an. Früher bezeichnete man diesen Lymphatismus als Skrofulose und später als exsudative Diathese (»Neigung zu Ausschwitzungen«). Tatsächlich neigen diese Kinder zu Ausschlägen (Ekzemen) oder häufigen Erkrankungen der Schleimhäute, sogenannten Erkältungen, d.h. zu immer wiederkehrenden Infekten mit Schwellungen und Entzündungen der Lymphknoten und Mandeln.

Je nach Schweregrad der Erkrankung ist eine Einschränkung bzw. völlige Vermeidung des tierischen Eiweißes, vor allem der Milch, notwendig. Zur Steigerung der Abwehrkräfte ist in allen Fällen ein möglichst vollständiger Verzicht auf alle Fabrikzuckerarten und Auszugsmehlprodukte und ihr Ersatz durch Vollkornprodukte notwendig. Das Frischkorngericht gehört genauso in den täglichen Kostplan wie ein gewisser Frischkostanteil.

Eine besondere Form des Ekzems ist die *Neurodermitis,* auch konstitutionelles Ekzem genannt, die meist schon in der Säuglingszeit beginnt, Ellenbeugen und Kniekehlen bevorzugt, aber oft auch den ganzen Körper befällt. Hierbei ist der Zusammenhang mit der Milch besonders deutlich, da der Ausschlag meist beginnt, wenn Kuhmilch verabreicht wird. Nur eine absolut tierisch-eiweißfreie Kost in strengster Durchführung kann Heilung dieser üblicherweise als unheilbar bezeichneten Krankheit bringen. Immer wieder muß darauf hingewiesen werden, daß es genauso wichtig ist, Süßigkeiten und Auszugsmehle streng zu meiden und Vollkornbrot, Frischkornbrei und Frischkost in den täglichen Kostplan aufzunehmen. Wenn Milch aus Krankheitsgründen gemieden werden muß, so geschieht dies immer wegen des artfremden tierischen Eiweißes, nicht wegen des Fettes. Bezüglich des *Eiweißgehaltes* ist also kein Unterschied, ob die Milch roh oder gekocht ist oder ob sie frisch oder sauer ist. Sauermilch enthält genausoviel Eiweiß wie ungesäuerte Milch. Nur der Kohlenhydratanteil, der Milchzucker, wird bei allen Sauermilcharten durch Bakterien in Milchsäure verwandelt.

Die Sahne ist der Fettanteil der Milch; sie enthält nur ca. 2,5% Eiweiß. Da Fett in Form von Sahne nur in relativ kleinen Mengen verwendet wird und der Eiweißgehalt gering ist, kann bei einer Ernährung ohne tierisches Eiweiß Sahne benutzt werden. Nur in ganz besonders schweren Fällen, z.B. bei Neurodermitis, hartnäckigen Ekzemen, bei primär chronischer Polyarthritis und manchen allergischen Erkrankungen empfiehlt es sich, zunächst auch die Sahne zu meiden und später zu beobachten, ob durch Verzehr von Sahne eine Verschlechterung des Zustandes eintritt. Dies ist in jedem einzelnen Fall zu prüfen.

Da der Gehalt an Eiweiß in der Butter relativ gering ist (ca. 0,5%), kann auch diese meist unbedenklich genossen werden.

Selbstverständlich besteht ein erheblicher Unterschied zwischen roher und erhitzter Milch, was das native bzw. denaturierte Eiweiß und was den Vitamingehalt betrifft. Da aber bei der Ernährung ohne tierisches Eiweiß die Milch im Kostplan fehlt, erübrigt sich eine Ausführung über den Vitamingehalt und die Bedeutung von nativem Eiweiß.

Die Deckung des Eiweißbedarfs ist, wie oben dargestellt, durch die vollwertigen pflanzlichen Eiweiße und der wichtige Anteil nativen Eiweißes durch Frischkost und den Frischkornbrei garantiert. Es empfiehlt sich daher ein großer Anteil von Frischkost.

Die Einschränkung bzw. Vermeidung des tierischen Eiweißes ist auch bei allen Erkrankungen der Bewegungsorgane notwendig. Diese Erkrankungen werden auch mit dem Sammelbegriff *Rheuma* bezeichnet. Dabei lassen sich die entzündlichen und die degenerativen Formen unterscheiden. Die entzündliche Erkrankung der Gelenke heißt Arthritis und, wenn viele Gelenke befallen sind, Polyarthritis. Unter Arthrosen versteht man die degenerativen Erkrankungen der Gelenke und des Bandscheibenapparates der Wirbelsäule. Sie werden oft fälschlicherweise als Verschleißerkrankungen bezeichnet. In Wirklichkeit handelt es sich hier aber nicht um eine Abnutzung der Gelenke durch zu starken Gebrauch. Die Gelenke werden nämlich nicht durch Benutzung krank bzw. abgenutzt und verschlissen, sondern durch einen Mangel an bestimmten biologischen Wirkstoffen, wenn über lange Zeit die schädliche bürgerliche Zivilisationskost gegessen wird. Dazu kommt zusätzlich der Verzehr von tierischem Eiweiß meist in erhitzter Form (Fleisch, Wurst und Fisch); aber auch ein zu hoher Verzehr von Milch, Quark, Käse und Eiern spielt eine Rolle.

Wenn bei beginnenden degenerativen Erkrankungen der Gelenke und Wirbelsäule neben der erwähnten vitalstoffreichen Kost das tierische Eiweiß eingeschränkt wird, ist oft völlige Beschwerdefreiheit zu erzielen und ein Fortschreiten der Erkrankung aufzuhalten. In fortgeschrittenen Fällen kommt man damit natürlich zu spät. Trotzdem ist auch in solchen Fällen noch ein Stillstand zu erzielen und eine erhebliche Linderung der Beschwerden zu erreichen, während Versteifungen natürlich nicht mehr zu beheben sind.

In fortgeschrittenen Stadien von Arthrosen reicht eine Einschränkung des tierischen Eiweißes nicht mehr aus; hier ist eine völlige Enthaltung über lange Zeit notwendig. Die strenge Form reiner Frischkost bringt manchmal noch erstaunliche Besserung des Zustandes. Die Frischkost vereinigt in sich mehrere Vorteile: Sie enthält kein tierisches Eiweiß, aber reichliches pflanzliches natives Eiweiß; sie ist reich an Vitalstoffen und frei von gesundheitsschädlichen Fabriknahrungsmitteln wie Auszugsmehl, Fabrikzucker und Fabrikfetten.

Entzündliche Gelenkerkrankungen verlangen von vornherein eine strengere Vermeidung tierischen Eiweißes als die degenerativen Formen. Dies gilt ganz besonders für die heute noch als unheilbar geltende primär chronische Polyarthritis (PCP). Sie ist in den lezten Jahrzehnten erheblich häufiger geworden. Die Zunahme ist eine direkte Folge des vermehrten Verzehrs von tierischem Eiweiß und von industriell hergestellten Nahrungsmitteln (Auszugsmehle, Fabrikzucker, Fabrikfette).

Einer ganz besonderen Erwähnung bedürfen die *allergischen* Erkrankungen. Zunächst ist sicher nicht verständlich, weshalb bei einer Allergie das tierische Eiweiß eine Rolle spielen soll. Wird doch allgemein angenommen, daß die Ursache der Allergie ein bestimmter Stoff ist, auf den der Betreffende allergisch reagiert, z. B. bei Heuschnupfen die Pollen. Bei gründlicherer Erforschung des allergischen Problems zeigt sich aber, daß die Dinge nicht so einfach liegen.

Man nennt den Stoff, auf den jemand allergisch reagiert, Allergen oder Antigen. Solange der Mensch gesund ist – und der Allergiekranke war einmal gesund –, bildet er gegen die Antigene Antikörper. Ist diese

Antigen-Antikörper-Reaktion in Ordnung, ist der Mensch nicht allergisch. Die allergische Erkrankung ist also nicht verursacht durch das Antigen, sondern durch die ausbleibende Antikörperbildung. Dies erklärt auch, warum der Allergiekranke lange Zeit vor Auftreten seiner »Allergie« gesund gewesen ist, weil eben seine Antigen-Antikörper-Reaktion funktionierte. Daraus läßt sich der Schluß ziehen, daß der Allergiekranke wieder geheilt werden kann, wenn man seine Antigen-Antikörper-Reaktion wieder in Ordnung bringt. Diie Antigen-Antikörper-Reaktion spielt sich im Eiweißstoffwechsel ab. Die Störung ist eine Stoffwechselstörung, die durch Belastung des Eiweißstoffwechsels entsteht und durch seine Entlastung wieder beseitigt werden kann.

Dies bedeutet praktisch, daß bei jeder Allergie unabhängig von den allergieerzeugenden Antigenen das tierische Eiweiß gemieden werden muß, um den Eiweißstoffwechsel zu entlasten. Der Verzicht auf Milch, Quark, Käse, Eier, Wurst, Fleisch und Fisch ist über lange Zeit konsequent durchzuführen. Es ist leicht zu verstehen, daß zur Heilung der Allergie längere Zeit, im Durchschnitt mindestens drei Jahre, nötig sind. Es hat ja auch Jahre, oft Jahrzehnte gedauert, bis die Allergie aufgetreten ist.

Der Heuschnupfenkranke z. B. kann bereits nach einem Jahr tierisch-eiweißfreier Kost feststellen, daß seine Beschwerden weniger stark auftreten, und nach einem weiteren Jahr werden sie noch geringer sein. Durch den Erfolg wird der Patient angeregt, noch ein weiteres Jahr mit der Enthaltung von tierischem Eiweiß fortzufahren, zumal er bemerkt, daß auch sein Allgemeinbefinden sich erheblich bessert und unter Umständen eine Reihe anderer lästiger Störungen ebenfalls verschwinden (siehe auch die Broschüre »Das Allergieproblem«, emu-Verlag, 56112 Lahnstein).

Bei manchem *Asthma-* Kranken ist das tierische Eiweiß an der Entstehung der Krankheit beteiligt, seine Vermeidung daher notwendig. Asthma ist jedoch eine komplizierte Erkrankung, bei deren Entstehung mehrere Komponenten zusammenwirken. Das Nichtfertigwerden mit bestimmten Lebenssituationen führt zu Spannungszuständen, die sich als Verkrampfung der Luftwege äußern.

Einen wichtigen Beitrag zum Verständnis der Entstehung von *Gefäßkrankheiten und Bluthochdruck* liefern die Eiweißforschungen von Prof. Dr. Lothar Wendt.

Er ging der Frage nach, ob es Eiweißspeicherkrankheiten gibt. Im Rahmen dieser wissenschaftlichen Forschungen stellte er fest, daß es bei Überfütterung mit tierischem Eiweiß zu krankhaften Ablagerungen von Eiweißstoffen (Polymucosacchariden) auf den Membranen der Blutkapillaren kommt. Im Endstromgebiet der Kapillaren findet die Versorgung der Gewebe mit den nötigen Nährstoffen statt. Hier verlassen die Nährstoffe die Blutbahn, indem sie durch die 1 Millionstel Zentimeter dicke Basalmembran hindurchgeschleust werden. Wenn es nun durch den Verzehr von zuviel tierischem Eiweiß zu einer Ablagerung auf der Basalmembran kommt, so ist damit der Durchtritt der im Blut transportierten Stoffe in das Gewebe erschwert, um so mehr, je stärker die krankhaften Ablagerungen sind. Die Folge davon ist, daß der Organismus versucht, durch Erhöhung des Blutdrucks die Stoffe durch die verdickte Membran hindurchzupressen oder die Konzentration der Stoffe im Blut zu erhöhen. Häufig geschieht beides zugleich:

Es kommt zur Blutdruckerhöhung und zu erhöhten Blutwerten, wie z.B. beim Cholesterin. Man muß in diesem Fall die Blutdrucksteigerung und die erhöhten Fettwerte als sinnvolle Gegenmaßnahme des Organismus erkennen. Sie dürfen nicht durch blutdrucksenkende Medikamente und Maßnahmen zur Senkung der erhöhten Blutwerte bekämpft werden.

Die einzig richtige Maßnahme besteht logischerweise darin, den Verzehr des tierischen Eiweißes einzuschränken bzw. ganz zu vermeiden. Dadurch ist es möglich, die krankhaften Eiweißablagerungen auf den Kapillarmembranen wieder abzubauen. Schon in wenigen Wochen kann man die Polymucosaccharide zum Verschwinden bringen und dadurch die Durchlässigkeit der Kapillaren wieder herstellen. Der Blutdruck sinkt, und die Blutwerte werden wieder normal.

Bei den Ablagerungen in den Kapillaren handelt es sich also um einen *rückbildungsfähigen* Prozeß, während die arteriosklerotischen Ablagerungen auf den großen Gefäßen, die durch eine vitalstoffarme Ernährung zustande kommen, nicht mehr beseitigt werden können.

Wenn man bedenkt, daß der Mensch von Natur aus kein Tieresser ist, versteht man, daß die Einschränkung bzw. Vermeidung von tierischem Eiweiß nicht nur bei jeder Erkrankung die Heilung fördert, sondern daß auch der Gesunde davon Vorteile hat. Nachdem wir wissen, daß das tierische Eiweiß bei der Entstehung zahlreicher

Krankheiten maßgeblich beteiligt ist, wäre es eigentlich ein Akt der Klugheit, vorbeugend freiwillig die Lebensführung zu ändern und damit zu beginnen, weniger Fleisch zu essen. Vorbeugen ist besser als Heilen. Eigentlich ist es grotesk, daß man zu dieser Erkenntnis über den Umweg der Krankheit kommen muß. Damit wird zugleich deutlich, daß der Vegetarismus nicht nur ein ernährungsphysiologisches, sondern in höherem Maße ein ethisches Problem ist.

Aus dieser Sicht mag zuletzt ein Hinweis auf Vorbilder aus der Geschichte erlaubt sein. Eine große Zahl bekannter Persönlichkeiten, die in der Menschheitsgeschichte Großes bewirkten, waren Vegetarier. Zu ihnen gehörten unter anderem: Buddha, Sokrates, Plato, Jesus, der hl. Franziskus, Leonardo da Vinci, Kneipp, Rudolf Steiner und Albert Schweitzer.

Prof. Dr. M. O. Bruker
Arzt für innere Krankheiten
Lahnstein

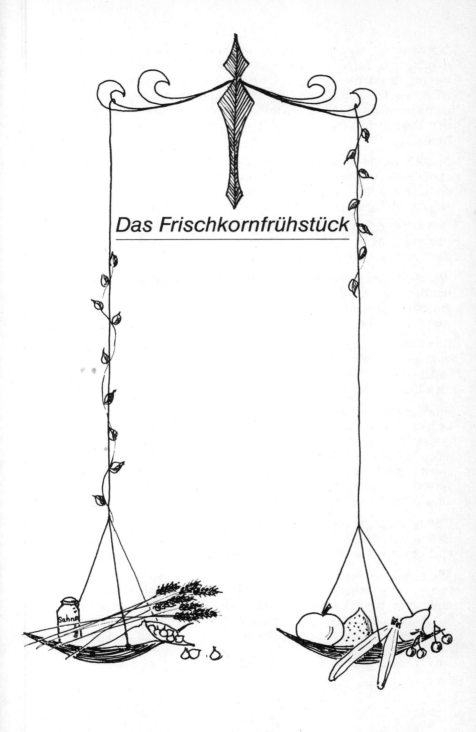

Die Verwendung von rohem Getreide und frischem Obst als Frühstück geht auf die Versuche von Professor Kollath zurück. Er bewies, daß der menschliche und tierische Körper zur Regeneration der Zellen (Wiederaufbau und Ersatz der verbrauchten und alternden Zellen), zum normalen Ablauf des Stoffwechsels und zum gesunden Aufbau des Organismus *täglich* Wachstums- und Zellerneuerungsstoffe benötigt.

Diese Zellerneuerungsstoffe mit dem Vitamin-B-Komplex sind in optimaler Form im vollen, unverletzten, rohen Getreidekorn mit lebendem Keim enthalten. Das Getreidekorn ist somit das hochwertigste, zugleich billigste und überall erhältliche Naturprodukt.

Das Frischkornfrühstück (auch Frischkorngericht oder Frischkornbrei genannt) hat nicht nur einen hohen Nähr- und Wirkstoffwert, sondern regt auch die Darmfunktionen kräftigend und regulierend an.

Weizen, Roggen, Hafer, Gerste, Hirse und Buchweizen sind die Getreidearten, die sich für das Frischkornfrühstück anbieten. Sie können einzeln oder auch gemischt, z. B. als Fünfkorn oder Sechskorn, verwendet werden.

Das Getreide wird am Abend mit einer Getreidemühle, für den Anfang genügt auch eine handbetriebene Kaffeemühle, *frisch geschrotet* (oder *gekeimt,* siehe S. 27) und mit so viel Wasser verrührt, daß ein dickflüssiger Brei entsteht. Zugedeckt bleibt er über Nacht stehen.

Am Morgen wird Zitronensaft, Honig, ganzer oder frischgeschroteter Leinsamen hinzugefügt. Auf einer Bircher-Raffel werden Äpfel fein gerieben und unter den Brei gehoben. Dann wird das Frischkornfrühstück in Portionsschälchen verteilt und kleingeschnittenes Obst der Jahreszeit darüber verteilt. Geriebene Nüsse, über den Frischkornbrei verteilt, runden den Geschmack sehr gut ab. Nach Belieben kann auch alles Obst, fein oder grob gerieben, daruntergehoben werden.

Liebevoll zubereitet und hübsch garniert, vielleicht mit geschlagener Sahne in der Mitte des Gerichtes serviert, wird das Frischkornfrühstück zum täglichen Hochgenuß und zum Eckpfeiler der Gesundheit.

Alle zum Frischkornfrühstück verwendeten Produkte sollten hochwertige, naturbelassene Lebensmittel sein: das Getreide keimfähig und aus biologischem Anbau, die Zitronen und das Obst unbehandelt, die Trockenfrüchte ungeschwefelt, der Leinsamen und die Nüsse ausgesuchte, saubere Qualität. Meistens können diese Qualitätsprodukte nur in Reformhäusern, Naturkostläden oder Drogerien bezogen werden.

Das Frischkornfrühstück ist so anhaltend sättigend, daß Zwischenmahlzeiten bis Mittag entfallen können. Bei Bedarf kann nach dem Frischkornbrei noch Vollkornbrot oder Vollkorngebäck gereicht werden.

Frischkornfrühstück

10 – 12 EL Weizen
Wasser

Saft von 1 Zitrone,
  unbehandelt
1 EL Honig oder
  50 – 75 g Trockenfrüchte
500 g Äpfel

300 – 400 g Obst der
  Jahreszeit
50 – 100 g Sahne

Zubereitung: Getreide am Abend mit Getreidemühle (Einstellung mittelfein bis grob) oder handbetriebener Kaffeemühle *frisch* mahlen und mit so viel Wasser verrühren, daß ein dickflüssiger Brei entsteht. Mit einem Tuch bedeckt über Nacht stehenlassen.

Am Morgen Zitronensaft, Honig und frischgeriebene Äpfel dazugeben. In Portionsschalen verteilen, kleingeschnittenes Obst der Jahreszeit darübergeben und mit Sahne garnieren.

Veränderungen: Statt nur Weizen kann zusätzlich eine Mischung anderer Getreidearten, z.B. Hafer, Gerste, Roggen, Hirse und Buchweizen, verwendet werden. Diese Mischung kann in etwa so aussehen:

5 EL Weizen, 1 EL Hafer, 1 EL Gerste, 1 EL Roggen, 1 EL Hirse, 1 EL Buchweizen. Das Getreide gibt es auch fertig gemischt (ungeschrotet) als Fünfkorn oder Sechskorn.

Statt Honig können Trockenfrüchte verwendet werden, z.B. Rosinen, Feigen,

Zwetschgen, Korinthen, Aprikosen. Trockenfrüchte gut waschen, abends in wenig Wasser einweichen. Am Morgen kleingeschnitten mit dem Einweichwasser zum Getreide geben.

Zusätzlich können auch morgens 2 EL Leinsamen (ganz oder frischgeschrotet) dazugegeben und/oder Nüsse auf den fertigen Frischkornbrei gestreut werden, z.B. Haselnüsse, Mandeln, Pinien, Walnüsse.

Der Frischkornbrei kann durch unterschiedliche Zutaten geschmacklich und optisch variiert und abwechslungsreich gehalten werden. Je nach Belieben ist er als Frühstück, Mittag- oder Abendessen (als Haupt- oder Vorspeise) geeignet. Wird er zu Abend gegessen, wird morgens frisch geschrotet und bis zum Abend eingeweicht.

Wichtig
Ein Fertigmüsli (wie es im Handel angeboten wird) hält einem Vergleich mit dem Frischkornbrei nicht stand. Meist ist ein Stück Vollkornbrot aus frischgemahlenem und dann verbackenem Getreide gesundheitlich wertvoller als Fertigmüsli.

Scheuen Sie deshalb nicht die Mühe, Frischkornbrei aus *frischgemahlenem* Getreide zuzubereiten. Frischkornbrei ist das Wertvollste und Wichtigste der Vollwertkost und sollte Ihnen zum täglichen Bedürfnis werden.

Frischkornfrühstück aus gekeimtem Getreide

10 – 12 EL Weizen
Wasser
Saft von 1 Zitrone,
  unbehandelt
600 – 800 g Obst der
  Jahreszeit, gemischt
100 g Sahne

Keimung: Getreide in einer Schüssel, gut bedeckt mit Wasser, 12 Stunden oder über Nacht weichen lassen. Danach Getreide in ein Sieb gießen und gründlich mit Wasser abbrausen. Das ist sehr wichtig! Getreide im Sieb in eine Schüssel hängen und mit einem Tuch bedeckt stehenlassen.

Nach 12 Stunden oder abends Getreide wieder in eine Schüssel mit Wasser geben und morgens wieder im Sieb gut abbrausen. Die Keime werden nun sichtbar und sind bei warmer Witterung bereits 2 – 3 mm lang. In diesem Zustand kann das Getreide schon zum Frischkornbrei verwendet werden. Bei kühlerem Wetter das Getreide abends nochmals mit wenig Wasser (ca. 5 EL) in eine Schüssel geben und über Nacht stehenlassen. Am anderen Morgen ist es dann gebrauchsfertig.

Gekeimtes Getreide kann für Kleinkinder oder ältere Personen durch den Gemüsewolf gedreht werden.

Für alle diejenigen, die keine Getreidemühle besitzen, ist dies die ideale Art, ein Frischkornfrühstück zuzubereiten.

Zubereitung: Gekeimtes Getreide mit Zitronensaft und würflig geschnittenem Obst vermengen. Mit Sahne garnieren.

Veränderungen: Statt Weizen kann auch Gerste oder Roggen zum Keimen gebracht werden. Zusätzlich können auch eingeweichte, kleingeschnittene Trockenfrüchte, gehackte Nüsse und ganzer oder frischgeschroteter Leinsamen dazugegeben werden.

Gekeimtes Getreide muß nicht immer mit Obst gereicht, sondern kann über jeden frischen Salat gestreut werden.

Wird gekeimtes Getreide nicht gleich verwendet, kann es im Kühlschrank 1 – 2 Tage aufgehoben werden. Die Kälte stoppt das Fortschreiten des Keimprozesses.

Frischkornfrühstück aus Hafer

10 – 12 EL Hafer (Nackthafer oder Sprießkornhafer)
800 – 1000 g Obst der Jahreszeit
Saft von 1 Zitrone, unbehandelt
1 EL Honig oder 50 – 75 g Trockenfrüchte
4 EL gehackte Nüsse (z. B. Hasel-, Walnüsse; Mandeln)

Zubereitung: Hafer in der Getreidemühle (Einstellung mittelfein bis grob) quetschen. Dabei Körner nicht auf einmal in die Mühle geben, sondern langsam einlaufen lassen, am besten eßlöffelweise (wegen des hohen Fettgehalts des Hafers besteht sonst die Gefahr, daß die Mahlsteine verschmieren und die Mühle stehenbleibt).

Obst kleinschneiden und würfeln. Zitronensaft mit Honig verrühren und unter das Obst mengen. Bei vollreifem, süßem Obst entfällt der Honig. Frischgequetschten Hafer unterziehen und mit gehackten Nüssen bestreut reichen.

Veränderungen: Frischgequetschter Hafer kann auch mit Wasser angerührt werden. Ca. 30 Minuten quellen lassen, dann Honig oder eingeweichte Trockenfrüchte, Zitronensaft und geriebene Äpfel unterziehen.

Auch der ganze Hafer kann für das Frischkornfrühstück verwendet werden: 8 – 10 Stunden in Wasser einweichen, dann in ein

Sieb gießen und abbrausen. Obst kleinwürfeln, mit Zitronensaft, Honig oder eingeweichten Trockenfrüchten und gehackten Nüssen vermischen und unter den gequollenen Hafer ziehen.

Frischkost-Salate und -Gemüse

Frischsalate und -gemüse sind wichtige Bestandteile der Frischkost. Als Frischkost werden Frischkornfrühstück, Salate, Gemüse, Obst, Nüsse und Samen bezeichnet. Sie sorgt mit ihren im natürlichen Verbund enthaltenen Vitalstoffen (biologischen Wirkstoffen) und dem unerhitzten Eiweiß für geregelte Stoffwechselabläufe in unserem Organismus, fördert unser Wohlbefinden und dient letzten Endes der Erhaltung oder Wiedergewinnung unserer Gesundheit.

Eine abwechslungsreiche, gut abgestimmte Frischkost aus Obst, Gemüse, Salat, Getreide und Nüssen ist immer dann besonders wichtig, wenn man auf alles tierische Eiweiß, wie Fleisch, Fisch, Eier, Milch, Quark und Käse, verzichten muß oder will.

Der tägliche Eiweißbedarf wird durch den Verzehr des Frischkornfrühstücks und durch die Frischkost, bestehend aus Salaten und Gemüse, völlig ausreichend gedeckt. Die Frischkost sollte aus mindestens vier Salat- bzw. Gemüsesorten bestehen, wobei zwei Sorten *über* der Erde und zwei Sorten *unter* der Erde gewachsen sein sollten.

Über der Erde wachsen z.B. Kopfsalat, Endivien, Kohlrabi, Blumenkohl, Weißkraut, Gurken, Tomaten, Feldsalat, Spinat, Schnittlauch und Petersilie; *unter* der Erde z.B. Karotten, rote Rüben, Rettich, Radieschen, Schwarzwurzeln, Zwiebeln, Knoblauch, Sellerie, Pastinaken, Topinambur.

Bei der Speisenzubereitung ist es nun nicht erforderlich, vier verschiedene Salate getrennt anzumachen, vielmehr kann ein Mischsalat zubereitet werden, der über und unter der Erde wachsende Salate und Gemüse enthält. Auch können z.B. mittags zwei Sorten und abends zwei Sorten von Salaten oder Gemüse gereicht werden. Die Kombination der verschiedenartigen Wurzeln, Blätter, Blüten und Früchte ergibt eine harmonische und ausgewogene Kost, die den Vitalstoff- und Eiweißbedarf ausreichend abdeckt.

Das Eiweißproblem in der menschlichen Ernährung ist das wohl am meisten behandelte Thema in allen herkömmlichen Ernährungsratgebern. Dabei wird von Wissenschaft und Praxis ein folgenschwerer Fehler begangen: Die in Gramm angegebene Eiweißmenge wird immer von erhitztem (denaturiertem) Eiweiß abgeleitet.

In der vitalstoffreichen Vollwertkost wird nach den Erkenntnissen von Prof. Kollath die Eiweißmenge vom unerhitzten (nativen) Eiweiß bestimmt, wobei nicht in Gramm, sondern in Volumenprozenten gerechnet wird.

Der Mensch muß einen bestimmten Anteil unerhitztes Eiweiß täglich zu sich nehmen, und zwar in Form des Frischkornfrühstücks und der Frischkost wie z.B. Salaten und Gemüse. *Ohne unerhitztes Eiweiß kann Gesundheit nicht erhalten oder wiedergewonnen werden.* Die Ausführung dieses Leitsatzes in der täglichen Ernährungspraxis ist das Kernstück der vitalstoffreichen Vollwerternährung.

Deshalb sollte der Frischkostanteil beim gesunden Menschen mindestens ein Drittel der aufgenommenen Nahrungsmenge betragen, ein größerer Anteil ist immer von Vorteil. Bei schweren Erkrankungen bringt reine Frischkost über längere Zeit die noch besten Heilerfolge im Rahmen einer naturärztlichen Behandlung.

Der unerhitzte Teil der Nahrung soll bei jeder Mahlzeit zuerst gegessen werden. Er ist der wertvollste Teil, appetitanregend und am leichtesten verdaulich. Auch wenn Suppe gereicht wird, geht immer Frischkost voraus.

Wenn auch die Milch und ihre Produkte wie Joghurt, Buttermilch, Dickmilch, Quark und Käse bei dieser Ernährungsweise nicht verwendet werden dürfen, so sind doch Butter, Sahne, Sauerrahm und Crème fraîche als Träger des tierischen Fettes zur Nahrungsverfeinerung erlaubt. Der verhältnismäßig geringe Eiweißanteil und der meist mäßige Verbrauch dieser Produkte erlauben deren Verwendung bei dieser Kostform. Nur bei schwersten Erkrankungen sind auch Fettträger, bis auf Butter, anfangs wegzulassen.

Fett- und Eiweiß-Anteile:
Sahne   ca. 30% Fett ____ ca. 2,2% Eiweiß
Sauerrahm   ca. 10% Fett ____ ca. 3,1% Eiweiß
Crème fraîche   ca. 38% Fett ____ ca. 2,0% Eiweiß
Butter   ca. 84% Fett ____ ca. 0,5% Eiweiß

Die Salate und das Gemüse sollten aus biologischem, giftfreiem Anbau stammen. Wichtig dabei ist auch die frische Zubereitung vor jeder Mahlzeit. Sie werden mit kaltgeschlagenen Ölen, Sauerrahm, Sahne, Obstessig oder Zitrone und mit frischen oder getrockneten Kräutern oder Gewürzen angemacht. Für die Zerkleinerung sind Rohkostreiben, Rohkostraffeln oder eine Rohkostmaschine aus rostfreiem Stahl unerläßlich.

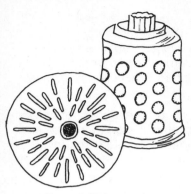
Kronenreibetrommel

Scheibentrommel

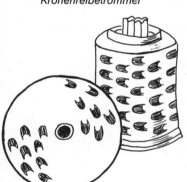
große Lochtrommel

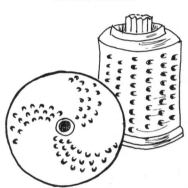
Nuß- oder Feintrommel

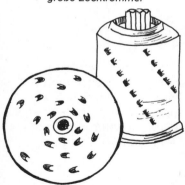
Sellerie- oder Stäbchentrommel

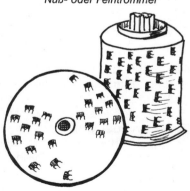
Bircher-Trommel

Blaukrautsalat

400 g Blaukraut, netto
1/2 TL Vollmeersalz

200 g Sauerrahm
2 EL Obstessig
1 TL Akazienhonig
1 TL körniger Senf
1 kleine Zwiebel
1 EL frischgeriebener Meerrettich
2 EL gehackte Petersilie

400 g Äpfel
40 g Erdnußkerne, ungesalzen

Blaukraut fein hobeln (Rohkostmaschine: Scheibentrommel), leicht mit Salz bestreuen, mit den Händen gut durchkneten und ca. 30 Minuten ziehen lassen.

Sauerrahm mit Essig, Honig, Senf, kleingeschnittener Zwiebel, frischem, feingeriebenem Meerrettich und gehackter Petersilie verrühren.

Äpfel grob raspeln (Rohkostmaschine: große Lochtrommel), zum Blaukraut geben, mit Salatsauce übergießen und gut mischen. Mit Erdnußkernen garniert reichen.

Blaukrautsalat Herbstfreude

500 g Blaukraut
1/2 TL Vollmeersalz
200 g Äpfel
300 g Orangen (2 Stück)
200 g Bananen

3 EL Obstessig
4 EL Sonnenblumenöl, kaltgepreßt
1 TL körniger Senf
50 g Zwiebeln

Blaukraut fein hobeln (Rohkostmaschine: Scheibentrommel), mit Salz bestreuen, in der Schüssel gut stampfen oder mit den Händen durchkneten. Ca. 30 Minuten ziehen lassen.

Äpfel, eine Orange und Bananen würfeln. Zweite Orange geschält quer in Scheiben schneiden.

Essig, Öl und Senf cremig rühren, feingewürfelte Zwiebeln dazugeben, über vorbereitetes Obst und Gemüse gießen und alles gut mischen.

In Portionsschalen verteilen und jeweils mit Orangenscheibe garnieren.

Blumenkohl natur

800 g Blumenkohl
1 TL Kräutersalz
1 1/2 Tassen Wild- oder Gartenkräuter
4 EL Sonnenblumenöl, kaltgepreßt
2 Tomaten

Blumenkohl waschen, in Röschen teilen und fein hobeln (Rohkostmaschine: Scheibentrommel). Mit Kräutersalz bestreuen, gut mischen und 15 Minuten durchziehen lassen.

Kräuter fein hacken und mit Öl unter den Blumenkohl heben. In Schüssel geben und mit Tomatenachteln garnieren.

Blumenkohl auf Kopfsalat

300 g Blumenkohl, netto
300 g Tomaten
1 großes Bund Radieschen
1/2 Kopfsalat

3 EL Obstessig
4 EL Sonnenblumenöl, kaltgepreßt
2 MS Vollmeersalz
1 TL körniger Senf
50 g Zwiebeln
2 EL Petersilie

Essig und Öl cremig rühren, Salz, Senf, feingewürfelte Zwiebeln und feingeschnittene Petersilie dazurühren.

Blumenkohl unmittelbar in die Salatsauce raspeln (Rohkostmaschine: große Lochtrommel), Tomaten kleinwürfeln und Radieschen scheibeln. Alles gut mischen.

Salatblätter in Schüssel oder auf Teller breiten und Salat darauflegen.

Blumenkohlsalat mit Karotten

500 g Blumenkohl
300 g Karotten
150 g Feldsalat oder Wildkräuter

200 g Sauerrahm
2 TL körniger Senf
2 MS Vollmeersalz
3 EL Obstessig
3 Zwiebelschlotten

Blumenkohl in Röschen teilen und scheibeln (Rohkostmaschine: Scheibentrommel). Karotten raspeln (Rohkostmaschine: große Lochtrommel). Feldsalat oder Wildkräuter gründlich waschen, Wildkräuter in 1/2 cm breite Streifen schneiden.

Sauerrahm mit Senf, Salz und Essig verrühren und feingeschnittene Zwiebelschlotten dazugeben. Über das vorbereitete Gemüse geben und gut mischen.

Brokkolisalat

500 g Brokkoli
150 g Maiskörner
200 g rote Paprikaschoten
200 g Karotten
100 g lila Zwiebeln

3 EL Obstessig
4 EL Olivenöl, kaltgepreßt
2 MS Vollmeersalz
2 TL körniger Senf
Pfeffer aus der Mühle
12 schwarze Oliven

Vom Brokkoli Blätter abschneiden und Stiel (er kann mitverwendet werden) dünn schälen. In der Rohkostmaschine (Scheibentrommel) zerkleinern. Maiskörner abperlen (oder tiefgekühlte auftauen), Paprikaschoten in feine Streifen schneiden, Karotten scheibeln, Zwiebeln halbieren und fein aufschneiden.

Essig, Öl, Salz, Senf und Pfeffer cremig rühren, über das vorbereitete Gemüse gießen und gut mischen. Mit Oliven garniert reichen.

Bunter Herbstsalat

½ – 1 Kopf Endivie,
  je nach Größe
1 Bund Radieschen
200 g Gurken
200 g Paprikaschoten, gelb
200 g Tomaten
200 g Karotten
100 g Zwiebeln

4 EL Obstessig
6 EL Sonnenblumenöl,
  kaltgepreßt
½ TL Vollmeersalz
1 TL gekörnter Senf
1 Bund Schnittlauch

Endivie in feine Streifen schneiden, Radieschen scheibeln, Gurke der Länge nach halbieren und in Scheiben, Paprikaschoten in Streifen schneiden. Tomaten achteln, Karotten scheibeln und Zwiebel in feine Ringe schneiden.

Essig, Öl, Salz und Senf cremig rühren, feingeschnittenen Schnittlauch dazugeben, über das vorbereitete Gemüse gießen und mischen.

Bunter Salatteller

6 – 7 verschiedene Salat- bzw. Gemüsesorten der Jahreszeit entsprechend, über und unter der Erde wachsend, z. B. Endivie, Tomaten, Gurken, Rettich, Karotten, Paprikaschoten, Zucchini

250 g Crème fraîche
2 EL Obstessig
2 TL körniger Senf
2 MS Kräutersalz
1 kleine Zwiebel
1 Knoblauchzehe
2 EL frische Kräuter

Gemüse je nach Art grob oder fein reiben, schneiden oder stifteln und auf einer Platte oder für jede Person auf einem flachen Eßteller mit Farbkontrasten anordnen.

Crème fraîche mit Essig, Senf und Salz verrühren, Zwiebel und Knoblauch feingerieben, Kräuter feingehackt dazugeben. In einer Sauciere zum Salat reichen.

Bunter Staudenselleriesalat

500 g Staudensellerie
400 g Tomaten
200 g Karotten
12 schwarze Oliven

3 EL Obstessig
4 EL Olivenöl, kaltgepreßt
1/2 TL Vollmeersalz
1 EL körniger Senf
1 EL kleine Kapern
   (Nonpareilles)
75 g Zwiebeln

Staudensellerie mit Blättern in 1 cm breite Stücke schneiden. Tomaten würfeln, Karotten scheibeln.

Obstessig mit Öl, Salz und Senf cremig rühren. Kapern und feingeschnittene Zwiebeln dazugeben. Über vorbereitetes Gemüse gießen, gut mischen und mit Oliven garniert anrichten.

Bunter Wintersalat

150 g Feldsalat
200 g Radiccio
300 g Chicorée
300 g Orangen
50 g lila Zwiebeln

Salatsauce:
200 g Sauerrahm
1 Banane
1 TL körniger Senf
2 MS Vollmeersalz
2 EL Obstessig

Feldsalat sehr gut waschen, Radicchio und Chicorée in dünne Streifen schneiden. Orangen und Zwiebeln schälen, halbieren und in dünne Scheiben schneiden. Alles gut gemischt in Salatschüssel geben oder auf Salatteller verteilen.

Salatsauce: Sauerrahm mit Banane, Senf, Salz und Obstessig mixen. In Sauciere füllen und zum Salat reichen.

Chicoréesalat à la Rubin

500 g Chicorée
1 großer Granatapfel
   (ca. 500 g)
100 g Sauerrahm
2 EL Obstessig
1 MS Vollmeersalz
50 g Zwiebeln
2 EL gehackte Petersilie
1 kleine Staude Radicchio

Chicorée waschen und in 1/2 cm dicke Stücke schneiden. Chicoréestrunk nicht herausschneiden, sondern kleingeschnitten mitverwenden. Granatapfel vierteln und durch Zurückbiegen der Außenschale rote Fruchtkerne herauslösen.

Sauerrahm, Obstessig, Salz, kleingeschnittene Zwiebel und grobgehackte Petersilie verrühren. Geschnittenen Chicorée und 3/4 der Granatapfelkerne dazugeben und mischen.

Auf Radicchioblättern anrichten und mit den restlichen Granatapfelkernen garnieren.

Chicoréesalat Granata

400 g Chicorée
250 g Sellerie
1 Granatapfel (ca. 300 g)
150 g Ananas, netto
1 Staude Radicchio (ca. 200 g)
Petersiliengrün

Saft von 1 Zitrone,
  unbehandelt
4 EL Sonnenblumenöl,
  kaltgepreßt
2 MS Vollmeersalz
1 Zwiebel (50 g)

Zitronensaft mit Öl cremig rühren, Salz und feingeschnittene Zwiebel dazugeben.

Chicorée mit Strunk in 1 cm breite Scheiben schneiden und Sellerie grob raspeln (Rohkostmaschine: große Lochtrommel). Granatapfel vierteln und durch Zurückbiegen der Schale Kerne herauslösen, Ananas fein stifteln. Alles zur Salatsauce geben und leicht mischen.

Radicchioblätter von der Staude lösen. Schüssel oder Salatteller damit auslegen, Salat darauflegen und mit Petersilienblatt verzieren.

Chicoréesalat Korinth

350 g Chicorée
250 g Äpfel
3 Mandarinen, kernlos
1 gehäufter EL Korinthen
1 gehäufter EL Pistazien
1 kleine Staude Kopfsalat oder
  Radicchio

200 g Sauerrahm
1 TL körniger Senf
1 TL Honig
Saft von 1 Zitrone,
  unbehandelt
Saft von 1 Mandarine

Korinthen waschen und etwa 1 Stunde in wenig warmem Wasser quellen lassen. Chicorée in feine Scheiben schneiden, Äpfel würfeln, Mandarinen schälen und in Rippen teilen.

Sauerrahm mit Senf, Honig, Zitronen- und Mandarinensaft mischen. Chicorée, Äpfel, Mandarinen, Korinthen und Pistazien dazugeben und alles mischen.

Salatblätter in Schüssel oder auf Teller breiten und Salat darauf verteilen.

Chicoréesalat Riviera

500 g Chicorée
1 Avocado (ca. 250 g netto)
250 g Birnen
1 Banane
1 kleine Staude Radicchio

3 EL Obstessig
1 EL Olivenöl, kaltgepreßt
1 EL Tomatenmark
1 TL körniger Senf
1 Knoblauchzehe
2 EL Petersilie

Essig, Öl, Tomatenmark und Senf cremig rühren. Knoblauchzehe fein würfeln, Petersilie grob schneiden und dazurühren.

Chicorée mit Strunk in 1 cm dicke Ringe schneiden. Reife (allseitig weiche) Avocado der Länge nach halbieren, entkernen und schälen. In dünne halbe Ringe aufschneiden. Birnen würfeln, Banane scheibeln. Alles in Salatsauce geben und vorsichtig mischen.

Radicchioblätter in Salatschüssel oder auf Salattellern ausbreiten und Salat darauf verteilen.

Chicoréesalat Supreme

125 g Rapunzel (Feldsalat)
350 g Chicorée
150 g Karotten
350 g Birnen

200 g Sauerrahm
Saft von 1 Zitrone,
   unbehandelt
2 MS Vollmeersalz
1 Banane (125 g)
2 TL gekörnter Senf
50 g Zwiebeln
1 EL Schnittlauch

Rapunzel sauber waschen, Chicorée mit Strunk in 1 cm breite Ringe schneiden, Karotten fein scheibeln, Birnen würfeln.

Sauerrahm mit Zitronensaft, Salz, Banane und Senf mixen. Feingeschnittene Zwiebeln und Schnittlauch unterrühren. Über das vorbereitete Gemüse gießen und vorsichtig mischen.

Chicoréesalat Texas

500 g Chicorée
2–3 Texas-Grapefruits (rötlich),
    je nach Größe
1 Bund Petersilie

200 g Sauerrahm
1 Banane
3 EL Obstessig
2 MS Vollmeersalz
1 TL körniger Senf

Chicorée mit Strunk in 1/2 cm breite Ringe schneiden. Grapefruits schälen, vierteln und in dünne Scheiben schneiden, Petersilie grob schneiden. Alles mischen und in Salatschüssel geben oder auf Tellern verteilen.

Sauerrahm mit Banane, Essig, Salz und Senf mixen und über den angerichteten Salat gießen.

Chinakohl mit Clementinen

750 g Chinakohl
200 g Äpfel
5 Clementinen
16 schwarze Oliven

3 EL Obstessig
4 EL Olivenöl, kaltgepreßt
2 MS Vollmeersalz
1 TL körniger Senf
75 g Zwiebeln
2 EL Dill oder Petersilie

Chinakohl in feine Streifen schneiden, Äpfel würfeln, Clementinen in Spalten teilen, Oliven entkernen.

Obstessig, Öl, Salz und Senf cremig rühren. Feingeschnittene Zwiebeln und grobgeschnittene Kräuter dazugeben. Salatsauce über vorbereiteten Salat und Obst gießen und gut mischen.

Chinakohl mit Karotten

500 g Chinakohl
250 g Karotten
250 g Äpfel
1 Bund Petersilie

3 EL Obstessig
5 EL Olivenöl, kaltgepreßt
1/2 TL Vollmeersalz
2 TL körniger Senf
100 g Zwiebeln
1 Knoblauchzehe

Chinakohl in feine Streifen schneiden, Karotten und Äpfel grob raspeln (Rohkostmaschine: große Lochtrommel), Petersilie grob schneiden.

Obstessig, Öl, Salz, Senf, Zwiebeln und Knoblauch, jeweils feingeschnitten, verrühren, über vorbereitetes Gemüse gießen und mischen.

Chinakohl mit Orangen

500 g Chinakohl
4 Orangen
125 g lila Zwiebeln
1 Bund Petersilie
12 schwarze Oliven

3 EL Obstessig
5 EL Sonnenblumenöl,
  kaltgepreßt
1 TL körniger Senf
2 MS Vollmeersalz

Chinakohl in 1/2 cm breite Streifen schneiden. Orangen und Zwiebeln schälen, halbieren und Hälften in dünne Scheiben schneiden. Petersilie grob schneiden.

Essig mit Öl, Senf und Salz cremig rühren, über vorbereitetes Gemüse und Obst gießen und sorgfältig mischen. Mit schwarzen Oliven garniert reichen.

Endiviensalat Herbstkönig

1/2–1 Endivie, je nach Größe
400 g Tomaten
200 g Äpfel
200 g Karotten
1 reife Avocado
16 schwarze Oliven

4 EL Obstessig
4 EL Olivenöl, kaltgepreßt
2 MS Vollmeersalz
2 TL körniger Senf
75 g Zwiebeln

Endivie fein schneiden, Tomaten und Äpfel würfeln, Karotten scheibeln. Avocado halbieren, entkernen, das weiche Fruchtfleisch mit Eßlöffel herausnehmen und kleinschneiden, Oliven entkernen.

Obstessig mit Öl, Salz, Senf und kleingeschnittenen Zwiebeln cremig rühren. Über vorbereitetes Gemüse gießen und mischen.

Fenchel-Endivien-Salat

250 g Fenchel
1 Endivie
250 g Äpfel

Saft von 1 Zitrone,
  unbehandelt
4 EL Sonnenblumenöl,
  kaltgepreßt
2 MS Vollmeersalz
2 TL Kräutersenf
1 TL Honig
1 kleine Zwiebel
1 Knoblauchzehe
Fenchelgrün

Fenchel und Endivie fein aufschneiden, Äpfel würfeln.

Frisch gepreßten Zitronensaft mit Öl, Salz, Senf und Honig cremig rühren. Zwiebel und Knoblauch fein reiben, Fenchelgrün fein schneiden und unter Salatsauce rühren. Diese über vorbereiteten Salat gießen und mischen.

Fenchel-Radicchio-Salat

500 g Fenchel
1 kleine Staude Radicchio
300 g Karotten
50 g Ziwebeln
3 EL Petersilie

3 EL Obstessig
4 EL Olivenöl, kaltgepreßt
2 MS Vollmeersalz
1 TL körniger Senf
Fenchelgrün

Fenchel vierteln, Strünke abschneiden und Knolle mit scharfem Messer in feine Streifen schneiden. Radicchio vierteln und fein, wie Endivie, schneiden. Karotten scheibeln oder stifteln, Zwiebeln fein würfeln und Petersilie grob schneiden.

Essig, Öl, Salz und Senf cremig rühren, feingeschnittenes Fenchelgrün dazugeben. Alles über das vorbereitete Gemüse geben und gut mischen.

Fenchelsalat Triest

500 g Fenchel
1/4 frische Ananas
 (ca. 350 g netto)
200 g Äpfel
200 g Orangen
1 kleine Staude Radicchio

3 EL Obstessig
4 EL Sonnenblumenöl,
 kaltgepreßt
2 MS Vollmeersalz
1 TL körniger Senf
2 EL Dill
4 EL Petersilie

Essig und Öl cremig rühren, Salz, Senf, feingehackten Dill und grobgeschnittene Petersilie dazurühren.

Fenchel vierteln, Strünke abschneiden und mit scharfem Messer in feine Scheiben schneiden. Ananas stifteln, Äpfel und Orangen würfeln und alles unter die Salatsauce heben.

Radicchioblätter in Schüssel oder auf Teller breiten, Salat daraufgeben und mit Fenchelgrün garnieren.

Feldsalat Brüssel

150 g Feldsalat (Rapunzel)
300 g Chicorée
400 g reife Birnen
400 g frische Ananas, netto
100 g eingelegte oder milchsaure Silberzwiebeln
5 EL Olivenöl, kaltgepreßt
3 EL Obstessig
1/2 TL Vollmeersalz
1 MS Cayennepfeffer
1 TL Akazienhonig
50 g Zwiebeln

Feldsalat sauber waschen und putzen. Chicorée in 1/2 cm dicke Ringe schneiden, Birnen vierteln und blättrig schneiden, Ananas vierteln, schälen und stifteln.

Öl, Essig, Salz, Cayennepfeffer und Honig cremig rühren, feingeschnittene Zwiebeln und Silberzwiebeln dazugeben. Vorbereitetes Gemüse und Obst unterheben und sorgfältig mischen.

Frischkost-Platte mit Avocadodressing

1000 – 1200 g verschiedene Salate und Gemüse
1 Avocado, ca. 250 g
150 g Tomaten
Saft von 1 Zitrone, unbehandelt
1/2 TL Vollmeersalz
100 g eingelegte Oliven, mittelscharfe Peperoni und Gürkchen
2 EL Petersilie

Salate und Gemüse, über und unter der Erde gewachsen, geschnitten, gescheibelt, geraspelt oder gerieben, nach Farben dekorativ anordnen.

Reife Avocado (allseitig weich) der Länge nach aufschneiden, Kern entfernen und weiches Fruchtfleisch mit Eßlöffel herauslösen. Mit kleingeschnittenen Tomaten, Zitronensaft und Salz fein mixen.

Oliven, Peperoni, Gürkchen und Petersilie fein schneiden und unterziehen. In Sauciere füllen und gekühlt zur Frischkost reichen.

Dieses Dressing schmeckt auch zu Pellkartoffeln, Backkartoffeln oder Folienkartoffeln sehr gut.

Gärtnerinsalat in Tomatensauce

300 g Tomaten
3 EL Obstessig
4 EL Olivenöl, kaltgepreßt
1/2 TL Vollmeersalz
Pfeffer aus der Mühle
75 g Zwiebeln
1 Knoblauchzehe

400 g Gurken
250 g Karotten
250 g Blumenkohl
400 g Paprikaschoten
1 Bund frische Gartenkräuter
12 schwarze Oliven

Tomaten mit Obstessig, Öl, Salz und Pfeffer fein mixen. Feingewürfelte Zwiebeln und Knoblauch dazugeben.

Gurken mit der Schale stifteln, Karotten scheibeln, Blumenkohl hobeln und Paprikaschoten in feine Streifen schneiden. Kräuter fein schneiden und mit allem Gemüse unter die Tomatensauce heben. Mit Oliven garnieren.

Gazpachosalat

500 g Tomaten
500 g Paprikaschoten, grün und gelb
400 g Gurken
150 g lila Zwiebeln
1 Bund Petersilie
2 EL Dill
Kräutersalz
Pfeffer aus der Mühle

3 EL Obstessig
5 EL Olivenöl, kaltgepreßt
1 TL Kräutersenf
1 Knoblauchzehe

Tomaten, Paprikaschoten, Gurken mit Schale und Zwiebeln in dünne Scheiben bzw. Ringe aufschneiden. Petersilie grob und Dill fein schneiden.

Gemüse schichtweise in eine Glasschüssel einlegen, jede Schicht hauchdünn mit Salz und Pfeffer bestreuen. Petersilie und Dill dazwischenlegen. Mit einer Lage Paprikaringe beginnen, darüber Tomatenscheiben, dann Gurken, zuletzt Zwiebelringe und wieder von vorn beginnen, bis alles verbraucht ist.

Essig mit Öl und Senf cremig rühren, kleingewürfelte Knoblauchzehe dazugeben und Sauce eßlöffelweise über den Salat träufeln. Salat gut 1 Stunde durchziehen lassen.

Gemüsedrink

600 g verschiedene Gemüsereste, z.B. Karotten, Sellerie, Gurken, Tomaten, Spinat, Rettich
200 g Sauerrahm oder Wasser
1/2 TL Vollmeersalz
3 EL Zitronensaft oder Obstessig
3 EL kaltgepreßtes Öl
2 EL feingeschnittene Kräuter
1 kleine Zwiebel oder Knoblauchzehe

Gemüsereste kleinschneiden und mit Sauerrahm oder Wasser und Salz fein mixen. Mit Zitronensaft, Öl, Kräutern und geriebener Zwiebel oder Knoblauchzehe verfeinern.

In breite Gläser füllen und als Vorspeise reichen.

Griechischer Dorfsalat

ca. 250 g Spinatstiele
200 g Tomaten
200 g Paprikaschoten
1 kleine Zwiebel
1 EL gehackte Petersilie
1 EL gehackter Dill

Saft von 1 Zitrone, unbehandelt
4 EL Olivenöl, kaltgepreßt
2 MS Vollmeersalz
1 EL kleine Kapern (Nonpareilles)
10 schwarze Oliven

Bei gekochten Gerichten aus großgewachsenem Spinat werden die dicken Stiele nicht mitverwendet. Sie können aber abgeschnitten und als Salat zubereitet werden. Dieses Rezept zeigt ihre Verwendungsmöglichkeit.

Spinatstiele sauber waschen und kleinschneiden, Tomaten und Paprikaschoten kleinwürfeln, Zwiebel feinwürfeln, Petersilie und Dill kleinhacken.

Zitronensaft mit Öl, Salz, Kapern und entsteinten, kleingeschnittenen Oliven cremig rühren. Zerkleinertes Gemüse dazugeben, mischen und ca. 15 Minuten durchziehen lassen. Nach Belieben auf Salat- oder Radicchio-Blättern servieren.

Griechischer Orangensalat

4 Orangen (500 g netto)
100 g schwarze Oliven
1 Bund Blattpetersilie
Saft von 1/2 Zitrone,
  unbehandelt
3 EL Olivenöl, kaltgepreßt
1 MS Vollmeersalz
Pfeffer aus der Mühle
1 kleine Staude Radicchio

Orangen schälen und würflig schneiden. Oliven entkernen, kleinschneiden und Petersilie in 1/2 cm breite Streifen. Zitronensaft, Öl, Salz und Pfeffer darübergeben und alles mischen.

Radicchioblätter in Schüssel oder auf Teller ausbreiten und Salat daraufgeben.

Gurken-Karotten-Frischkost mit Sesamwürze

750 g Gurken
400 g Karotten

60 g Sesam, ungeschält
Kräutersalz

Gurken mit Schale in 1/2 cm dicke Scheiben schneiden und Salatteller damit belegen. Karotten grob raspeln (Rohkostmaschine: große Lochtrommel).

Sesam in der Getreidemühle (Keramik- oder Stahlmahlwerk: Einstellung wie bei Frischkornbrei) mahlen und bei mäßiger Hitze in der Pfanne leicht rösten. Etwas Kräutersalz dazugeben und über Gurkenscheiben verteilen. Karotten in der Tellermitte aufhäufen.

Gurken-Karotten-Salat

750 g Salatgurken
250 g Karotten
2 EL Dill

200 g Sauerrahm
1 EL Obstessig
2 TL körniger Senf
2 MS Vollmeersalz

Karotten grob raspeln, Gurke mit der Schale der Länge nach vierteln und dann in 1/2 cm breite Stücke schneiden, Dill fein schneiden.

Sauerrahm mit Obstessig, Senf und Salz verrühren und über das vorbereitete Gemüse gießen. Mischen und mit Dill bestreut reichen.

Karottensalat

500 g Karotten
300 g Äpfel
200 g Sauerrahm
1 EL Obstessig
2 MS Vollmeersalz
1 TL Akazienhonig
2 EL frischer Dill
50 g Haselnüsse

Karotten sauber bürsten, Äpfel vierteln und Kernhaus herausschneiden.

Sauerrahm mit Essig, Salz, Honig und feingehacktem Dill verrühren. Karotten und Äpfel raspeln (Rohkostmaschine: große Lochtrommel – zuerst Haselnüsse raspeln, dann Karotten und Äpfel) und unter die Salatsauce mischen. In Portionsschalen oder Schüssel geben und mit geraspelten Haselnüssen garnieren.

Karotten-Sellerie-Salat

400 g Karotten
200 g Sellerie
300 g Äpfel
300 g Chicorée, möglichst kurze Stauden
4 EL Erdnußkerne, ungesalzen

Saft von 1 Zitrone, unbehandelt
4 EL Olivenöl, kaltgepreßt
2 MS Vollmeersalz
1 TL Akazienhonig
1 TL körniger Senf
1 EL Dill
3 EL Petersilie

Zitronensaft mit Öl, Salz, Honig und Senf cremig rühren. Dill und Petersilie fein schneiden und dazugeben.

Karotten, Sellerie und Äpfel sauber bürsten, evtl. Schadstellen ausschneiden und mit der Schale grob (Rohkostmaschine: große Lochtrommel) in die Salatsauce raspeln. Alles gut mischen.

Chicoréeblätter ablösen und sternförmig auf Platte oder Salatteller legen. Salat gehäuft daraufgeben und mit Erdnußkernen bestreuen.

Kohlrabi-Karotten-Salat

600 g Kohlrabi
400 g Karotten
1 kleiner Kopf- oder Eissalat
1 Bund Schnittlauch

3 EL Obstessig
4 EL Sonnenblumenöl,
　kaltgepreßt
1 TL körniger Senf
2 MS Vollmeersalz
75 g Zwiebeln

Kohlrabi schälen und eventuell holzige Stellen wegschneiden, Karotten sauber bürsten und alles raspeln (Rohkostmaschine: große Lochtrommel).

Essig, Öl, Senf und Salz cremig rühren und feingeschnittene Zwiebeln dazugeben. Kohlrabi, Karotten und feingeschnittenen Schnittlauch hinzufügen und alles gut mischen.

Salatblätter auf Teller oder in Schüssel breiten und Salat daraufgeben.

Kopfsalat in Dillsauce

1–2 Kopfsalat oder Eissalat,
　je nach Größe
Saft von 1 Zitrone,
　unbehandelt
4 EL Sonnenblumenöl,
　kaltgepreßt
2 MS Vollmeersalz
1 TL körniger Senf
1 TL Akazienhonig
1 Knoblauchzehe
50 g Zwiebeln
1 Bund Dill (= 1/2 Tasse)
1 Bund Radieschen

Salat sauber waschen, in mundgerechte Stücke reißen und mit Salatschleuder trocknen oder gut abtropfen lassen.

Zitronensaft mit Öl, Salz, Senf und Honig cremig rühren. Knoblauch, Zwiebeln und Dill fein schneiden und mit vorbereitetem Salat in die Sauce geben. Vorsichtig mischen und mit Radieschenscheiben garniert auftragen.

Kopfsalat mit Champignons

1–2 Kopfsalat oder Eissalat,
 je nach Größe
250 g frische Champignons
250 g Tomaten

3 EL Obstessig
4 EL Sonnenblumenöl,
 kaltgepreßt
2 MS Vollmeersalz
1 TL körniger Senf
50 g Zwiebeln
1 Bund Petersilie

Kopfsalat waschen, in mundgerechte Stücke reißen, trockenschleudern oder gut abtropfen lassen. Champignons scheibeln und Tomaten achteln.

Essig, Öl, Salz und Senf cremig rühren. Feingeschnittene Zwiebeln und grobgeschnittene Petersilie dazugeben. Über vorbereiteten Salat, Pilze und Tomaten gießen und vorsichtig mischen.

Kopfsalat San Remo

1–2 Kopfsalat, je nach Größe
600 g Orangen
125 g grüne, gefüllte Oliven
40 g Walnußkerne

200 g Sauerrahm
1 EL Sonnenblumenöl,
 kaltgepreßt
3 EL Obstessig
1 EL Sojasauce
1 TL Akazienhonig
1 TL Kräutersenf
1 kleine Zwiebel (30 g)
1 Bund Blattpetersilie

Kopfsalat sorgfältig waschen, in mundgerechte Stücke reißen, trockenschleudern oder gut abtropfen lassen. Orangen schälen, vierteln und dann scheibeln, Oliven halbieren.

Sauerrahm mit Öl, Essig, Sojasauce, Honig und Senf cremig rühren. Zwiebel kleinwürfeln, Petersilie grob schneiden und dazugeben.

Salat, Orangen und Oliven unter die Salatsauce heben. Mit grobgehackten Walnußkernen garnieren.

Kopfsalat Taiwan

1–2 Kopfsalat, je nach Größe
400 g Birnen
40 g Mungbohnen, gekeimt (siehe S. 53)
40 g Cashewnüsse

3 EL Obstessig
4 EL Olivenöl, kaltgepreßt
2 MS Vollmeersalz
2 MS Ingwer
1 MS Cayennepfeffer
1 TL Akazienhonig
1 TL Sojasauce

Salat sauber waschen, in mundgerechte Stücke reißen, mit Salatschleuder trocknen oder gut abtropfen lassen. Birnen vierteln und fein scheibeln, Nüsse grob hacken.

Essig, Öl, Salz, Ingwer, Cayennepfeffer, Honig und Sojasauce cremig rühren. Gekeimte Sojabohnen dazugeben und 1 Stunde in der Sauce ziehen lassen. Dann Salat und Birnen unterheben und mit Nüssen bestreut servieren.

Löwenzahnsalat Catalonia

1 Staude Catalonia (ca. 500 g)
400 g Orangen
300 g Äpfel

200 g Sauerrahm
1 TL Kräutersenf
1 TL Honig
1 TL Salatkräutermischung, getrocknet
2 EL Obstessig
2 MS Vollmeersalz
50 g Zwiebeln

zum Garnieren:
1 Orange

Catalonia ist ein in südlichen Ländern gezüchteter löwenzahnähnlicher Salat. Sein Geschmack ist milder als unser freiwachsender Löwenzahn, jedoch auch leicht bitter.

Sauerrahm mit Senf, Honig, Salatkräutern, Essig, Salz und kleingewürfelten Zwiebeln verrühren.

Catalonia gut waschen, fein aufschneiden, Orangen und Äpfel würfeln und unter die Salatsauce heben. Orange schälen, quer in dünne Scheiben schneiden und Salat damit garnieren.

Mai-Salat

350 g Catalonia (gezüchteter Löwenzahnsalat) oder gesammelte Wildkräuter
300 g Tomaten
1 großes Bund Radieschen
200 g Gurken
200 g Fenchel
200 g gelbe Paprikaschoten

Saft von 1/2 Zitrone, unbehandelt
5 EL Olivenöl, kaltgepreßt
2 MS Vollmeersalz
1 TL körniger Senf
1 Knoblauchzehe
3 EL Dill

Catalonia oder Wildkräuter gründlich waschen und in 1 cm breite Stücke schneiden. Tomaten achteln, Radieschen, Gurken und Fenchel scheibeln und Paprikaschoten in Streifen schneiden.

Zitronensaft mit Öl, Salz und Senf cremig rühren. Knoblauchzehe und Dill fein schneiden und dazugeben. Über das vorbereitete Gemüse gießen und gut mischen.

Mung- oder Adukibohnen, gekeimt

50 g Mungbohnen (grüne Sojabohnen) oder 50 g Adukibohnen (rote Sojabohnen)
Wasser

Bohnen im Sieb waschen und in großer Tasse mit reichlich Wasser 12 Stunden quellen lassen. Danach jeweils früh und abends im Sieb abbrausen, in Tasse geben und abdecken. Bei Zimmertemperatur stehenlassen

Nach 1 – 2 Tagen werden Keime sichtbar. Bei einer Keimlänge von 1/2 – 1 cm sind die Bohnen gebrauchsfertig. Nicht nur die Keime, sondern auch die ganzen Bohnen können gegessen werden. Sie finden Verwendung für Salate oder auf Butterbroten.

Paprika-Blumenkohl-Salat

500 g Paprikaschoten, je eine
  grüne, rote und gelbe
300 g Blumenkohl, netto
50 g Feldsalat (Rapunzel)

3 EL Obstessig
4 EL Sonnenblumenöl,
  kaltgepreßt
2 MS Vollmeersalz
1 TL körniger Senf
50 g Zwiebeln
2 EL Petersilie

Essig und Öl cremig rühren. Salz, Senf, kleingewürfelte Zwiebeln und grobgeschnittene Petersilie dazugeben.

Paprikaschoten kleinwürfeln, Blumenkohl raspeln (Rohkostmaschine: große Lochtrommel) und beides unter die Salatsauce heben.

Mit gut gewaschenem Feldsalat garnieren.

Pastinakensalat

250 g Pastinaken
250 g Ananas, netto
250 g Äpfel
50 g Lauch
1 kleine Staude Radicchio
einige Walnußkerne

150 g Sahne
1/2 TL Vollmeersalz
1 TL Akazienhonig
1 TL körniger Senf
1 Bund Dill

Pastinaken waschen, mit Schale grob reiben (Rohkostmaschine: große Lochtrommel), Ananas fein stifteln, Äpfel würfeln und Lauch fein schneiden.

Sahne mit Salz, Honig und Senf verrühren, feingeschnittenen Dill dazugeben. Über das vorbereitete Gemüse und Obst gießen und gut mischen.

Radicchioblätter in Schüssel oder auf Tellern ausbreiten und Salat darauflegen. Mit Walnußkernen garnieren.

Rapunzel-Fenchel-Salat

150 g Rapunzel (Feldsalat)
600 g Fenchel
250 g Äpfel
4 kernlose Mandarinen
200 g Sauerrahm
Saft von 1/2 Grapefruit
2 MS Vollmeersalz
1 TL Akazienhonig
1 TL körniger Senf
1 Bund Dill
Fenchelgrün

Rapunzel gründlich waschen und putzen. Fenchel vierteln, Strünke abschneiden und Knolle mit scharfem Messer in feine Streifen schneiden. Äpfel vierteln und in dünne Scheiben schneiden, Mandarinen schälen und in Spalten teilen.

Sauerrahm mit Grapefruitsaft, Salz, Honig und Senf verrühren. Dill und Fenchelgrün fein schneiden. Sauce über vorbereitetes Gemüse und Obst gießen und gut mischen.

Rettichsalat garniert

350 g Rettich
75 g Zwiebeln
350 g Tomaten
Kräutersalz
2 EL Sonnenblumenöl, kaltgepreßt
1/2 – 1 Kopfsalat

Rettich fein stifteln (Rohkostmaschine: Stäbchentrommel), Zwiebeln fein würfeln und Tomaten grob würfeln. Dünn mit Kräutersalz bestreuen, Öl darübergießen und alles mischen.

Grünen Salat auf Teller oder in Schüssel ausbreiten und Rettichsalat daraufgeben.

Rettich-Wildkräuter-Salat

650 g Rettich, netto
1/2 TL Kräutersalz
4 EL Sonnenblumenöl, kaltgepreßt
150 g Wildkräuter
1 kleine Staude Radicchio oder Kopfsalat

Rettiche sauber bürsten und nur schälen, wenn die Schale hart ist. Fein scheibeln oder grob raspeln (Rohkostmaschine: Scheiben- oder große Lochtrommel), mit Salz bestreuen, Öl dazugeben, mischen und einige Minuten ziehen lassen. Dabei verschwindet die Schärfe der Rettiche.

Wildkräuter gut waschen, in 1/2 cm breite Streifen schneiden und unter die Rettiche mischen.

Salatblätter in Schüssel oder auf Teller breiten und Salat daraufgeben.

Römischer Salat

1 Staude römischer Salat
  (Winterfreilandsalat aus
  Italien)
4 Zwiebelschlotten
200 g Paprikaschoten, rot und
  gelb
200 g Karotten
Kräutersalz
Pfeffer aus der Mühle
Saft von 1 Zitrone,
  unbehandelt
4 EL Olivenöl, kaltgepreßt
12 schwarze Oliven

Römischen Salat entblättern, waschen und in 1 cm breite Streifen schneiden. Zwiebelschlotten fein schneiden, Paprikaschoten in dünne, kurze Streifen schneiden, Karotten würfeln oder scheibeln.

Alles leicht mit Kräutersalz und Pfeffer bestreuen, in Salatschüssel geben und vorsichtig andrücken.

Zitronensaft mit Öl cremig rühren und über Salat verteilen. Mit Oliven verzieren.

Salat gut 1/2 Stunde vor dem Servieren durchziehen lassen.

Rote Rüben in Paprikaschote

150 g rote Rüben
250 g Äpfel
Saft von 1 Zitrone,
  unbehandelt
4 EL Olivenöl, kaltgepreßt
2 MS Vollmeersalz
50 g Zwiebeln
2 – 4 grüne oder gelbe Paprikaschoten, je nach Größe
4 TL Kokosflocken

Ausgepreßten Zitronensaft mit Öl, Salz und kleingeschnittener Zwiebel verrühren. Rote Rüben sauber bürsten und mit der Schale fein reiben, ebenso die Äpfel. In die Salatsauce geben und mischen.

Paprikaschoten aufschneiden und mit dem Salat füllen. Mit Kokosflocken bestreut reichen.

Rote Rüben mit Wildkräutern

300 g rote Rüben
200 g verschiedene Wildkräuter
250 g Äpfel
50 g Zwiebeln

3 EL Obstessig
4 EL Sonnenblumenöl, kaltgepreßt
2 MS Vollmeersalz
1 TL Senf
1 TL Akazienhonig

Rote Rüben sauber bürsten, Wurzel und Blätteransatz abschneiden und mit der Schale fein reiben (Rohkostmaschine: Bicher-Trommel). Wildkräuter gründlich waschen und in 1 cm breite Streifen schneiden. Äpfel und Zwiebeln klein würfeln.

Essig, Öl, Salz, Senf und Honig cremig rühren und über das vorbereitete Gemüse und Obst gießen. Alles gut mischen und 15 – 30 Minuten durchziehen lassen.

Rote-Rüben-Salat Nikolajev

300 g rote Rüben
400 g Äpfel
100 g milchsaure Gurken

3 EL Obstessig
3 EL Olivenöl, kaltgepreßt
2 MS Vollmeersalz
75 g Zwiebeln
2 TL Basilikum

250 g Chicorée
2 EL Schnittlauch

Rote Rüben und Äpfel mit der Schale raspeln (Rohkostmaschine: große Lochtrommel), Gurken fein scheibeln oder würfeln.

Essig, Öl und Salz cremig rühren. Feingewürfelte Zwiebeln und Basilikum dazugeben. Über das vorbereitete Gemüse und Obst gießen und gut mischen.

Chicoréeblätter in Schüssel oder auf Teller breiten und Salat daraufgeben. Mit feingeschnittenem Schnittlauch garnieren.

Salat Gourmet mit Mandelsauce

600 g Chinakohl
250 g Granatapfel
250 g Orangen
200 g Bananen
200 g blaue Weintrauben
1/2 Bund Petersilie

300 g Sauerrahm
50 g geschälte Mandeln
Saft von 1 Zitrone, unbehandelt
1 EL Olivenöl, kaltgepreßt
2 MS Vollmeersalz
1 Knoblauchzehe
2 EL feingehackte Petersilie

Chinakohl in 1/2 cm breite Streifen schneiden, Granatapfel vierteln und durch Zurückbiegen der Schale rote Fruchtkerne herauslösen. Orangen schälen, halbieren und in dünne Scheiben schneiden. Bananen schälen und scheibeln, Weintrauben halbieren, Petersilie grob schneiden. Alles vorsichtig mischen und in Glasschüssel anrichten.

Sauerrahm mit feingeriebenen Mandeln (Rohkostmaschine: Feintrommel), Zitronensaft, Öl, Salz, kleingeschnittener Knoblauchzehe und feingehackter Petersilie cremig rühren.

In Sauciere füllen und gekühlt zum Salat reichen.

Sauerkrautsalat Hawaii

500 g rohes Sauerkraut, unpasteurisiert
300 g Äpfel
1/4 Ananas (250 g netto)
100 g Zwiebeln
1 Bund Petersilie
4 EL Sonnenblumenöl, kaltgepreßt
Saft von 1 Zitrone, unbehandelt

1 kleine Staude Radicchio-Salat

Sauerkraut kleinschneiden, Äpfel mit der Schale grob raspeln, Ananas kleinwürfeln, Zwiebel fein schneiden, Petersilie grob schneiden.

Frischgepreßten Zitronensaft und Öl darübergießen und alles vorsichtig mischen. 30 Minuten ziehen lassen.

Radicchioblätter auf den Salattellern oder in einer Salatschüssel ausbreiten und den Sauerkrautsalat gehäuft darauflegen.

Sauerkrautsalat mit Karotten

500 g Sauerkraut,
   unpasteurisiert
300 g Karotten
300 g Äpfel
1 kleine Zwiebel (50 g)
4 EL Olivenöl, kaltgepreßt
1 TL Kümmel
2 TL Basilikum
2 EL geschnittenen Schnittlauch

Sauerkraut einige Male durchschneiden, Karotten und Äpfel grob raspeln (Rohkostmaschine: große Lochtrommel) und Zwiebel fein schneiden. Olivenöl, Kümmel und Basilikum dazugeben und mischen.

Mit feingeschnittenem Schnittlauch garnieren.

Sauerkrautsalat mit Wildkräutern

500 g rohes Sauerkraut,
   unpasteurisiert
300 g rotbackige Äpfel
100 g milchsaure Gurken
150 – 200 g frischgesammelte
   Wildkräuter oder Catalonia
   (Löwenzahnsalat) oder
   Radicchio
4 EL Sonnenblumenöl,
   kaltgepreßt
Saft von 1 Zitrone,
   unbehandelt
1 TL Akazienhonig
50 g Zwiebeln
1 TL Basilikum
1 TL Kümmel

Sauerkraut kleinschneiden, Äpfel und Gurken würfeln, Wildkräuter oder Salat in 1/2 cm breite Streifen schneiden.

Öl, Honig in Zitronensaft gelöst, feingewürfelte Zwiebeln, Basilikum und Kümmel dazugeben. Alles gut gemischt 30 Minuten ziehen lassen.

Sauerkrautsalat Rouge

400 g rohes Sauerkraut,
   unpasteurisiert
200 g rote Rüben
250 g Äpfel
50 g Zwiebeln
4 EL Olivenöl, kaltgepreßt

1 kleine Staude Radicchio
100 g frische Kokosnuß, netto

Sauerkraut kleinschneiden, rote Rüben und Äpfel mit der Schale dazureiben (Rohkostmaschine: Bircher-Trommel). Zwiebeln fein würfeln, Öl dazugeben und alles mischen

Radicchioblätter in Schüssel oder auf Teller breiten und Salat darauf verteilen.

Kokosnuß fein reiben (Rohkostmaschine: Bircher-Trommel) und über den Salat streuen.

Selleriesalat Astor

300 g Sellerie, netto
300 g Äpfel
1/2 frische Ananas
  (ca. 300 g netto)
150 g Sahne
1/2 TL Vollmeersalz
1 TL Akazienhonig
Saft von 1 Zitrone,
  unbehandelt
1 Bund Dill

40 g Walnußkerne
1 kleine Staude Radicchio oder grünen Salat

Sahne mit Salz, Honig, Zitronensaft und feingeschnittenem Dill verrühren.

Sellerie putzen, bürsten, dünn schälen und in die Salatsauce reiben (Rohkostmaschine: große Lochtrommel).

Äpfel kleinwürfeln, Ananas schälen, fein stifteln und mit Sellerie vermengen.

Salatblätter in Schüssel oder auf Teller breiten, Salat aufhäufen und mit Walnußkernen garnieren.

Sommersalat mit Zitronen-Honig-Sauce

ca. 6 verschiedene Salate und Gemüsearten aus dem Garten, z.B. Kopfsalat, zarten Spinat, Radieschen, Rettich, junge Erbsen (mit oder ohne Schale), Spargel

400 g Erdbeeren oder Kirschen

Saft von 2 Zitronen, unbehandelt
6 EL Olivenöl, kaltgepreßt
2 MS Vollmeersalz
2 TL körniger Senf
2 EL gehackte Petersilie
2 gestrichene TL Akazienhonig

Salat und Gemüse waschen und in mundgerechte Stücke zerpflücken, schneiden oder raspeln. Auf einer großen Platte oder für jede Person auf einem Eßteller anrichten. In Tellermitte Obst garnieren.

Zitronensaft mit Öl, Salz, Senf, Honig und gehackter Petersilie cremig rühren. In eine Sauciere füllen und zum Salat und Gemüse reichen.

Schwarzwurzelsalat pikant

500 g Schwarzwurzeln
1 rote Paprikaschote (200 g)
1 grüne Paprikaschote (200 g)
1 kleine Staude Radicchio

3 EL Obstessig
4 EL Sonnenblumenöl, kaltgepreßt
2 MS Vollmeersalz
1 TL körniger Senf
50 g Zwiebeln
50 g Lauch
3 EL Petersilie

Essig, Öl, Salz und Senf cremig rühren. Zwiebeln, Lauch und Petersilie kleinschneiden und dazugeben.

Schwarzwurzeln waschen und mit Kartoffelschäler schälen. Fein reiben (Rohkostmaschine: Bircher-Trommel) und sofort unter Salatsauce heben, damit sie nicht braun werden. Paprikaschoten kleinwürfeln und dazugeben. Alles gut mischen.

Radicchioblätter in Schüssel oder auf Teller breiten und Salat darauflegen.

Schwarzwurzelsalat mit frischen Kokosraspeln

600 g Schwarzwurzeln
200 g Karotten
150 g frische Kokosnuß, netto
1 kleine Staude Radicchio

3 EL Obstessig
4 EL Sonnenblumenöl, kaltgepreßt
2 MS Vollmeersalz
2 TL körniger Senf
75 g Zwiebeln
2 EL Petersilie

Obstessig mit Öl, Salz und Senf cremig rühren. Zwiebeln fein würfeln, Petersilie grob schneiden und dazurühren.

Schwarzwurzeln waschen und mit Kartoffelschäler schälen. Fein reiben (Rohkostmaschine: Bircher-Trommel) und sofort unter die Salatsauce heben, damit sie nicht braun werden. Kokosnuß und Karotten getrennt raspeln (Rohkostmaschine: große Lochtrommel), Karotten unter Salatsauce heben und alles gut mischen.

Radicchioblätter auf Salatteller oder in Salatschüssel breiten, Salat hineingeben und mit frischen Kokosraspeln garnieren.

Spinatsalat Frühling

400 g Spinat
300 g Karotten
200 g Äpfel
2 Bund Radieschen
3 Zwiebelschlotten
1 Bund Petersilie

3 EL Obstessig
4 EL Sonnenblumenöl,
 kaltgepreßt
1 TL körniger Senf
1 TL Tomatenmark
2 MS Vollmeersalz

Frischen, jungen Spinat gründlich waschen, abtropfen lassen und in 1 cm breite Streifen schneiden. Karotten und Radieschen scheibeln, Äpfel würfeln, Zwiebelschlotten fein scheibeln und Petersilie grob schneiden.

Essig mit Öl, Senf, Tomatenmark und Salz cremig rühren. Über das vorbereitete Gemüse gießen und alles gut mischen.

Spinatsalat mit Tomaten

400 g Spinat
500 g Tomaten
300 gelbe Paprikaschoten
100 g lila Zwiebeln
100 g schwarze Oliven

3 EL Obstessig
4 EL Olivenöl, kaltgepreßt
1 TL körniger Senf
2 MS Vollmeersalz
2 MS Ingwer
1 MS Cayennepfeffer
1/2 TL Akazienhonig

Frischen, jungen Spinat gründlich waschen, abtropfen lassen, in 1 cm breite Streifen schneiden, Tomaten achteln, Paprikaschoten in Streifen schneiden, Zwiebeln halbieren und in feine Scheiben schneiden.

Essig, Öl, Senf, Salz, Ingwer, Cayennepfeffer und Honig cremig rühren, über das vorbereitete Gericht gießen und gut mischen.

Mit Oliven garniert anrichten.

Tomate im Grünen

200 g Feldsalat
4 mittelgroße Tomaten
300 g Schlangengurken
60 g Zwiebeln

200 g Sauerrahm
2 TL körniger Senf
2 TL Tomatenmark
3 EL Schnittlauch

Gut gewaschenen Feldsalat abtropfen lassen und auf Salatteller verteilen. Tomaten von oben so in 8 Teile schneiden, daß sie unten noch zusammenhängen. Auf den Salat stellen und in jeden Einschnitt eine 3 – 4 mm dicke Gurkenscheibe, mit Schale, stecken. Tomaten und Gurkenscheiben leicht salzen. Zwiebeln fein würfeln und auf den Salat rund um die Tomaten streuen.

Sauerrahm mit Senf, Tomatenmark und feingeschnittenem Schnittlauch verrühren und in die Tomatenmitte geben.

Tomaten-Gurken-Salat

750 g Tomaten
750 g Gurken
3 EL Obstessig
6 EL Olivenöl, kaltgepreßt
1/2 TL Vollmeersalz
150 g Zwiebeln
2 EL gehackte Petersilie
2 EL gehackter Dill

Tomaten in Scheiben aufschneiden, Gurken der Länge nach halbieren und mit der Schale 1/2 cm dick scheibeln.

Essig, Öl und Salz cremig rühren, Zwiebeln fein schneiden, Petersilie und Dill dazugeben. Über das vorbereitete Gemüse gießen und vorsichtig mischen.

Tomaten mit Avocadofüllung

4 Tomaten, ca. 350 g
1 Avocado, ca. 250 g
1 EL Zitronensaft
1/2 TL Kräutersalz
75 g Zwiebeln
Pfeffer aus der Mühle
2 TL Dillspitzen

4 Blatt Kopfsalat

Tomaten quer halbieren (= 8 halbe Tomaten), mit dem Teelöffel Fruchtfleisch ausstechen und beiseite legen.

Reife Avocado (allseitig weich) der Länge nach halbieren, Kern herausnehmen und Fruchtfleisch mit Teelöffel herauslösen.

Zitronensaft über Avocadofruchtfleisch träufeln, Salz dazugeben und mit einer Gabel fein zerdrücken. Zwiebeln sehr fein würfeln, Tomatenfruchtfleisch kleinschneiden und unter die Avocadomasse rühren. Mit Pfeffer und feingeschnittenen Dillspitzen abschmecken.

Gehäuft in Tomatenhälften füllen und auf Salatblättern gekühlt anrichten.

Tomatenplatte Marokko

900 g Tomaten
100 g Zwiebeln
2 EL Petersilie
Pfeffer aus der Mühle
2 TL Basilikum
1/2 TL Kräutersalz
2 EL Obstessig
4 EL Olivenöl, kaltgepreßt

Tomaten quer in Scheiben schneiden und in Reihen schuppenförmig auf eine Platte legen.

Feingeschnittene Zwiebeln und Petersilie darauf verteilen und mit Pfeffer, Basilikum und Salz bestreuen. Essig mit Öl cremig rühren und mit einem Eßlöffel auf die Tomaten träufeln. Ca. 30 Minuten durchziehen lassen und zu Vollkornbrot und Butter reichen.

Tomatensalat Messina

750 g Tomaten
300 g Paprikaschoten, grün und gelb
200 g lila Zwiebeln
4 EL Obstessig
4 EL Olivenöl, kaltgepreßt
1 TL körniger Senf
1/2 TL Vollmeersalz
1 TL Basilikum
50 g schwarze Oliven

Tomaten achteln, Paprikaschoten entkernen und in feine Streifen schneiden. Zwiebeln halbieren und in dünne Scheiben schneiden.

Obstessig, Olivenöl, Senf und Salz cremig rühren. Das vorbereitete Gemüse unterziehen, mit Basilikum bestreuen und mit schwarzen Oliven garnieren.

Topinambursalat Brasilia

500 g Topinambur
40 g Mungbohnen, gekeimt (siehe S. 53)
1 kleine Staude Radicchio
1 Bund Schnittlauch
3 EL Obstessig
5 EL Olivenöl, kaltgepreßt
1 EL Kräutersenf
2 MS Vollmeersalz
50 g Zwiebeln

Essig und Öl cremig rühren, Kräutersenf, Salz, feingewürfelte Zwiebeln und gekeimte Mungbohnen unterziehen.

Topinambur sauber bürsten und putzen. Mit der Schale grob in die Salatsauce raspeln (Rohkostmaschine: große Lochtrommel). Unter die Salatsauce heben.

Radicchioblätter in Schüssel oder auf Teller breiten, Salat darauflegen und mit feingeschnittenem Schnittlauch bestreuen.

Topinambursalat mit Rapunzel

400 g Topinambur
300 g Karotten
150 g Rapunzel (Feldsalat)
4 EL Obstessig
4 EL Sonnenblumenöl, kaltgepreßt
2 MS Vollmeersalz
1 TL körniger Senf

Topinambur und Karotten sauber bürsten, Rapunzel sauber waschen. Essig, Öl, Salz und Senf cremig rühren.

Topinambur und Karotten gleich in die Salatsauce reiben (Rohkostmaschine: große Lochtrommel) und sofort mischen, damit sie nicht braun werden. Rapunzel unterheben und anrichten.

Topinambursalat pikant

500 g Topinambur
250 g Stangensellerie
1 kleine Staude Radicchio
12 schwarze Oliven

3 EL Obstessig
5 EL Sonnenblumenöl, kaltgepreßt
2 MS Vollmeersalz
1/2 TL Honig
1 TL körniger Senf
50 g Zwiebeln

Essig und Öl cremig rühren, Salz, Honig, Senf und kleingeschnittene Zwiebeln dazurühren. Topinambur gut bürsten, mit der Schale grob raspeln (Rohkostmaschine: große Lochtrommel) und sogleich unter die Salatsauce heben, damit sie nicht braun werden.

Stangensellerie mit Blattgrün in 1 cm dicke Stücke schneiden und ebenfalls unterheben.

Salatteller oder Schüssel mit Radicchioblättern auslegen, Topinambursalat daraufgeben und mit schwarzen Oliven garnieren.

Türkischer Bauernsalat

75 g Bulgur (siehe S. 348)
1/8 l Wasser
3 EL Obstessig
Saft von 1 Zitrone,
 unbehandelt
4 EL Olivenöl, kaltgepreßt
2 MS Vollmeersalz
2 TL Pfefferminze, getrocknet
3 EL Petersilie
75 g Zwiebeln
Pfeffer aus der Mühle

400 g Tomaten
400 g Gurken
400 g Paprikaschoten, rot,
 gelb und grün
200 g Zucchini
16 schwarze Oliven

Bulgur in Wasser 1 Stunde quellen lassen. Dann Essig, Zitronensaft, Öl, Salz, Pfefferminze hineinrühren. Petersilie grob schneiden, Zwiebeln fein würfeln und Pfeffer dazugeben.

Tomaten achteln, Gurken scheibeln, Paprikaschoten in Streifen schneiden und Zucchini stifteln. Unter die Salatsauce heben, mischen und mit Oliven garniert servieren.

Waldorfsalat

200 g Sauerrahm
5 EL geschlagene Sahne
 (100 g)
Saft von 1 Zitrone,
 unbehandelt
1 TL Akazienhonig
1 MS Vollmeersalz

300 g Sellerie
250 g Äpfel
1/4 frische Ananas (ca. 250 g)
250 g Orangen
50 g Walnußkerne
1 kleine Staude Radicchio

Sauerrahm, steifgeschlagene Sahne, frischgepreßten Zitronensaft, Honig und Salz cremig rühren.

Sellerie sauber bürsten (eventuell schälen) und fein stifteln (Rohkostmaschine: Stäbchentrommel), Äpfel würfeln, Ananas stifteln und Orange fein scheibeln. Walnußkerne grob hacken. Alles vorsichtig unter die Salatcreme heben.

Schüssel oder Teller mit Radicchio-Blättern auslegen und Salat darin verteilen.

Weißkraut-Rapunzel-Salat

500 g Weißkraut
200 g Rapunzel (Feldsalat)
300 g Ananas, netto

3 EL Obstessig
5 EL Sonnenblumenöl, kaltgepreßt
1 TL körniger Senf
2 MS Vollmeersalz
50 g Zwiebeln

Weißkraut fein schneiden (Rohkostmaschine: Scheibentrommel), Rapunzel gründlich waschen und Ananas fein stifteln.

Essig, Öl, Senf und Salz cremig rühren und kleingeschnittene Zwiebeln dazugeben. Über vorbereitetes Gemüse und Obst gießen und gut mischen.

Weißkrautsalat Adana

600 g Weißkraut, netto
300 g Birnen
1 großer Granatapfel (500 g)

1 Zitrone, unbehandelt
4 EL Sonnenblumenöl, kaltgepreßt
2 MS Vollmeersalz
75 g Zwiebeln
1/2 Bund Petersilie

Weißkraut fein hobeln (Rohkostmaschine: Scheibentrommel), Birnen vierteln und fein scheibeln.

Granatapfel vierteln und durch Zurückbiegen der Außenschale rote Fruchtkerne herauslösen.

Zitronensaft mit Öl, Salz und feingeschnittenen Zwiebeln verrühren. Petersilie grob schneiden. Vorbereitetes Gemüse, Obst und Petersilie dazugeben und gut mischen.

Weißkrautsalat Regent

400 g Weißkraut, netto
300 g Äpfel
300 g Ananas, netto
300 g Orangen, netto

3 EL Obstessig
5 EL Olivenöl, kaltgepreßt
2 MS Vollmeersalz
1 TL körniger Senf
50 g Zwiebeln
1 Bund Petersiliengrün

Weißkraut fein hobeln (Rohkostmaschine: Scheibentrommel), Äpfel würfeln, Ananas stifteln, Orangen quer in Scheiben schneiden (4 Scheiben zum Verzieren zurücklassen) und vierteln.

Essig, Öl, Salz und Senf cremig rühren. Kleingewürfelte Zwiebeln und grobgeschnittenes Petersiliengrün dazugeben. Vorbereitetes Gemüse und Salat unterheben. Mit Orangenscheiben anrichten.

Weißkraut-Trauben-Salat

400 g Weißkraut, netto
250 g Äpfel
250 g blaue Weintrauben

3 EL Obstessig
4 EL Olivenöl, kaltgepreßt
2 TL körniger Senf
2 MS Vollmeersalz
1 Zwiebel
2 EL Petersilie

100 g blaue Weintrauben
zum Verzieren

Weißkraut fein hobeln (Rohkostmaschine: Scheibentrommel), Äpfel würfeln und Weintrauben, gut gewaschen, halbieren. Obstessig mit Öl, Senf und Salz cremig rühren. Feingeschnittene Zwiebel und grobgeschnittene Petersilie dazugeben und über vorbereitete Salatzutaten gießen.

Mischen und mit einigen Trauben am Stiel als Verzierung reichen.

Wildkräuter-Kopfsalat

1 – 2 Kopfsalat oder Eissalat, je nach Größe
4 Zwiebelschlotten
1 Bund Radieschen
150 g frische Wild- oder Gartenkräuter

3 EL Obstessig
4 EL Sonnenblumenöl, kaltgepreßt
2 MS Vollmeersalz
1 TL körniger Senf

Salat gut waschen, in mundgerechte Stücke reißen, in Salatschleuder entwässern oder gut abtropfen lassen. Zwiebelschlotten in feine Ringe schneiden, Radieschen scheibeln und Kräuter fein hacken.

Essig, Öl, Salz und Senf cremig rühren. Über vorbereiteten Salat gießen und alles gut mischen.

Wildkräutersalat

300 g verschiedene Wildkräuter
300 g Äpfel
2 rote Grapefruits
75 g Zwiebeln

Saft von 1 Zitrone, unbehandelt
4 EL Olivenöl, kaltgepreßt
2 MS Vollmeersalz
1 TL körniger Senf
1 TL Akazienhonig

Wildkräuter gründlich waschen und in 1 cm breite Streifen schneiden. Äpfel, geschälte Grapefruits kleinwürfeln und Zwiebeln kleinschneiden.

Zitronensaft mit Öl, Salz, Senf und Honig cremig rühren. Über die vorbereiteten Kräuter und das Obst gießen und gut mischen. 15 – 30 Minuten durchziehen lassen.

Wirsingsalat mit Preiselbeeren

250 g Wirsing, netto
250 g Äpfel
*4 EL rohe Preiselbeer-
 marmelade*
(siehe S. 177)

200 g Sauerrahm
2 EL Obstessig
2 TL Kräutersenf
2 MS Vollmeersalz
75 g Zwiebeln
2 EL Petersilie

Wirsing vierteln, Strunk herausschneiden und mit Rohkostmaschine (große Lochtrommel) zerkleinern, Äpfel kleinwürfeln.

Sauerrahm mit Obstessig, Senf und Salz cremig rühren. Zwiebeln und Petersilie fein schneiden und darunterrühren.

Wirsing und Äpfel dazugeben, mischen und in Portionsschälchen verteilen. Einen gehäuften Eßlöffel rohe Preiselbeermarmelade in die Mitte jedes Schälchens geben.

Zucchinisalat

300 g Zucchini, junge Früchte
200 g Paprikaschoten
500 g Tomaten
1 Bund Petersilie

*Saft von 1 Zitrone,
 unbehandelt*
4 EL Olivenöl, kaltgepreßt
1/2 TL Vollmeersalz
2 TL körniger Senf
3 Zwiebelschlotten
2 Knoblauchzehen

Zucchini mit der Schale stifteln, Paprikaschoten in Streifen schneiden, Tomaten würfeln und Petersilie grob schneiden.

Zitronensaft mit Öl, Salz und Senf cremig rühren. Feingeschnittene Zwiebelschlotten und Knoblauchzehen dazugeben. Über das vorbereitete Gemüse gießen, mischen und 30 Minuten durchziehen lassen.

Brotbacken

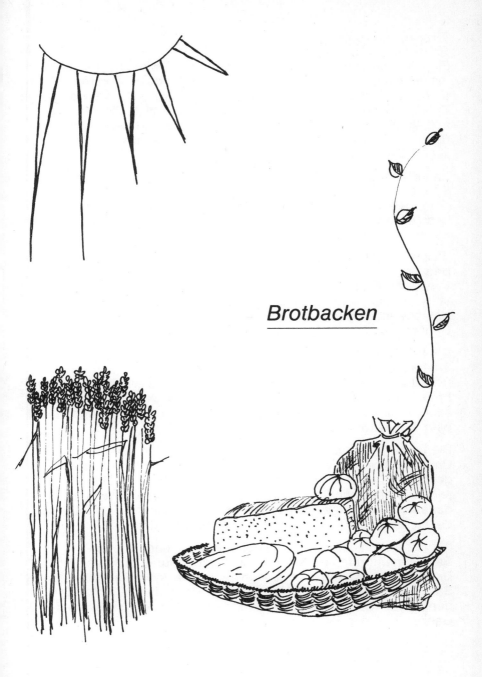

Tips für »Eigenbrötler«

Für die Zubereitung von Brot und Kleingebäck wird außer frischgemahlenem Getreide (wie z. B. Weizen- oder Roggenvollkornmehl) und einer Flüssigkeit (wie z. B. Wasser, Wasser mit Sahne, Wasser mit Sauerrahm) auch ein Teiglockerungsmittel benötigt, das den Teig aufgehen läßt. Sauerteig, Spezial-Backferment und Hefe eignen sich dazu vorzüglich. Sie verleihen dem Brot oder Gebäck einen typischen Geschmack und ein besonderes Aroma.

Sauerteigbrote haben einen kräftigen und herzhaften Geschmack, Spezial-Backferment-Brote einen etwas milderen und Hefebrote oder -gebäcke den mildesten. Jede dieser Brotarten hat ihren Platz in unserer Ernährung, weil sie für geschmackliche Abwechslung sorgen und sehr wichtig für die Appetitanregung sind.

Weitere Backhilfsmittel oder chemische Backzusätze, wie sie heute in Bäckereien oder Brotfabriken für Auszugsmehlbrote und -gebäck Verwendung finden (ca. 100 000 t pro Jahr in der BRD), werden für Vollkornbrote nicht verwendet. Auf diese Hilfsmittel kann leicht verzichtet werden, denn letzten Endes bringen sie nur Luft in Brot und Gebäck.

Der herzhafte Biß in ein Vollkornbrot oder -brötchen vermittelt uns ein Erlebnis von echtem Schrot und Korn, Produkte aus Auszugsmehlen mit zugesetzten Backhilfsmitteln täuschen uns etwas vor. Vollkornbrote und -gebäck schmecken frisch und altbacken gut und sind sehr sättigend. Der Verzehr dieser Brote gehört zu den Grundprinzipien der Vollwertkost.

Die bei den Brotrezepten angegebenen Gehzeiten hängen von der Umgebungswärme ab. Während Hefeteige völlig unproblematisch gehen (z. B. auch im Kühlschrank), sind Sauerteige und Backfermentteige wärmeempfindlicher. Die nötige Wärme kann auf verschiedene Art beschafft werden. Im Sommer z. B. kann der Teig während der Gehzeit zugedeckt in die Sonne gestellt werden.

Für das Gehen der Hauptteige bei Sauerteig- oder Spezial-Backfermentbroten ist eine erhöhte Temperatur erforderlich. Dieses Problem kann sehr einfach mit der Backröhre gelöst werden: Backröhre für 5 – 10 Minuten auf 100° heizen, dann abschalten und den in einer Schüssel zugedeckten Teig hineinstellen. Die jeweilige Gehzeit ist in den Rezepten angegeben.

Bei der Herstellung des Grundansatzes aus dem Spezial-Backferment, bei der Sauerteigzubereitung und bei der Herstellung des Vorteiges für Sauerteigbrote ist eine Wärmeeinwirkung über längere Zeit notwendig. Dafür kann wieder die Backröhre verwendet werden:

Backröhre 15 Minuten auf 100° aufheizen, dann abschalten. Den in einer Schüssel zugedeckten Teig zusätzlich in eine Wolldecke einschlagen und in die Röhre stellen. Auf einfachste Art wird dadurch die Wärme über Stunden gespeichert, ohne daß der Teig zu hohen Temperaturen ausgesetzt ist.

Normalerweise verdoppelt sich das Volumen von Hefeteigen in der angegebenen Gehzeit, Sauerteig und Backfermentteige vergrößern ihr Volumen etwa um die Hälfte. Sollte diese Volumenzunahme noch nicht erfolgt sein, muß noch etwas gewartet werden.

Kneten und Schlagen des Teiges von Hand: Beim Kneten des Hauptteiges mit der Hand ist es zweckmäßig, eine Schüssel mit lauwarmem Wasser neben die Teigschüssel zu stellen. Klebt der Teig an der Hand, wird die Hauptmasse des Teiges abgestreift, die Hand in das Wasser getaucht und dann wieder weitergeknetet. Nach kurzer Zeit ist die Hand teigfrei. Beim Kneten nicht mit den Fingern in den Teig hineingreifen, sondern den Teig mit der ganzen Handfläche immer wieder von außen nach innen drücken.

Lockere Hefeteige werden wie folgt geschlagen: Schüssel mit einer Hand festhalten und Teig von der gegenüberliegenden Seite mit dem Kochlöffel schlagweise holen und dabei immer fest unter den Teig schlagen, daß er leichte Blasen wirft. Nach einiger Zeit die Schüssel wieder drehen, das Schlagen neu beginnen und dabei wieder den Teig auf die andere Seite holen. Dann mit Vollkornmehl bestreuen und gehen lassen.

Wenn der Hauptteig gegangen ist und zum weiteren Gehen in ein Brotkörbchen oder eine Brotform gelegt wird, muß er vorher nochmals durchgeknetet werden. Dabei wird nur Streumehl (Weizenvollkornmehl) wie folgt verwendet: Arbeitsfläche bemehlen und Teig mit der flachen Hand von außen nach innen drücken, bis er nicht mehr klebt. Dann in das Brotkörbchen legen.

Das Einschieben des Brotes in die Backröhre muß zum richtigen Zeitpunkt während des Gehens erfolgen: Das Brot muß gut angegangen, jedoch noch nicht vollständig gegangen sein, damit der letzte

Schub im Ofen erfolgen kann (der Ofen muß gut vorgeheizt sein). Wird das nicht beachtet, fällt das Brot ein oder es läuft zu flach auseinander. Beides ist jedoch nur ein Schönheitsfehler, der die Brotqualität nicht beeinträchtigt.

Brote im Römertopf werden stets ungegangen in die kalte Backröhre geschoben. Mit Hefegebäck kann das ebenso, wie in manchen Rezepten beschrieben, gemacht werden. Der Teig geht erst beim Aufheizen der Röhre.

Das fertige Brot wird durch eine Klopfprobe geprüft, ob es durchgebacken ist. Dazu Brot aus dem Ofen nehmen und mit dem Fingerknöchel gegen die Unterseite klopfen. Klingt es hohl, ist das Brot fertig. Bei dumpfem Klang in den Ofen zurücklegen und noch einige Zeit weiterbacken.

Kastenbrote können mit Holzstäbchen im Ofen oder mit der Klopfprobe nach dem Herausnehmen aus dem Ofen und Stürzen auf ein Gitter geprüft werden.

Die besten Backergebnisse bei Kastenbroten (auch bei Kuchen) werden mit schweren, dunklen Backformen, wie sie Bäcker benützen, erzielt. Gutschließende Spezial-Brotbacköfen, die auch als Haushaltsöfen zu verwenden sind, verbessern die Backqualität und die Freude am Backen erheblich.

Sauerteigherstellung

400 g Roggenvollkornmehl
1/2 l lauwarmes Wasser
50 g Backhefe

Frischgemahlenes Roggenvollkornmehl mit Wasser und Hefe verrühren und in einer Schüssel (Teig geht auf!), mit Teller bedeckt, bei guter Wärme 12 Stunden gehen lassen: Entweder nachts auf den Heizungskessel stellen und dabei Schüssel von oben gut abdecken oder Backröhre für 15 Minuten auf 100° heizen, dann abschalten. Schüssel mit

Teller bedeckt zuerst in Geschirrtuch, dann in Wolldecke gut einpacken und über Nacht in der Röhre stehenlassen.

Am nächsten Tag ist der Teig leicht gesäuert. 125 g davon wegnehmen und mit Roggenvollkornmehl zu einem mittelfesten Teig verkneten. Dieses Teigstück ist nun der Sauerteig, mit dem nach Rezept S. 76 u. 77 ein Sauerteigbrot gebacken werden kann. Er wird abends als Vorteig wieder angesetzt.

Mit dem verbliebenen Teig kann auch ein Roggenvollkornbrot nach Rezept S. 76 u.77 gebacken werden. Der Geschmack dieses Brotes ist noch nicht so herzhaft wie der eines Sauerteigbrotes, aber wesentlich intensiver als der eines Hefebrotes. Das nächste Brot mit dem zurückgelassenen, nochmals angesetzten Teig hat dann die besten Geschmackseigenschaften.

Sauerteigaufbewahrung

Aus der Mitte des Vorteiges werden für das nächste zu backende Brot 2 – 3 Eßlöffel (ca. 125 g) Sauerteig entnommen und mit Roggenvollkornmehl zu einem mittelfesten Teig verknetet. Dieser Teig kann

a) in einem Schraubglas 8 – 10 Tage im Kühlschrank aufbewahrt werden, wenn in dieser Zeit Brotbacken geplant ist,

b) ca. 2 mm dick ausgewalkt und in einer Gefriertüte schnell eingefroren werden. Zur Verwendung in lauwarmes Wasser geben, mit Mehl verrühren und über Nacht warm stellen (siehe S. 73),

c) ca. 2 mm dick ausgewalkt und auf einem Gitter in der Sonne oder auf der Heizung gut angetrocknet werden. Dann in kleine Stücke brechen und gut durchtrocknen lassen. In Papiertüte trocken aufbewahren, ca. 1 Jahr verwendungsfähig.

Die getrockneten Sauerteigstückchen in etwas mehr Wasser, wie zum Vorteig angegeben (S. 76 u. 77), einweichen und statt

12 Stunden ca. 14 – 15 Stunden gehen lassen. Das Trocknen des Sauerteigs ist die ideale Aufbewahrungsmöglichkeit.

Läßt die Triebkraft des Sauerteiges nach, beim Ansetzen des Vorteigs ein ca. haselnußgroßes Stück frische Backhefe oder zum Hauptteig 40 g frische, in Wasser verrührte Backhefe zugeben.

Bauernvollkornbrot (mit Sauerteig)

Vorteig:
125 g Sauerteig (siehe S. 74)
1/2 l lauwarmes Wasser
400 g Roggenvollkornmehl

Hauptteig:
800 g Roggenvollkornmehl
400 g Weizenvollkornmehl
3 gehäufte TL Vollmeersalz
2 EL Kümmel, ganz
1 EL Koriander, ganz
1 TL Anis, ganz
1 TL Fenchel, ganz
1/2 TL Kardamom, gemahlen

3/4 l lauwarmes Wasser
ca. 100 g Weizenvollkornmehl als Streumehl

Sauerteig in 1/2 l lauwarmem Wasser auflösen und frischgemahlenes Roggenvollkornmehl dazurühren. Zugedeckt bei 30 – 35° ca. 12 Stunden gären lassen. Beim Aufreißen des Teiges muß sich eine starke Bläschenbildung zeigen. 125 g dieses Vorteiges für das nächste Brot wegnehmen, mit etwas Roggenvollkornmehl verkneten und aufbewahren (siehe S. 75).

Frischgemahlenes Roggen- und Weizenvollkornmehl in einer Backschüssel mit Vollmeersalz und Gewürzen mischen, in die Mehlmitte eine Vertiefung drücken und Vorteig hineingeben. Von der Mehlmitte aus mit dem umgebenden Mehl vermengen. Lauwarmes Wasser unter ständigem Kneten zugießen und Teig kräftig durcharbeiten, bis er sich von der Schüssel löst (10 – 15 Minuten Knetzeit).

Teig herausnehmen, Schüssel mit Vollkornmehl ausstreuen, Teig wieder hineinlegen, mit Vollkornmehl bestäubt und zugedeckt an einem warmen Ort 1 1/2 – 3 Stunden gehen lassen (die Gärzeit hängt von den Wärmeverhältnissen ab).

Hat das Teigvolumen knapp um die Hälfte zugenommen und zeigen sich kleine Risse an der Oberfläche, Teig auf bemehlter Arbeitsfläche nochmals gut durchkneten, eine Kugel formen und diese mit dem Teigschluß nach oben in einem gewärmten, gut bemehlten Brotbackkörbchen, zugedeckt und warmgestellt, 45 – 60 Minuten gehen lassen. Zeigen sich auf der Oberfläche kleine Risse, ist es Zeit, den Brotteig einzuschieben.

Brotteig auf Backblech kippen, schnell mit Wasser bestreichen, mit Kümmel bestreuen und mit einer Gabel auf der gesamten Oberfläche einige Male einstechen oder in der Teigmitte ein Kreuz, ca. 12 × 12 cm, 1 cm tief einschneiden.

In den auf 250° vorgeheizten Ofen Brot auf der zweiten Schiene von unten einschieben. Auf den Boden der Backröhre einen Teller mit heißem Wasser stellen. 20 Minuten bei 250°, 1 Stunde bei 180° und 10 Minuten bei Nachhitze backen.

Brot herausnehmen, schnell mit kaltem Wasser abpinseln und auf einem Gitter einen Tag auskühlen lassen. Noch 1 – 2 Tage durchziehen lassen.

Bayerischer Kümmellaib (mit Sauerteig und Hefe)

Vorteig:
125 g Sauerteig (siehe S. 74)
1/2 l lauwarmes Wasser
400 g Roggenvollkornmehl

Hauptteig:
800 g Roggenvollkornmehl
200 g Weizenvollkornmehl
1/8 l lauwarmes Wasser
40 g Hefe
4 EL Kümmel
3 TL Vollmeersalz
1/2 l lauwarmes Wasser
Streumehl

Vorteig: Sauerteig in lauwarmem Wasser aufrühren, frischgemahlenes Roggenvollkornmehl dazurühren und zugedeckt ca. 12 Stunden bei 30 – 35° (siehe S. 73) gären lassen. Nach dieser Zeit ist eine Bläschenbildung zu sehen, wenn der Teig mit einem Löffel aufgerissen wird. Aus der Mitte des Teiges ca. 100 g für das nächste Brot wegnehmen (siehe Sauerteigaufbewahrung S. 75).

Hauptteig: Frischgemahlenes Roggen- und Weizenvollkornmehl in eine Schüssel geben, Vertiefung drücken und darin die in Wasser aufgelöste Hefe mit Mehl zu einem dicklichen Brei rühren. Mit Mehl bestäubt ca. 15 Minuten gehen lassen. Dann Vorteig, Kümmel und Wasser mit darin aufgelöstem Salz dazugeben. Teig gut und kräftig mindestens 10 – 15 Minuten kneten, bis er geschmeidig ist und sich von der Schüssel löst. Mit Mehl bestäuben und zugedeckt an einem warmen Ort 1 1/2 – 2 Stunden gehen lassen.

Weitere Backanleitung siehe Bauernvollkornbrot S. 76. Brot vor dem Einschieben mit Wasser bestreichen, mit Kümmel bestreuen und kreuzförmig einschneiden.

Die angegebene Menge ergibt 2,5 kg Brot.

Backen mit Spezial-Backferment

Spezial-Backferment bietet die Möglichkeit, Brote aus jeder Getreideart und -mischung herzustellen. Auch hohe Anteile an Hafer, Gerste oder Maisschrot lassen sich gut verarbeiten. Die Teigansätze sind unempfindlich gegenüber Temperaturschwankungen, deshalb ist es denkbar einfach, den Grundansatz aus dem trockenen Granulat selbst herzustellen. Die Zeit der Teigausreifung kann um viele Stunden ohne Schaden hinausgeschoben werden, so daß das Brotbacken ohne Streß zum echten Hobby wird.

Die aus Spezial-Backferment hergestellten Brote sind schnittfest und selbst für Magenkranke, die Sauerteig und Hefe nicht vertragen, leicht bekömmlich. Durch den langandauernden Gärprozeß ist die volle Aromaentfaltung gewährleistet. Brote mit Spezial-Backferment sind auch für Backanfänger leicht herzustellen.

Spezial-Backferment ist als Pulver in Reformhäusern und Naturkostläden erhältlich. Zum Brotbacken sind sowohl das Pulver wie auch ein Grundansatz notwendig, der aus dem Pulver, Wasser und Getreide nach folgendem Rezept hergestellt wird.

Bereitung des Grundansatzes aus dem Spezial-Backferment

Der Grundansatz ist ein gärender Teig, der aus dem trockenen Granulat bereitet wird.

20 g Spezial-Backferment mit ca. 120 ccm Wasser (gut warm, ca. 40°) klümpchenfrei auflösen. 50 g Weizenmehl, Type 1700, und 50 g Weizenmehl, Type 1050 (Demeter) dazugeben. Alles gut vermengen. Teig soll weich sein, aber es soll sich kein Wasser absetzen. Wer eine Getreidemühle besitzt, kann statt der Type 1700 selbstgemahlenes Weizenvollkornmehl und statt der Type 1050 ausgesiebtes, selbstgemahlenes Weizenvollkornmehl verwenden.

Diesen Teig bei einer Temperatur von 28 – 35° (siehe S. 73) für 24 Stunden bedeckt stehenlassen. Nach dieser Zeit ist eine Bläschenbildung zu beobachten. Zu diesem Teig werden dann ca. 180 ccm Wasser (ca. 40° warm) gegeben und untergemengt. 150 g Weizenmehl, Type 1700, und 150 g Weizenmehl, Type 1050, dazugeben und alles gut vermengen. Der Teig soll eine mittlere Festigkeit aufweisen. Weitere 24 Stunden bei 28 – 35° stehenlassen. Der Teig ist durch Gärung auf mehr als das Doppelte seines anfänglichen Volumens angewachsen. Der Gärvorgang ist damit abgeschlossen und der Grundansatz gebrauchsfertig.

In einem Schraubglas wird dieser Grundansatz im Kühlschrank aufbewahrt, wo er sich über ein halbes Jahr hält. Eine sich an der Oberfläche zeigende graue Verfärbung hat nichts zu sagen. Es sind arteigene Hefen, die von Natur aus grau sind.

Dreikornbrot (mit Spezial-Backferment)

300 g Hafer, ganz
1/2 l Wasser

Vorteig:
400 g Roggenvollkornmehl
1/2 l Wasser
1 gehäufter EL Grundansatz (siehe S. 79)
1 gehäufter TL Backfermentpulver

Hauptteig:
1 kg Weizenvollkornmehl
1/4 l Wasser
3 TL Vollmeersalz

Streumehl:
4 EL feine Haferflocken

Zubereitung und Backzeiten genau wie bei Weizenvollkornbrot mit Spezial-Backferment (siehe S. 82).

Hafer mit kochendem Wasser übergießen und zugedeckt ca. 12 Stunden weichen lassen. Dann mit restlichem Wasser zum Hauptteig geben und mitkneten.

Brotkörbchen statt mit Mehl mit feinen Haferflocken ausstreuen. Brotteig zum letzten Gehen hineinlegen. Auf das Backblech stürzen. Dabei bleiben die Haferflocken an dem Teig haften. Nun kreuzförmig einschneiden und wie angegeben backen.

Die angegebenen Mengen ergeben ca. 2,6 kg Brot.

Frankenlaib (mit Spezial-Backferment)

Vorteig:
400 g Roggenvollkornmehl
1 gehäufter EL Grundansatz (50 g)
1 gehäufter TL Backfermentpulver (6 g)
1/2 l lauwarmes Wasser

Hauptteig:
600 g Roggenvollkornmehl
400 g Weizenvollkornmehl
2 EL Vollmeersalz
gut 1/2 l Wasser

nach Belieben:
1 TL Anis, ganz
1 TL Fenchel, ganz
2 TL Koriander, ganz
2 TL Kümmel, ganz
1/2 TL Kardamom, gemahlen

Weizenvollkornmehl als Streumehl

Zubereitung und Backzeiten genau wie bei Weizenvollkornbrot mit Spezial-Backferment (siehe S. 82).

Nach Belieben Gewürze in den Hauptteig kneten und Brotteig vor dem Backen mit Kümmel bestreuen.

Die angegebenen Mengen ergeben ca. 2 kg Brot.

Roggenvollkornbrot (mit Spezial-Backferment)

Vorteig:
400 g Roggenvollkornmehl
1/2 l Wasser
1 gehäufter EL Grundansatz (50 g)
1 gehäufter TL Backfermentpulver (6 g)

Hauptteig:
1200 g Roggenvollkornmehl
5/8 l Wasser
2 EL Vollmeersalz
1 EL Kümmel
1 EL Koriander
1 TL Anis
1 TL Fenchel

Streumehl
2 EL Kümmel

Zubereitung und Backzeiten genau wie bei Weizenvollkornbrot mit Spezial-Backferment (siehe S. 82).

Brot vor dem Einschieben mit Wasser abstreichen und mit Kümmel bestreuen. Mit scharfem Messer Brotmitte 1/2 cm tief kreuzförmig einschneiden.

Sonnenblumen- oder Kürbiskernbrot (mit Spezial-Backferment)

Vorteig:
400 g Roggenvollkornmehl
1/2 l lauwarmes Wasser
1 EL Grundansatz (50 g)
1 gehäufter TL Backfermentpulver (6 g)

Hauptteig:
1 kg Weizenvollkornmehl
gut 1/2 l lauwarmes Wasser
2 EL Vollmeersalz
250 g Sonnenblumen- oder Kürbiskerne

Zubereitung und Backzeiten wie bei Weizenvollkornbrot mit Spezial-Backferment (siehe S. 82).

Sonnenblumen- oder Kürbiskerne in den Hauptteig kneten. In den Teig vor dem Einschieben in den Ofen ein Kreuz, 12 × 12 cm, ca. 1/2 cm tief mit scharfem Messer einschneiden.

Angegebene Teigmenge ergibt ca. 2,4 kg Brot.

Walliser Nußbrot (mit Spezial-Backferment)

Vorteig:
400 g Roggenvollkornmehl
1/2 l lauwarmes Wasser
1 gehäufter EL Grundansatz
 (50 g)
1 gehäufter TL Backfermentpulver (6 g)

Hauptteig:
400 g Roggenvollkornmehl
800 g Weizenvollkornmehl
2 gestrichene EL Vollmeersalz
200 g Walnußkerne oder
 250 g Haselnußkerne
3/4 l lauwarmes Wasser

ca. 100 g Weizenvollkornmehl
 als Streumehl

Zubereitung und Backzeiten genau wie bei Weizenvollkornbrot mit Spezial-Backferment (siehe S. 82).

Walnuß- oder Haselnußkerne unzerkleinert in den Hauptteig kneten. Teig vor dem Einschieben in den Ofen mit einem scharfen Messer ca. 1/2 cm tief kreuzweise einschneiden. Mit bemehlter Oberfläche backen und nach dem Backen nicht mit Wasser bestreichen.

Weizenvollkornbrot (mit Spezial-Backferment)

Vorteig:
400 g Weizenvollkornmehl
1/2 l Wasser
1 gehäufter EL Grundansatz
 (50 g)
1 gehäufter TL Backferment
 (6 g)

Hauptteig:
1 kg Weizenvollkornmehl
1/2 l Wasser
4 leicht gehäufte TL Vollmeersalz

Würzvariation:
2 TL Anis, gemahlen
2 TL Fenchel, gemahlen
1 TL Kardamom, gemahlen
2 TL Kümmel, ganz
2 TL Koriander, ganz

ca. 100 g Weizenvollkornmehl
 als Streumehl

Grundansatz (siehe S. 79) und Backfermentpulver mit lauwarmem Wasser klümpchenfrei verrühren. Frischgemahlenes Weizenvollkornmehl dazugeben und alles gut vermengen.

Teigansatz in einer Schüssel bei ca. 20° Raumtemperatur stehenlassen und so abdecken, daß Oberfläche nicht abtrocknet (mit Teller oder Folie). Teig muß mindestens 12 Stunden stehen. Auch 20 Stunden und mehr schaden nicht. In diesem Fall muß mit einer stärkeren Säuerung gerechnet werden.

Nun den Hauptteig bereiten. In eine große Schüssel das frischgemahlene Weizenvollkornmehl geben, mit Gewürzen und Salz vermengen (Fenchel, Anis und Kardamom können unter den Weizen gemischt und in der Mühle mitgemahlen werden) und eine Vertiefung in die Mehlmitte drücken. Dorthinein den Vorteig geben und diesen von der Mitte aus mit Mehl vermengen. Das Wasser wird nach und nach zugegeben. Teig ca. 10 Minuten lang mit den Händen kräftig kneten.

Dann Teig allseitig einmehlen und mit einem Tuch abgedeckt 1 – 1 1/2 Stunden warm (30–35°) stellen (siehe Seite 73). Es muß sich eine gute Lockerung des Teiges zeigen. Das Teigvolumen nimmt um gut ein Drittel zu.

Nun Teig nochmals kurz durchkneten. In gut gemehltem Brotbackkörbchen oder in einer anderen Form mit Teigschluß nach oben nochmals ca. 30–50 Minuten mit Mehl bestäubt und mit Tuch abgedeckt gehen lassen. Zeigen sich kleine Risse an der Oberfläche, ist der Teig gerade richtig zum Einschieben. Teige mit richtiger Gare sind leicht gewölbt, übergare fallen an der Oberfläche leicht ein.

Nun Brotteig auf leicht gefettetes Blech stürzen und mit bemehlter Oberfläche einschieben. Er kann auch mit Wasser abgestrichen und mit Kümmel bestreut werden, der leicht eingedrückt wird. Dann ringsherum mit der Gabel mehrmals einstechen oder ein Kreuz in die Brotoberfläche, 12 × 12 cm, 1 cm tief einschneiden.

In den auf 250° vorgeheizten Ofen Brotteig auf der untersten Schiene einschieben und auf das Blech eine Tasse mit kochendem Wasser stellen. 20 Minuten bei 250°, 60 Minuten bei 190° und 10 Minuten bei Nachhitze backen.

Brot herausnehmen und, wenn Glanz erwünscht ist, mit kaltem Wasser abstreichen. Auf einem Gitter 24 Stunden auskühlen lassen. In einem Leinensäckchen oder Leinengeschirrtuch einige Tage kühl lagern.

Brotbacken im Römertopf

Diese Backweise ist anwendbar für alle in diesem Buch beschriebenen Brote mit Sauerteig und Backferment. Es ist zweckmäßig, zwei Römertöpfe, Größe 111, zu besitzen, weil dadurch die Röhrenkapazität des Haushaltherdes gut genützt werden kann. Die erforderliche Teigmenge für zwei Römertöpfe entspricht der anderthalbfachen Menge der angegebenen Rezepte.

Römertöpfe und dazugehörige Deckel vor Gebrauch ca. 30 Minuten in Wasser legen. Herausnehmen, kurz trocknen und gut einfetten (z.B. mit Butter oder kaltgepreßtem Öl). Das ist sehr wichtig, sonst geht das Brot nach dem Backen nicht aus der Form.

Den gut gekneteten und gegangenen Hauptteig in die Formen geben, mit Teigschaber glattstreichen und Deckel schließen. Beim Backen in Formen kann der Teig etwas weicher sein als beim Backen ohne Form.

Formen in die kalte Backröhre, zweite Schiene von unten, einschieben und 40 Minuten auf 250° backen. Mit dicken Topfhandschuhen Deckel vom Römertopf abnehmen und auf Gitter auskühlen lassen. Ofen auf 180° zurückschalten und Brot 50 Minuten weiterbacken, dann ausschalten und 10 Minuten bei Nachhitze im Ofen lassen. Dann Römertöpfe herausnehmen, auf Gitter etwas abkühlen lassen und Brot herausstürzen.

Das Brotbacken im Römertopf ist eine gute Einübung für das Backen in Laibform. Die Teigfestigkeit für eine schöne Brotform ist im Römertopf unwesentlich. Dort geraten alle Brote hoch, locker und formschön. Die üblichen Backröhren der Haushaltherde erfordern einiges Geschick bei der Teigzubereitung, um wohlgeformte Brote hervorzubringen. Die Hitzespeicherung der Backröhren ist für das Backen von Vollkornbrot nicht so günstig wie bei Spezial-Brotbacköfen. Das ist aber kein Grund, Vollkornbrot nicht selbst zu backen. Das Brotbacken im Römertopf bringt von Anfang Sicherheit und garantiert immer ein gutes Gelingen.

Kärntner Früchtebrot im Römertopf (mit Spezial-Backferment)

Vorteig:
400 g Roggenvollkornmehl
1/2 l lauwarmes Wasser
1 gehäufter EL Grundansatz (50 g)
1 gehäufter TL Backfermentpulver (6 g)

Hauptteig:
400 g Roggenvollkornmehl
800 g Weizenvollkornmehl
2 gestrichene EL Vollmeersalz
3/4 l Einweichwasser der Trockenfrüchte
1200 g gemischte Trockenfrüchte: Feigen, Aprikosen, Hutzeln (getrocknete Birnen), Zwetschgen, Korinthen, ungeschwefelt
2 l Wasser
250 g Haselnüsse

Die Herstellung des Brotteiges – Vorteig und Hauptteig – geschieht wie beim Weizenvollkornbrot mit Spezial-Backferment (siehe S. 82).

Gleichzeitig mit dem Ansetzen des Vorteigs werden die gut gewaschenen Trockenfrüchte eingeweicht. Anderntags in ein Sieb gießen, Einweichwasser auffangen und für den Hauptteig verwenden.

Eingeweichte, abgetropfte Trockenfrüchte mit ganzen Haselnüssen in den Hauptteig kneten. Es ist jetzt zweckmäßig, die Teig- und Früchtemenge zu teilen, damit sie besser bearbeitet werden kann. Zugedeckt 1 – 1 1/2 Stunden gehen lassen.

2 Römertöpfe mit Deckel, Nr. 111, ca. 30 Minuten in Wasser legen, kurz abtrocknen und gut einfetten (z. B. mit Butter).

Gegangenen Hauptteig mit eingearbeiteten Früchten und Nüssen in die Formen verteilen und mit nassem Teigschaber glattstreichen. Deckel schließen und in die kalte Backröhre, zweite Schiene von unten, stellen.

Bei 250° 40 Minuten backen. Mit Topfhandschuhen Deckel abnehmen und auf Gitter auskühlen lassen.

Backröhre auf 180° zurückschalten und

Brot 50 – 60 Minuten weiterbacken, danach Herd ausschalten und das Brot 10 Minuten in der Nachhitze stehenlassen. Brot in der Form auf Gitter auskühlen lassen, dann herausstürzen.

Vor dem Anschneiden Brot einige Tage durchziehen lassen. Mit oder ohne Butter ist das Früchtebrot ein Hochgenuß und ein ideales Gebäck in der Weihnachts- und Winterzeit.

Brot- und Kuchenzubereitung mit Hefe

Hefe eignet sich am besten für die Teigzubereitung mit Weizenvollkornmehl zur Herstellung von Brot, Kuchen oder Kleingebäck. Roggenteige mit Hefe als Triebmittel müssen über Nacht stehen. Dabei fängt der Teig zusätzlich zu säuern an.

Es ist immer von Vorteil für Geschmack und Konsistenz der Brote und Kuchen, die Hefe mindestens dreimal gehen zu lassen: im Vorteig, im Hauptteig und dann nach dem Formen nochmals vor dem Einschieben in den Ofen. Zusätzlich kann der Hauptteig nach dem ersten Gehen noch ein- bis dreimal zusammengedrückt werden, nachdem er gegangen ist. Fehlt gerade die Zeit zum Ausformen, ist es besser, den Teig nochmals zusammenzudrücken, als ihn übergehen zu lassen. Bei ein- bis dreimaligem Zusammendrücken (jedoch nicht öfter) wird der Teig standfester, das Gebäck läßt sich schöner formen und läuft beim Backen nicht auseinander. Hefebrote werden auch schnittfester.

Hefebrote und Hefegebäck haben einen milden, weniger herzhaften Geschmack, weil die Teiglockerung in kürzerer Zeit abläuft als bei Backferment- und Sauerteiggärung und sich daher auch weniger Aromastoffe bilden können. Der Vorteil beim Backen mit Hefe liegt darin, daß Gebäck mit ihr leicht zu backen ist und praktisch immer, auch Backunerfahrenen, gelingt. Voraussetzung ist allerdings, daß die Rezeptangaben genau befolgt werden.

Mit Hefe kann nicht nur Brot, sondern auch Kleingebäck wie Brötchen, Hörnchen, Schnecken, Fladen, Kuchen, Pizzateige und Einschlagteige für Gemüsetaschen hergestellt werden.

Frischgemahlenes Weizenvollkornmehl bringt ideale Voraussetzungen für gutgehende Teige, weil das Mehl leicht warm ist. Dabei kann der Vor- und Hauptteig auch mit kalter Flüssigkeit zubereitet werden. Die Gärung dauert dann etwas länger, was sich aber wieder positiv auf die Backqualität auswirkt.

Hefe kann auch als zusätzliches Triebmittel in einem Sauerteigbrot verbacken werden. Eine kleine Menge Hefe, etwa 10 g für ein 2-kg-Brot, am Abend zum Sauerteig gegeben, belebt die Gärung. Gibt man ca. 40 g zum Hauptteig, verkürzt sich die Gärzeit, und das Brot wird zusätzlich aufgelockert.

Aniszopf

800 g Weizenvollkornmehl
60 g Hefe
1/4 l lauwarmes Wasser

100 g Honig
200 g Sauerrahm
3 EL Anis
1 TL Vollmeersalz

1 EL Sonnenblumenöl,
   kaltgepreßt
1 EL Mohn
40 g Butter

Frischgemahlenes Weizenvollkornmehl in eine Schüssel geben, eine Vertiefung hineindrücken und die in lauwarmem Wasser aufgelöste Hefe darin zu einem dicklichen Brei verrühren. Mit Mehl bestäubt 15 Minuten gehen lassen.

Zum gegangenen Vorteig Honig, Sauerrahm, Anis und Salz geben und Teig 5 Minuten gut durchkneten. In die Teigschüssel 1 EL Öl geben, Teig darin wälzen und 30 – 45 Minuten gehen lassen.

Nach Verdoppelung des Teigvolumens Teig nochmals kurz durchkneten, in 3 Teile schneiden und aus jedem Teigstück eine dicke Rolle formen. Aus den 3 Rollen einen Zopf flechten. Enden mit etwas Wasser zusammenkleben. Auf ein leicht gefettetes Blech legen, Zopf dünn mit zerlassener Butter bestreichen, mit Mohn bestreuen und 10 Minuten gehen lassen.

Bei 200° ca. 35 Minuten auf der zweiten Schiene von unten backen. Ein Gefäß mit Wasser auf den Boden der Backröhre stellen. Nach dem Backen nochmals mit zerlassener Butter bestreichen und auf einem Gitter auskühlen lassen.

Ein leckerer Frühstückstip: Aniszopf mit Butter oder Rohmarmelade bestreichen.

Französisches Stangenbrot

650 g Weizenvollkornmehl
¼ l Wasser
40 g Hefe

¼ l Wasser
1 gestrichener EL Vollmeersalz

ca. 50 g Streumehl

Frischgemahlenes Weizenvollkornmehl in eine Schüssel geben, eine Vertiefung hineindrücken und darin die in Wasser aufgelöste Hefe mit Mehl zu einem dicklichen Brei rühren. Mit Mehl bestäubt ca. 15 Minuten gehen lassen.

Salz in Wasser auflösen, zum gegangenen Vorteig geben und Teig 5 Minuten gut durchschlagen oder kneten. Weichen Teig ringsum mit Mehl bestäuben und ca. 45 Minuten gehen lassen.

Gegangenen Teig, der nun auch fester geworden ist, auf bemehlter Arbeitsfläche kurz durchkneten und in 3 Teile schneiden. Jedes Teil zu einer backblechlangen Rolle auswirken und, mit einem Tuch bedeckt, ca. 15 Minuten auf der Arbeitsfläche gehen lassen.

Danach gegangene Rollen wenden und mit Hilfe einer Palette auf ein leicht gefettetes Blech legen. Jede Rolle 5- bis 6mal schräg und tief einschneiden.

Bei 220° auf der mittleren Schiene 25 Minuten backen. Auf einem Gitter abkühlen lassen.

Haferflockenbrot

Vorteig:
500 g Haferflocken
500 g Weizenvollkornmehl
1/8 l Wasser
40 g Hefe

Hauptteig:
150 g Kartoffeln, gekocht
1/2 l Wasser
2 TL Vollmeersalz
1 TL Honig
1 TL Kümmel
1 TL Koriander
1 TL Anis
1 TL Fenchel

Streumehl

Frischgemahlene Haferflocken (Getreidemühleneinstellung wie bei Frischkornbrei – Hafer langsam in die Mühle einlaufen lassen) mit frischgemahlenem Weizenvollkornmehl mischen. Hefe in lauwarmem Wasser auflösen, in der Mehlmitte zu einem dicklichen Brei verrühren und mit Mehl bedeckt 15 Minuten gehen lassen.

Gekochte, durch die Kartoffelpresse gedrückte Kartoffeln (können auch am Vortag gekocht sein), Salz und Honig, in Wasser verrührt, und Gewürze dazugeben. Alles zu einem Teig gut kneten, etwa 5 – 10 Minuten. Mit Mehl bestäubt ca. 1 Stunde gehen lassen.

Der Teig ist nun fester geworden. Nochmals durchkneten, in eine große gefettete Kastenform oder Brotbackform geben und ca. 30 Minuten gehen lassen.

Bei 200° auf der zweiten Schiene von unten 60 – 70 Minuten backen. Eine flache Schale mit Wasser auf den Boden der Backröhre stellen.

Fertiges Brot auf ein Gitter stürzen und auskühlen lassen. Ergibt 1,75 kg Brot.

Kartoffelbrot

500 g Weizenvollkornmehl
500 g Kartoffeln, gekocht
500 g Kartoffeln, roh
2 TL Vollmeersalz
40 g Hefe
2 – 6 EL Wasser (je nach Teigkonsistenz)

Streumehl

Frischgemahlenes Weizenvollkornmehl mit frisch oder am Vortag gekochten, durch die Kartoffelpresse gedrückten Kartoffeln, rohen, feingeriebenen Kartoffeln (Rohkostmaschine: Bircher- oder Kronenreibetrommel) und Salz mischen. Hefe in wenig Wasser auflösen, dazugeben und den so entstandenen Teig gut durchkneten. Mit Mehl bestäubt ca. 1 Stunde gehen lassen.

Teig nochmals zusammenkneten, in gefettete Kastenform oder bemehltes Brotkörbchen hineingeben und ca. 30 Minuten gehen lassen.

Teig in der Kastenform oder (vom Brotkörbchen) auf das Blech gestürzt bei 175° auf der zweiten Schiene von unten 75 Minuten backen. Auf einem Gitter auskühlen lassen.

Mit Kräuterbutter reichen.

Osterbrot

700 g Weizenvollkornmehl
1/4 l Mineralwasser
40 g Hefe

125 g Butter
100 g Honig
100 g Sauerrahm
1 TL Vollmeersalz
1/2 TL Vanille
Saft und Schale von 1 Zitrone, unbehandelt
150 g Rosinen, ungeschwefelt
50 g Zitronat
50 g Orangeat
3 EL Rum

Streumehl
30 g Butter

Hefe in Mineralwasser auflösen und in die Mitte des frischgemahlenen Vollkornmehls gießen. Einen Teil des Mehls so unterrühren, daß ein dicklicher Teig entsteht. Mit Mehl bestäuben und ca. 15 Minuten in der Schüssel gehen lassen.

Butter und Honig cremig rühren und mit Sauerrahm, Salz, Vanille, abgeriebener Schale und Saft der Zitrone zum gegangenen Vorteig geben. Alles gut durchkneten. Gewaschene Rosinen, kleingeschnittenes Zitronat und Orangeat in Rum wälzen und dazukneten. Mit etwas Mehl bestreut und einem Tuch bedeckt ca. 30 Minuten gehen lassen.

Gegangenen Teig nochmals zusammenkneten und in 3 Teile schneiden. Jedes Teil in zerlassener Butter wälzen und zu einem Laib formen, Teigschluß nach unten. Mit einem Tuch bedeckt 15 Minuten angehen lassen, dann nochmals kurz durchkneten, zu 3 Laiben formen und auf ein gefettetes Backblech legen. Mit scharfem Messer Oberfläche kreuzförmig einschneiden und in die kalte Backröhre, mittlere Schiene, schieben. Bei 200° ca. 45 Minuten backen.

Nach 30 Minuten Brote mit zerlassener Butter bestreichen und weiterbacken.

Auf einem Gitter auskühlen und einige Tage durchziehen lassen.

Rosinenzopf

Zutaten und Teigherstellung genau wie bei Tiroler Ostergebäck (siehe S. 112).

Den gegangenen Teig in zwei oder drei Teile schneiden, aus jedem Teigstück eine ca. 30 cm lange Rolle herstellen und die Rollen zu einem Zopf drehen (mit 2 Teigstücken) oder flechten (mit 3 Teigstücken). Auf ein gefettetes Backblech legen und zu einer schönen, gleichmäßigen Zopfform zusammendrücken.

Zopf kurz angehen lassen, dünn mit zerlassener Butter bestreichen und bei 190° auf der zweiten Schiene von unten 35 – 40 Minuten backen.

20 g Butter und 1 EL Honig zerlaufen lassen, Zopf damit bestreichen und mit gehackten oder gehobelten Mandeln bestreuen. Auf einem Gitter auskühlen lassen.

Sesambrot

Vorteig:
1300 g Weizenvollkornmehl
¼ l Wasser
80 g Hefe

Hauptteig:
¾ l Wasser
3 TL Vollmeersalz
200 g Sesam

Streumehl
2 EL Sauerrahm
2 EL Sesam

Frischgemahlenes Weizenvollkornmehl in eine Schüssel geben, eine Vertiefung hineindrücken und die in kaltem Wasser aufgelöste Hefe darin zu einem dicklichen Brei verrühren. Mit etwas Mehl bestreut ca. 15 Minuten gehen lassen.

Salz in kaltem Wasser auflösen und mit Sesam zum gegangenen Vorteig geben. Teig 5 – 10 Minuten gut kneten. Mit Mehl bestäubt ca. 30 Minuten gehen lassen.

Gegangenen Teig in der Schüssel nach unten drücken und nochmals ca. 15 Minuten gehen lassen. Auf bemehlter Arbeitsfläche Teig in 2 Hälften teilen, jede Hälfte zu einer Rolle formen und mit Teigschluß nach unten in je eine gefettete Kastenform (30 cm lang) legen. Mit Sauerrahm bestreichen und mit Sesam bestreuen.

In den kalten Backofen, mit Alu-Folie bedeckt, auf die zweite Schiene von unten stellen. Teller mit Wasser auf den Boden der Backröhre stellen. Bei 220° 30 Minuten backen, Folie wegnehmen und weitere 20 – 30 Minuten bei 180° backen. Fertiges Brot auf Gitter stürzen und bis zum nächsten Tag auskühlen lassen.

Die angegebenen Zutaten ergeben ca. 2,3 kg Brot.

Vollkorntoastbrot

Vorteig:
500 g Weizenvollkornmehl
500 g Dinkelvollkornmehl
1/4 l Mineralwasser
80 g Hefe

Hauptteig:
75 g Butter
1 EL Honig
1 gestrichener EL Vollmeersalz
1/2 l Mineralwasser
Streumehl

Frischgemahlenes Weizen- und Dinkelvollkornmehl in eine Schüssel geben, Vertiefung hineindrücken und die in Mineralwasser aufgelöste Hefe darin zu einem dicklichen Brei rühren. Mit etwas Mehl bedecken und ca. 15 Minuten gehen lassen.

Zerlassene Butter, Honig und in Mineralwasser aufgelöstes Salz zum gegangenen Vorteig rühren. Teig 5 – 10 Minuten kneten oder schlagen. Leicht mit Mehl bestäuben und mit Tuch bedeckt 20 Minuten gehen lassen.

Gegangenen Teig zusammendrücken und nochmals 20 Minuten gehen lassen. Auf bemehlter Arbeitsfläche Teig in 2 Hälften teilen, jedes Stück zu einer Rolle formen und in gefettete Kastenform (30 cm lang) legen, Teigschluß nach unten.

Auf den Boden des Backherdes mit Wasser gefüllten tiefen Teller stellen. Kastenform, mit Alufolie bedeckt, in die kalte Backröhre, zweite Schiene von unten, schieben. 20 Minuten bei 220° backen, dann Folie wegnehmen und weitere 30 Minuten bei 180° backen.

Fertiges Brot auf Gitter stürzen und bis zum nächsten Tag auskühlen lassen. Mit scharfem Messer aufschneiden und nach Belieben toasten.

Die angegebenen Mengen ergeben ca. 1,7 kg Toastbrot.

Knoblauch- oder Kräutertoast

1 Vollkorntoastbrot
  (siehe S. 93)
100 g Butter
2 Knoblauchzehen oder
  3 EL frische Gartenkräuter
2 MS Kräutersalz

Beliebig viele Scheiben vom Toastbrot abschneiden. Weiche Butter mit Salz und feinstgewürfeltem Knoblauch oder Kräutern verrühren und auf die Scheiben streichen.

Scheiben auf ein Backblech legen und bei 230° insgesamt ca. 10 Minuten auf der mittleren Schiene backen. Nach 5 Minuten Backzeit Scheiben wenden.

Zu Salatteller oder Eintopfgerichten reichen.

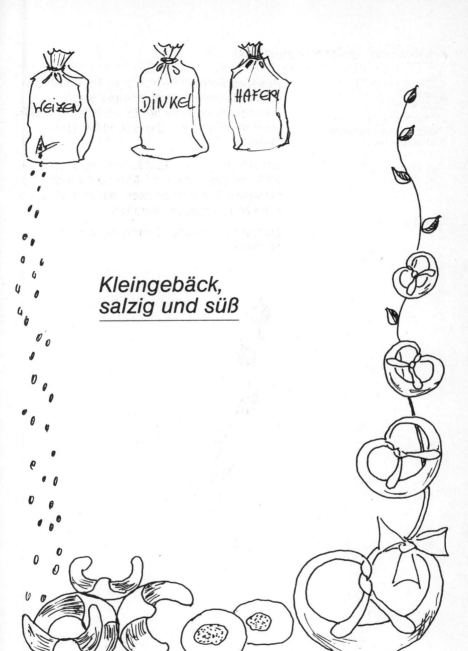

Kleingebäck, salzig und süß

Brotfladen Kesra

350 g Weizenvollkornmehl
150 g Roggenvollkornmehl
¼ l Wasser
40 g Hefe

100 g Sonnenblumenkerne
⅛ l Wasser
1 TL Vollmeersalz
1 TL Rosmarin, gerebelt
1 TL Basilikum
1 TL Origano
1 TL Thymian

Sonnenblumenöl, kaltgepreßt

Frischgemahlenes Weizen- und Roggenvollkornmehl in eine Schüssel geben, Vertiefung hineindrücken und darin die in kaltem Wasser aufgelöste Hefe mit Mehl zu einem dicklichen Brei rühren. Mit Mehl bedeckt 15 Minuten gehen lassen.

Sonnenblumenkerne, Wasser mit Salz und Gewürzen zum gegangenen Vorteig geben und alles zusammen 5 Minuten gut kneten. 1 EL Sonnenblumenöl in die Teigschüssel geben, Teig darin wälzen und ca. 45 Minuten gehen lassen.

Teig nochmals kurz zusammenkneten und in 8 Teile schneiden. Jedes Teil zu einer Kugel drehen und auf leicht eingeölter Arbeitsfläche dünn auswalken. Teigmenge ergibt 8 Fladen, die auf 2 Backbleche passen.

Bei 220° auf der mittleren Schiene ca. 20 Minuten backen. Nach 10minütiger Backzeit die Fladen mit Backschaufel wenden und weitere 10 Minuten backen.

Auf einem Gitter auskühlen lassen. Mit Butter oder Kräuterbutter reichen.

Kräuterfladen

600 g Weizenvollkornmehl
1/4 l Wasser
40 g Hefe

1 TL Vollmeersalz
1/2 TL Honig
1/4 l Wasser
1 EL Ringelblumen, getrocknet
1 EL Brennessel, getrocknet
1 EL Kümmel
1 TL Koriander
1 TL Anis
100 g Gemisch von Sesam, Mohn und Leinsamen

statt Streumehl:
ca. 150 g Hafer

Frischgemahlenes Weizenvollkornmehl in eine Schüssel geben, Vertiefung hineindrücken und darin die in lauwarmem Wasser aufgelöste Hefe zu einem dicklichen Brei rühren. Mit etwas Mehl bestäubt ca. 15 Minuten gehen lassen.

Salz und Honig in Wasser auflösen und zum gegangenen Vorteig geben. Ringelblumen, Brennessel, Kümmel, Koriander, Anis, Sesam, Mohn und Leinsamen dazugeben und Teig ca. 5 Minuten gut durchkneten, dann gehen lassen.

Nach ca. 45 Minuten, wenn der Teig gut gegangen ist, nochmals durchkneten und in 24 Teigstücke schneiden. Hafer in der Getreidemühle (Einstellung wie bei Frischkornbrei) frisch mahlen und auf Arbeitsfläche nach und nach verteilen. Auf den Haferflocken jedes Teigstück auf beiden Seiten zu Fladen auswalken, etwa in Größe einer Handfläche. Fladen auf ein gefettetes Backblech legen. Ergibt 4 Bleche mit je 6 Fladen.

Bei 200° auf der mittleren Schiene 20 – 25 Minuten backen. Nach 15 Minuten Backzeit Fladen wenden und weiterbacken. Auf einem Gitter auskühlen lassen. Mit Kräuterbutter als Belag reichen.

Kümmelkipferl

350 g Dinkelvollkornmehl
250 g Roggenvollkornmehl
¼ l Mineralwasser
60 g Hefe

¼ l Mineralwasser
1 EL Vollmeersalz
1 EL Kümmel

Streumehl

zum Verzieren:
Kümmel

Frischgemahlenes Dinkel- und Roggenvollkornmehl in eine Schüssel geben, Vertiefung hineindrücken und darin in Mineralwasser aufgelöste Hefe mit Mehl zu einem dicklichen Brei rühren. Mit Mehl bestäuben und ca. 15 Minuten gehen lassen.

Salz in Mineralwasser auflösen und mit Kümmel zum gegangenen Vorteig geben. Teig 5 – 10 Minuten gut kneten, mit etwas Mehl bestäubt und mit Tuch bedeckt 1 Stunde gehen lassen.

Gegangenen Teig nochmals kurz durchkneten, in 12 Teile schneiden und Kipferl formen: Jedes Teigstück auf bemehlter Arbeitsfläche zuerst rundformen, dann plattdrücken und zusammenrollen. Nun mit beiden Händen kurz rollen, damit die Enden spitz werden.

Auf leicht gefettetes Backblech legen, ca. 15 Minuten gehen lassen. Mit lauwarmem Wasser bestreichen, mit Kümmel bestreuen und bei 225° auf der mittleren Schiene 20 – 25 Minuten backen. Zum Auskühlen auf ein Gitter legen.

Laugenbrezen und Salzstangen

750 g Weizenvollkornmehl
1/4 l Wasser
60 g Hefe

1/4 l Wasser
1 EL Vollmeersalz

gut 1 l Wasser
1 TL Natron

zum Bestreuen:
Mohn, Sesam, Kümmel, Vollmeersalz

Frischgemahlenes Weizenvollkornmehl in Schüssel geben, Vertiefung hineindrücken und darin in lauwarmem Wasser aufgelöste Hefe zu dicklichem Brei rühren. Mit etwas Mehl bestäuben und ca. 15 Minuten gehen lassen.

Salz in lauwarmem Wasser auflösen, zum gegangenen Vorteig gießen und alles 5 – 10 Minuten gut kneten. Teig in 16 gleich große Stücke schneiden.

Zum Formen der Brezen je ein Teigstück zu einer ca. 50 cm langen Rolle auslängen, in der Mitte dicker, an den Enden dünner. Rolle zu einer Breze verschlingen.

Zum Formen einer Salzstange je ein Teigstück auf leicht bemehlter Arbeitsfläche zu einem länglichen Oval walken (ca. 30 × 12 cm). An der unteren Ovalspitze beginnend das Teigstück eng zusammenrollen. Dabei durch leichten Druck den aufgerollten Teig nach außen schieben, so daß die fertiggerollte Salzstange ca. 20 cm lang ist.

Wasser mit Natron in einem flachen Topf zum Kochen bringen. 2 Brezen oder 2 Salzstangen hineinlegen und ca. 1/2 Minute kochen lassen. Die Brezen oder Salzstangen gehen dabei stark auf. Diese mit Sieblöffel auf ein gefettetes Blech legen und mit Mohn, Sesam oder Kümmel (oder nach Belieben auch mit Salz) bestreuen.

In vorgeheizten Backofen schieben und bei 225° auf der mittleren Schiene 20 Minuten backen.

Die Menge ergibt 16 Stück Gebäck, Brezen oder Salzstangen, auf 2 Bleche passend.

Sonntagsbrötchen

500 g Weizenvollkornmehl
¼ l Wasser
40 g Hefe
1 TL Vollmeersalz
1 TL Zimt
1 EL Honig
200 g Butter

Frischgemahlenes Weizenvollkornmehl in eine Schüssel geben, Vertiefung hineindrücken und darin die in Wasser aufgelöste Hefe mit Mehl zu einem dicklichen Brei rühren. Mit Mehl bestäubt ca. 15 Minuten gehen lassen.

Zum gegangenen Vorteig Salz, Zimt, Honig und zerlassene Butter geben. Alles zu einem glatten Teig kneten, in einen Gefrierbeutel (der so groß ist, daß der Teig gehen kann) geben und diesen 4 – 6 Stunden oder über Nacht in den Kühlschrank legen. Am nächsten Tag kalten Teig kurz durchkneten und in 15 Teile schneiden. Von jedem Teigteil ein walnußgroßes Stückchen abschneiden. Nun aus beiden Teilstücken, also dem großen und dem kleinen, Kugeln drehen. Große Kugel in Papierförmchen setzen (Höhe 25 mm, Boden 50 mm) und mit der Schere kreuzweise ca. 1 cm tief einschneiden. Die 4 Segmente auseinanderziehen und kleine Kugel hineinsetzen.

Auf der zweiten Schiene von unten bei 100° 15 Minuten, dann bei 220° 25 Minuten backen.

Leicht abgekühlt zum Frühstück reichen.

Vollkornbrötchen

700 g Weizenvollkornmehl
¼ l Mineralwasser
40 g Hefe

¼ l Mineralwasser
1 leicht gehäufter TL Vollmeersalz

Streumehl

Frischgemahlenes Weizenvollkornmehl in eine Schüssel geben, eine Vertiefung hineindrücken und darin die in Mineralwasser verrührte Hefe mit dem Mehl zu einem dicklichen Brei rühren. Mit Mehl bestäubt ca. 15 Minuten gehen lassen.

Salz in Wasser auflösen, zum gegangenen Vorteig geben und 5 Minuten gut kneten. Teig zu einer Kugel formen und in einer Schüssel, leicht bemehlt und mit Tuch bedeckt, ca. 30 Minuten gehen lassen.

Wenn sich das Teigvolumen ungefähr verdoppelt hat, Teig nochmals durchkneten und in 16 Teile schneiden. Auf unbemehlter Arbeitsfläche Teigstücke zu Brötchen wirken. Mit Wasser bestreichen und mit Sesam, Mohn oder Kümmel bestreuen (oder die Samen auf ein Tellerchen schütten und Brötchen hineindrücken).

Auf ein leicht gefettetes Backblech legen und mit dem Messer oder Semmelstupfer kreuzweise einschneiden. In die Backröhre schieben, 10 Minuten bei 100° gehen lassen und 20 – 25 Minuten bei 220° auf der mittleren Schiene backen. Auf einem Gitter auskühlen lassen.

Ergibt 16 Vollkornbrötchen, auf ein Backblech passend.

Vollkornwaffeln

300 g Weizenvollkornmehl
200 g Sahne
½ l Wasser
2 MS Vollmeersalz

Butter

Frischgemahlenes Weizenvollkornmehl mit Sahne, Wasser und Salz verrühren. Teig ca. 1 Stunde quellen lassen.

Heißes Waffeleisen mit Butter leicht abpinseln, einen Schöpfer Teig in die Mitte geben und Gerät schließen. Temperaturregler ziemlich niedrig einstellen, damit die Waffeln nicht zu dunkel werden. Nach 2 – 3 Minuten ist eine Waffel fertig.

Die angegebene Menge ergibt ca. 10 Waffeln.

Diese Waffeln schmecken sehr gut zu Eis, Salaten und mit süßen oder pikanten Brotaufstrichen.

Zwiebelbrötchen

600 g Weizenvollkornmehl
¼ l Wasser
40 g Hefe

250 g Zwiebeln
40 g Butter
½ TL Kräutersalz

⅛ l Wasser
1 TL Vollmeersalz
Sonnenblumenöl (kaltgepreßt)
statt Streumehl

Hefe in lauwarmem Wasser auflösen. Frischgemahlenes Weizenvollkornmehl in eine Schüssel geben, Hefe in die Mitte gießen, zu einem dicklichen Brei verrühren und mit Mehl bedeckt 15 Minuten gehen lassen.

Zwiebeln grob würfeln, Kräutersalz darüberstreuen und in Butter glasig dünsten. Abgekühlt zum gegangenen Vorteig geben. Lauwarmes Wasser und Salz dazugeben und gut 5 Minuten zu einem glatten Teig kneten. Etwas Öl in die Teigschüssel geben, Teig darin wälzen und gut 30 Minuten gehen lassen.

Wenn sich das Teigvolumen verdoppelt hat, Teig nochmals kurz durchkneten und in 16 Stücke teilen. Teigstücke mit eingefetteten Händen rund formen, auf leicht gefettetes Backblech legen und kreuzweise einschneiden. Ca. 15 Minuten gehen lassen und bei 200° auf der mittleren Schiene 35 Minuten backen.

Auf einem Gitter auskühlen lassen.

Zwiebelfladen

500 g Weizenvollkornmehl
200 g Roggenvollkornmehl
1/4 l lauwarmes Wasser
40 g Hefe

1/4 l lauwarmes Wasser
2 TL Vollmeersalz
30 g Butter

250 g Zwiebeln
50 g Butter
Kräutersalz
1 TL Kümmel

Streumehl
20 g Butter

Frischgemahlenes Weizen- und Roggenvollkornmehl in einer Schüssel mischen und in die Mitte Vertiefung drücken. Hefe in Wasser auflösen, in die Mehlmitte gießen und mit dem Mehl zu einem dicklichen Brei verrühren. Mit Mehl bestäubt 15 Minuten gehen lassen.

Salz in Wasser auflösen, Butter zerlassen und zum gegangenen Vorteig geben. Teig gut 5 Minuten kneten. Mit Mehl bestäubt 30 Minuten gehen lassen, dann gegangenen Teig kurz mit der Hand nach unten drücken und nochmals 15 Minuten gehen lassen.

Zwiebeln in große Würfel (1/2 cm dick) schneiden und mit Kräutersalz und Kümmel bestreut in Butter glasig dünsten.

Teig auf bemehlter Arbeitsfläche halbieren und Hälfte in je 8 Teile schneiden. Jedes Teil zu einer Kugel formen, dann mit der Hand flach drücken, so daß ein Fladen von ca. 10 cm Durchmesser und 1/2 cm Dicke entsteht. Auf ein gefettetes Blech legen.

Mit zerlassener Butter Fladenrand ca. 2 cm breit bestreichen. Je 1 EL Zwiebelwürfel in die Mitte geben, bis zum bestrichenen

Rand verteilen und festdrücken. Ca. 15 Minuten angehen lassen und bei 220° auf der mittleren Schiene 20 – 25 Minuten backen.

Mit der anderen Teighälfte ebenso verfahren.

Ergibt 16 Fladen, auf 2 Bleche passend.

Faschingskrapfen

1 kg Weizenvollkornmehl
¼ l Mineralwasser
80 g Hefe

70 g Butter
150 g Honig
½ TL Vollmeersalz
Saft und Schale von 1 Zitrone, unbehandelt
3 EL Rum
¼ l Mineralwasser

2 EL Sonnenblumenöl, kaltgepreßt statt Streumehl
1 kg Butterschmalz
400 g Hagebuttenmarmelade, honiggesüßt (Selbstherstellung siehe S. 176)

zum Verzieren:
2 EL Akazienhonig
1 EL Wasser
50 g geschälte Mandeln

Frischgemahlenes Weizenvollkornmehl in eine Schüssel geben. Hefe in Mineralwasser auflösen, in die Mehlmitte gießen und mit etwas Mehl zu einem dicklichen Brei verrühren. Mit Mehl bestäubt ca. 15 Minuten gehen lassen.

Zerlassene Butter (1 TL zurücklassen), Honig, Salz, abgeriebene Zitronenschale, Zitronensaft, Rum und Mineralwasser zum gegangenen Vorteig geben. Alles mindestens 5 Minuten gut durchkneten, bis der Teig geschmeidig ist. Teig statt in Streumehl in der zurückgelassenen Butter wälzen und in einer Schüssel zugedeckt ca. 45 Minuten gehen lassen.

Gegangenen Teig nochmals kurz durchkneten und auf leicht eingeölter Arbeitsfläche ca. 1 cm dick auswalken. Mit Trinkglas Krapfen ausstechen und auf leicht geölte Arbeitsfläche zum Gehen legen. Teigreste nochmals zusammenkneten, auswalken und ausstechen. Einen Teigrest aufheben zum Probebacken.

Teigmenge ergibt je nach Glasgröße 30–40 Krapfen. Mit kleinerem Glas können extra kleine Krapfen für Kinder ausgestochen werden.

Krapfen mit Tuch bedeckt 15–20 Minuten gehen lassen.

Butterschmalz in flachem Topf erhitzen (Kochplatteneinstellung 2 – 2 1/2 bei Höchststufe 3). Nach einiger Zeit auf 1 1/2 zurückstellen.

Teigrestchen zum Testen der Backtemperatur bzw. Backzeit einlegen: Ist das Schmalz zu heiß, werden die Krapfen zu schnell dunkel, gehen nicht auf und sind dann innen noch teigig. Das Schmalz hat die richtige Temperatur, wenn der Krapfen nach ca. 5 Minuten Backzeit beidseitig mittelbraun und gut aufgegangen ist.

Nach dieser Probe einige Krapfen, je nach Topfgröße, in das heiße Fett legen, Deckel schließen. Nach 2 – 3 Minuten sind die Krapfen gut aufgegangen. Nun wenden und auf der Rückseite ca. 2 Minuten bakken. Mit Sieblöffel herausnehmen, auf ein Gitter legen, unter dem ein Blech zum Abtropfen und Auffangen des Fettes steht.

Marmelade in Garnierspritze mit Krapfentülle füllen und die warmen Krapfen damit wie folgt spritzen: Tülle ganz hineinstechen und beim Herausziehen gut 1 TL Marmelade in den Krapfen spritzen.

Honig mit Wasser glattrühren, mit Pinsel über die Oberseite der abgekühlten Krapfen streichen. Geschälte Mandeln fein reiben (Rohkostmaschine: Feintrommel), in einen Teller geben und bestrichene Krapfen hineintupfen.

Krapfen können im frischen Zustand gut eingefroren werden. In diesem Fall entfällt das Bestreichen mit Honigwasser und die Mandelverzierung (kann nach dem Auftauen nachgeholt werden). Sie schmecken aufgetaut wie frischgebacken. Jedoch schmeckt ein Vollkornkrapfen auch noch gut, wenn er bereits 2 Tage alt ist.

Fränkische Knieküchle

750 g Weizenvollkornmehl
1/4 l Wasser
40 g Hefe

25 g Butter
2 MS Vollmeersalz
125 g Honig
50 g Sahne
Saft und Schale von 1 Zitrone, unbehandelt

25 g Butter
1 kg Butterschmalz zum Ausbacken

Hefe in lauwarmem Wasser auflösen. In eine Teigschüssel das frischgemahlene Weizenvollkornmehl geben. In die Mehlmitte die aufgelöste Hefe gießen. Mit etwas Mehl zu einem dicklichen Brei verrühren und mit Mehl bestäubt 15 Minuten gehen lassen.

Die zerlassene Butter, Salz, Honig, Sahne, Zitronenschale und -saft zum gegangenen Vorteig geben und mindestens 5 Minuten gut durchkneten. Statt mit Streumehl Teig mit zerlassener Butter leicht einfetten und 1 Stunde gehen lassen.

Den gegangenen Teig nochmals kurz durchkneten, in 16 Teile schneiden und diese rundwirken.

Das Fett erhitzen. Ein Stück des angegangenen Teiges mit dem Handballen auf der Arbeitsfläche flach drücken und mit gefetteten Händen Teig aus der Mitte zum Rand drücken. Der Teigrand soll ca. 1 cm dick und rund sein, die Teigmitte dünn. In früheren Zeiten wurde dies so erreicht, daß das flachgedrückte Teigstück über das angewinkelte Knie gezogen und dabei gedreht wurde. Daher der Name »Knieküchle«.

Dieses Teigstück nun in das heiße Fett einlegen, Topf mit Deckel schließen, nach ca. 1 Minute Backzeit wenden und im offenen Topf fertig backen. Die dünne Teigmitte bleibt heller als der Rand. Herausnehmen und auf ein Gitter legen. Mit den restlichen Teigstücken ebenso verfahren.

Die Küchle schmecken nicht nur frischgebacken, sondern auch noch nach mehreren Tagen gut.

Haselnuß-Vollkornschnecken

Teig:
600 g Weizenvollkornmehl
1/8 l Sahne
1/8 l Wasser
40 g Hefe

100 g Butter
80 g Honig
1/2 TL Vollmeersalz

Füllung:
150 g Haselnüsse
100 g Rosinen
100 g Feigen
6 EL Sahne
6 EL Wasser
1 EL Kakao
2 MS Vanille

zum Bestreichen:
2 EL flüssiger Honig
1 EL Wasser

Sonnenblumenöl statt Streumehl

Warmes Wasser mit Sahne mischen und Hefe darin auflösen. In eine Teigschüssel das frischgemahlene Vollkornmehl geben und aufgelöste Hefe in die Mehlmitte gießen. Mit etwas Mehl zu einem dicklichen Brei verrühren und mit Mehl bestäubt ca. 15 Minuten gehen lassen.

Die weiche Butter (ca. 1 TL zurücklassen), Honig und Salz zum gegangenen Vorteig geben und mindestens 5 Minuten gut durchkneten. Statt mit Streumehl Teig mit der zurückgelassenen Butter ringsherum einfetten und in eine Frischhaltetüte geben. Diese leicht verschlossen zum Gehen des Teigs in den Kühlschrank legen.

Füllung: Haselnüsse, gewaschene Rosinen und Feigen zusammen in der Rohkostmaschine (große Lochtrommel) zerkleinern. Mit Wasser, Sahne, Kakao und Vanille verrühren.

Nach 2 Stunden ist der Teig gegangen. Er ist fest und kühl, so daß er gut ausgewalkt werden kann. Nudelholz und Backbrett etwas einölen und Teig zu einer Platte von ca. 35 × 35 cm auswalken. Mit

Teigschaber Füllung gleichmäßig darauf verteilen und Teig von einer Seite her aufrollen. Die entstandene Rolle von den Seiten her etwas zusammenstauchen und mit einem scharfen Sägemesser ca. 2 cm dicke Scheiben abschneiden. Auf 2 gefetteten Backblechen verteilen. Ergibt ca. 15 Stück.

Das erste Blech in die kalte Backröhre, mittlere Schiene, schieben und Schnekken bei 100° 30 Minuten gehen lassen, anschließend bei 220° 15 Minuten backen.

Das zweite Blech mit einem Tuch bedeckt in der Küche stehenlassen und anschließend gleich in der auf 220° aufgeheizten Röhre backen.

Schnecken abnehmen, mit verdünntem Honig bestreichen und auf einem Gitter auskühlen lassen.

Dieses Gebäck eignet sich auch sehr gut zum Einfrieren. Für die Schul- oder Kindergartenpause ist es ein Leckerbissen.

Mohn-Vollkornschnecken

Teig:
600 g Weizenvollkornmehl
1/8 l Sahne
1/8 l Wasser
40 g Hefe
100 g Butter
80 g Honig
1/2 TL Vollmeersalz

Füllung:
125 g Mohn
75 g Mandeln
75 g Rosinen
100 g Honig
1 TL Zimt
6 EL Sahne
6 EL Wasser

zum Bestreichen:
2 EL flüssiger Honig
1 EL Wasser

Sonnenblumenöl statt Streumehl

Teigzubereitung, Herstellung der Schnekken und Backzeiten wie bei Haselnuß-Vollkornschnecken (siehe Seite 107).

Füllung: Mohn frisch mahlen (mit der Mohnmühle oder Keramik- bzw. Stahlmahlwerk-Getreidemühle, Einstellung wie bei Frischkornbrei). Mandeln grob mahlen oder hacken. Mohn, Mandeln, gewaschene Rosinen, Honig, Zimt, Wasser und Sahne mischen. Ca. 30 Minuten quellen lassen.

Nußhörnchen

Teig:
600 g Weizenvollkornmehl
1/4 l Wasser
40 g Hefe

100 g Butter
100 g Honig
1 TL Zimt
1 MS Nelken
2 MS Vollmeersalz

Füllung:
150 g Haselnüsse
100 g Honig
1 EL Kakao
150 g Sauerrahm

Frischgemahlenes Weizenvollkornmehl in eine Schüssel geben, eine Vertiefung hineindrücken und darin die in lauwarmem Wasser aufgelöste Hefe zu einem dicklichen Brei rühren. Mit etwas Mehl bestäuben und ca. 15 Minuten gehen lassen.

Dann zerlassene Butter (1 TL zurücklassen), Honig, Zimt, Nelken und Salz dazugeben und alles ca. 5 Minuten gut kneten. Teig zu einer Kugel formen, in der zurückgelassenen Butter wälzen und ca. 45 Minuten gehen lassen.

Füllung: Haselnüsse fein reiben (Rohkostmaschine: Bircher-Trommel) und mit Honig, Kakao und Sauerrahm verrühren.

Gegangenen Teig halbieren, auf Backbrett rund auswalken (ca. 30 cm Durchmesser) und mit Teigrädchen in 6 gleich große Segmente teilen. Je einen gehäuften TL Füllung auf den Segmenten am äußeren (runden) Rand verteilen, Teigsegmente herausnehmen und von der äußeren Randseite zur Spitze hin aufrollen. Dann zu einem Hörnchen formen. Auf ein gefettetes Backblech legen.

Mit der zweiten Teighälfte ebenso verfahren.

Im Backofen bei 100° auf der mittleren Schiene 10 Minuten gehen lassen und anschließend bei 220° ca. 15 Minuten bakken.

Nach Belieben 20 g Butter und 1 EL Honig zerlaufen lassen und fertig gebackene Hörnchen damit bestreichen. Auf einem Gitter auskühlen lassen.

Ostergebäck Hase und Hahn

Teigherstellung wie für Streuselosterhasen (siehe S. 111)

Je 1 Pappschablone Hase und Hahn anfertigen (siehe Bildteil).

50 g Honig
50 g Butter

Teig knapp 1 cm dick auswalken, leicht bemehlte Pappschablone auflegen und mit Küchenmesser entlang dem Schablonenrand schneiden. Figuren auf leicht gefettetes Blech legen. Hasenohren und -beine einschneiden, Hahnenschwanz einschneiden und aufrollen (siehe Bildteil). Als Augen werden Korinthen eingedrückt.

Teigmenge ergibt ca. 25 Figuren.

Bei 175° auf der mittleren Schiene ca. 25 Minuten backen.

Butter und Honig zerlassen und leicht abgekühlte Figuren damit bestreichen.

Streusellämmchen

Teig- und Streuselherstellung wie beim Streuselosterhasen (siehe S. 111)
1 Pappschablone für Schaf anfertigen (siehe Bildteil)

Teig 1/2 cm dick auswalken, leicht bemehlte Pappschablone auflegen und mit Teigrädchen ausschneiden. Figuren auf gefettetes Blech legen und bis auf Gesicht und Beine dicht mit Streusel belegen. Als Auge jeweils eine Korinthe eindrücken.

Die Menge ergibt ca. 12 Lämmchen, auf 3 Backbleche passend.

Bei 200° auf der mittleren Schiene ca. 25 Minuten backen.

Streuselosterhasen

Teig:
800 g Weizenvollkornmehl
1/4 l Wasser
40 g Hefe

100 g Butter
125 g Honig
1/8 l Sahne
1/2 TL Vollmeersalz
Saft und Schale von 1 Zitrone, unbehandelt

Streusel:
500 g Weizenvollkornmehl
3 TL Zimt
3 MS Vanille
250 g Butter
250 g Honig

1 Pappschablone eines sitzenden Hasen mit Huckelkorb, ca. 25 cm hoch (siehe Bildteil)
Streumehl

Frischgemahlenes Weizenvollkornmehl in Backschüssel geben, Vertiefung hineindrücken und darin die in kaltem Wasser verrührte Hefe mit Mehl zu einem dicklichen Brei rühren. Mit Mehl bestäubt 15 Minuten gehen lassen.

Zerlassene Butter, Honig, Sahne, Salz, abgeriebene Schale und Saft der Zitrone zum gegangenen Vorteig geben. Alles gut zu einem glatten Teig kneten, dünn mit Mehl bestäuben und 30–45 Minuten gehen lassen.

Streuselbereitung: Frischgemahlenes Weizenvollkornmehl mit Zimt und Vanille mischen. Zerlassene Butter und Honig dazugeben, alles verrühren und 30 Minuten kühl stellen.

Gegangenen Teig nochmals durchkneten und einen Teil davon auf bemehlter Arbeitsfläche 1/2 cm dick auswalken. Leicht bemehlte Pappschablone auflegen, Küchenmesser am Rand entlangziehen und ausschneiden. Figur auf leicht gefettetes Backblech legen und Hasen, außer Gesicht, dicht mit Streusel belegen.
Als Auge jeweils eine Korinthe eindrücken.

Teig- und Streuselmenge sind ausreichend für 6 Hasen, die auf 2 Backbleche passen.

Bei 200° auf der mittleren Schiene ca. 25 Minuten backen. Vorsichtig vom Blech nehmen und auf Gitter auskühlen lassen. Um den Hals der Hasen wird eine bunte Schleife gebunden.

Hasen können auch einige Tage vor Ostern gebacken werden. Bis zum Fest in einer Dose oder in Folie verpackt aufbewahren.

Tiroler Ostergebäck

800 g Weizenvollkornmehl
1/4 l Wasser
60 g Hefe

200 g Sauerrahm
100 g Butter
120 g Honig
1 TL Vollmeersalz
200 g Rosinen, ungeschwefelt

Streumehl
40 g Butter

Frischgemahlenes Weizenvollkornmehl in eine Schüssel geben, Vertiefung hineindrücken und darin die in lauwarmem Wasser aufgelöste Hefe mit Mehl zu einem dicklichen Brei verrühren. Mit Mehl bestäubt 15 Minuten gehen lassen.

Sauerrahm, zerlassene Butter, Honig, Salz und gewaschene Rosinen zum gegangenen Teig geben. Alles 5 Minuten gut durchkneten, dünn mit Mehl bestäuben und zugedeckt 30–40 Minuten gehen lassen.

Gegangenen Teig nochmals kurz durchkneten und in 20 Teile schneiden. Aus diesen Teilen je ein Gebäckstück formen: Brezen, Schnecken, Doppelschnecken, Zöpfchen, Kränzchen, Stängchen.

Auf zwei leicht gefettete Backbleche legen und nach kurzem Gehen mit zerlassener Butter bestreichen. Im vorgeheizten Ofen bei 225° auf der mittleren Schiene ca. 20 Minuten backen. Auf einem Gitter auskühlen lassen.

Das Gebäck eignet sich nicht nur für die Osterzeit, sondern auch gut zum Frühstück oder als Pausenbrot. Leicht abgekühlt kann es auch gut eingefroren werden.

Brezen: Teigstück zu ca. 40 cm langer Rolle auslängen, Teigenden verschlingen und Breze formen.

Schnecken: Teigstück zu ca. 50 cm langer Rolle auslängen. Von einem Ende beginnend locker zu einer Schnecke aufrollen. Schneckenmitte von unten her etwas hochdrücken.

Doppelschnecke: Teigstück zu ca. 50 cm langer Rolle auslängen. Von beiden Enden gleichzeitig in gleicher oder entgegengesetzter Richtung zu Schnecken drehen. In der Rollenmitte treffen sich die beiden Schnecken.

Stängchen: Teigstück zu ca. 30 cm langer Rolle auslängen, in der Mitte umknicken und beide Teile umeinanderschlingen.

Kränzchen: Teigstück zu ca. 40 cm langer Rolle auslängen, in der Mitte knicken, beide Teile umeinanderschlingen und zu einem Kränzchen schließen.

Zöpfchen: Teigstück zu ca. 40 cm langer Rolle auslängen, in 3 Teile schneiden und Zopf flechten.

Kuchen

Apfelkuchen mit Rahmguß

Teig:
250 g Weizenvollkornmehl
2 MS Vanille
2 MS Zimt
1 TL Weinstein-Backpulver
1 MS Vollmeersalz
70 g Honig
4 EL Wasser
70 g Butter

Belag:
600 g Äpfel, netto
Zimt

Guß:
300 g Sauerrahm
100 g Honig
1 EL Rum

Frischgemahlenes Weizenvollkornmehl mit Vanille, Zimt, Backpulver und Salz verrühren. Honig, Wasser und kalte, kleingeschnittene Butter dazugeben. Alles rasch zusammenkneten und Teig 30 Minuten ruhen lassen.

Springform mit Teig belegen, 3 cm hohen Rand drücken und sauber abrädeln.

Äpfel vierteln, schälen und fein schnitzeln (Rohkostmaschine: Scheibentrommel), Kuchenboden damit belegen und bei 200° auf mittlerer Schiene 20 Minuten vorbacken.

Sauerrahm mit Honig und Rum verrühren. Kuchen aus Backröhre herausnehmen, dünn mit Zimt bestreuen und Guß gleichmäßig darauf verstreichen.

Bei 200°, mittlere Schiene, nochmals 20 – 25 Minuten weiterbacken. Auf Gitter in der Form auskühlen lassen. Dann mit Kuchenretter auf Tortenplatte heben.

Frischgebacken, mit geschlagener Sahne, schmeckt er am besten.

Apfel-Walnuß-Kuchen

500 g Weizenvollkornmehl
2 TL Zimt
2 MS Nelken
2 TL Weinstein-Backpulver
1 MS Vollmeersalz
Schale von 1 Zitrone,
　unbehandelt
125 g Honig
250 g Butter

Füllung:
800 g Äpfel, netto
　(Sorte Boskoop)
Saft von 1 Zitrone,
　unbehandelt
100 g Rosinen, ungeschwefelt
100 g Walnußkerne

Frischgemahlenes Weizenvollkornmehl mit Zimt, Nelken, Backpulver, Salz und abgeriebener Zitronenschale mischen. Honig dazuwiegen und kalte Butter darüberschneiden. Alles rasch zu einem glatten Teig zusammenkneten und diesen $1/2$ Stunde kühl stellen.

Äpfel mit der Schale grob raspeln (Rohkostmaschine: große Lochtrommel). Frischgepreßten Zitronensaft, gewaschene Rosinen und grobgehackte Walnußkerne zu den Äpfeln geben und alles mischen.

$2/3$ der Teigmenge als Streusel in eine Springform krümeln, Apfelmasse darübergeben und restlichen Teig daraufkrümeln.

Bei 180° auf der zweiten Schiene von unten 35 – 40 Minuten backen. Auf einem Gitter auskühlen lassen und Springformrand entfernen.

Nach dem Erkalten mit Hilfe eines Kuchenretters auf eine Platte heben. Mit geschlagener Sahne reichen.

Bauernapfelkuchen

Teig:
500 g Weizenvollkornmehl
$^1/_4$ l Wasser
40 g Hefe

80 g Butter
80 g Honig
Schale von 1 Zitrone,
 unbehandelt
1 MS Vollmeersalz

Belag:
800 – 1000 g Äpfel, z.B. Sorte
 Boskoop
Saft von 1 Zitrone,
 unbehandelt
100 g Rosinen, ungeschwefelt
50 g Butter

Frischgemahlenes Weizenvollkornmehl in eine Schüssel geben, Vertiefung hineindrücken und darin die in lauwarmem Wasser aufgelöste Hefe mit Mehl zu einem dicklichen Brei verrühren. Mit Mehl bestäubt 15 Minuten gehen lassen.

Zerlassene Butter, Honig, abgeriebene Zitronenschale und Salz dazugeben. Alles gut zu einem geschmeidigen Teig kneten. Mit Mehl bestäubt ca. 30 Minuten gehen lassen.

Äpfel schälen, achteln, Kernhaus herausnehmen und in Zitronensaft wälzen. Auf gefettetem Blech Teig auswalken (nasses Tuch unter das Blech legen), dicht mit Apfelachteln belegen und mit gewaschenen Rosinen bestreuen. Butter zerlaufen lassen und mit Pinsel Apfelschnitze damit bestreichen.

In den kalten Backofen schieben und bei 200° auf der zweiten Schiene von unten ca. 35 Minuten backen.

Abgekühlt in Stücke schneiden und servieren.

Bienenstich

Teig:
450 g Weizenvollkornmehl
$1/4$ l lauwarmes Wasser
40 g Hefe

60 g Honig
60 g Butter
2 MS Vollmeersalz
Schale von 1 Zitrone,
  unbehandelt

Belag:
60 g Butter
100 g Honig
3 EL Sahne
1 MS Vanille
150 g abgezogene Mandeln

Füllung:
100 g Butter
100 g Honig
2 MS Vanille

$1/8$ l Wasser
40 g Weizenvollkornmehl
  (3 EL)

Frischgemahlenes Weizenvollkornmehl in eine Schüssel geben, Vertiefung hineindrücken und darin die in Wasser aufgelöste Hefe mit etwas Mehl zu einem dicklichen Brei rühren. Mit Mehl bestäubt ca. 15 Minuten gehen lassen.

Honig, zerlassene Butter (1 TL zurücklassen), Salz und abgeriebene Zitronenschale zum gegangenen Teig geben und alles gut kneten, bis der Teig geschmeidig ist. Teig in der zurückgelassenen Butter wälzen und 30 Minuten zugedeckt gehen lassen.

Butter, Honig, Sahne und Vanille aufkochen, abgezogene, gehackte oder gestiftelte Mandeln dazurühren und erkalten lassen.

Gegangenen Teig glatt in eine gefettete Springform drücken und Mandelbelag gleichmäßig darauf verstreichen. Einige Minuten angehen lassen, dann bei 200° auf mittlerer Schiene ca. 25 Minuten bakken. Auf ein Gitter stellen und auskühlen lassen. Mit Messer vorsichtig Mandelbelag vom Springformrand lösen und Kuchen auf eine Platte legen. Mit scharfem Messer quer durchschneiden und mit Kuchenretter obere Hälfte wegnehmen.

Wasser mit frischgemahlenem Weizenvollkornmehl unter Rühren erhitzen. Wenn der Brei dick wird, von der Kochstelle nehmen und erkalten lassen. Butter, Honig und Vanille schaumig rühren und löffelweise den Brei dazurühren. Fertige Creme auf den Kuchen streichen, obere

Hälfte auflegen und 1 – 2 Stunden kühl stellen.

Bienenstich sollte gekühlt serviert werden.

Frischer Obstkuchen

Teig:
200 g Weizenvollkornmehl
100 g Hirsemehl
2 MS Vanille
1 TL Weinstein-Backpulver
125 g Honig
125 g Butter

Belag:
200 g Rohmarmelade
 (siehe S. 178)
500 g Beeren oder Obst der
 Jahreszeit
1/4 l Sahne
1 EL Akazienhonig
1 MS Vanille

Frischgemahlenes Weizen- und Hirsevollkornmehl mit Vanille und Backpulver mischen. Honig dazuwiegen und kalte Butter klein darüberschneiden. Alles zu einem glatten Teig verkneten und 30 Minuten ruhen lassen.

Teig in Obstkuchenform (mit gerilltem Rand) oder Springform glatt hineindrücken und bei 200° auf der mittleren Schiene 15 – 20 Minuten backen. Auf einem Gitter auskühlen lassen, dann stürzen.

Mit Rohmarmelade bestreichen und mit Beeren oder kleingeschnittenem Obst (z. B. Pfirsichen, Sauerkirschen, Aprikosen, Kiwis) belegen. Kühl stellen.

Sahne steif schlagen und je nach Obstsüße Honig und Vanille dazugeben. In Garnierspritze füllen und Kuchen hübsch garnieren.

Der Kuchenboden kann auch einige Tage vor Weiterverwendung gebacken werden.

Hefebutterkuchen

Teig:
450 g Weizenvollkornmehl
1/8 l Sahne
1/8 l Wasser
20 g Hefe
50 g Butter
50 g Honig
1 MS Vollmeersalz

Belag:
50 g Butter
200 g Sauerrahm
100 g Honig
1 gestr. TL Zimt
125 g gehobelte Mandeln

Frischgemahlenes Weizenvollkornmehl in eine Schüssel geben. Sahne mit warmem Wasser mischen. Hefe darin auflösen, in Mehlmitte gießen und mit etwas Mehl zu einem dicklichen Brei rühren. Mit Mehl bedeckt 15 Minuten gehen lassen.

Zum gegangenen Vorteig zerlassene Butter (1 TL zurücklassen), Honig und Salz geben und 5 Minuten gut kneten. Teig zu einer Kugel formen, in der zurückgelassenen Butter wälzen und ca. 45 Minuten zugedeckt gehen lassen.

Teig kreisrund auswalken und in eine gefettete Springform legen, 1 cm Rand hochdrücken und abrädeln. Teigboden mit der Gabel vielfach einstechen und mit zerlassener Butter bestreichen. Sauerrahm mit Honig und Zimt verrühren, Mandeln unterheben und das Ganze auf den Teigboden streichen.

Bei 200° auf mittlerer Schiene 30 – 35 Minuten backen. Auf Gitter auskühlen lassen.

Honig-Krokant-Ecken

Mürbeteig:
500 g Weizenvollkornmehl
1 TL Weinstein-Backpulver
1 MS Vollmeersalz
Schale von 1 Zitrone, unbehandelt
150 g Honig
250 g Butter

etwas Streumehl

Haselnußbelag:
120 g Butter
200 g Honig
6 EL Sahne
1 TL Zimt
250 g Haselnüsse

oder

Mandelbelag:
120 g Butter
200 g Honig
6 EL Sahne
1/2 TL Vanille, natur
250 g abgezogene Mandeln

Das frischgemahlene Weizenvollkornmehl mit Backpulver, Salz und abgeriebener Zitronenschale mischen, Honig dazuwiegen und die kalte Butter in kleinen Stückchen darüberschneiden. Alles rasch zusammenkneten und den Teig 1/2 Stunde ruhen lassen. Danach auf einem ungefetteten Backblech glatt auswalken (um ein Wegrutschen des Backbleches zu vermeiden, nasses Tuch unter das Blech legen).

Belag: Butter, Honig und Sahne erhitzen, grob gehackte Haselnüsse bzw. gestiftelte Mandeln mit dem Gewürz dazugeben, gut unterrühren und abkühlen lassen. Mit einer Teigkarte glatt auf dem ausgewalkten Mürbeteig verteilen. Bei 200° auf der mittleren Schiene in den vorgeheizten Ofen schieben und 15 – 20 Minuten backken. Blech auf einem Gitter abkühlen lassen. Anschließend Dreiecke herstellen: Zuerst Streifen, dann Quadrate und daraus Dreiecke in beliebiger Größe, durch ständiges Teilen der Quadrate, schneiden. Der Haselnußbelag oder der Mandelbelag sind für je ein ganzes Backblech ausreichend.

Nach Belieben kann von jedem Belag nur das halbe Quantum zubereitet und auf den Mürbeteigboden in zwei Hälften aufgestrichen werden. Der Belag mit den abgezogenen Mandeln bekommt beim Bakken eine hellere, der Haselnußbelag eine dunklere Farbe. Auf einem Kuchenteller angerichtet, wird durch die Farbunterschiede eine dekorative Wirkung erzielt.

Kirschkuchen mit Mandelstreuseln

Teig:
250 g Weizenvollkornmehl
1 MS Vanille
1 MS Vollmeersalz
Schale von 1/2 Zitrone, unbehandelt
2 MS Weinstein-Backpulver
4 EL Wasser
100 g Honig
80 g Butter

Belag:
4 EL Haferflocken
650 g Kirschen oder Sauerkirschen

Streusel:
120 g Weizenvollkornmehl
50 g Mandeln
6 Bittermandeln
2 MS Zimt
80 g Honig
100 g Butter

Teig: Frischgemahlenes Weizenvollkornmehl mit Vanille, Salz, abgeriebener Zitronenschale und Backpulver mischen. Wasser mit Honig darin verrühren und die kalte Butter darüberschneiden. Alles zu einem glatten Teig verkneten und 30 Minuten ruhen lassen.

Streusel: Frischgemahlenes Weizenvollkornmehl mit feingeriebenen Mandeln, Bittermandeln (Rohkostmaschine: Feintrommel) und Zimt mischen. Honig und zerlassene Butter dazugeben, zu einem Teig rühren und diesen 30 Minuten kühl stellen.

Fertigstellung: Eine Springform mit dem Teig auslegen, Rand hochdrücken und bei 2 cm Höhe gerade abrädeln. Mit Haferflocken bestreuen und mit entsteinten Kirschen belegen.

Streuselteig daraufkrümeln und bei 200° auf der zweiten Schiene von unten 30 Minuten backen.

Auf einem Gitter auskühlen lassen. Mit geschlagener Sahne gereicht, schmeckt der Kuchen besonders gut.

Statt Kirschen kann man auch Rhabarber, in Stücke geschnitten, oder Johannisbeeren verwenden.

Kirschkuchen, versenkt

500 g Weizenvollkornmehl
1/4 l Wasser
40 g Hefe

100 g Sahne
125 g Butter
125 g Honig
1 MS Vollmeersalz
Schale von 1 Zitrone,
  unbehandelt

1 kg Kirschen
20 g Butter
1 EL Honig

Frischgemahlenes Weizenvollkornmehl in eine Schüssel geben, Vertiefung hineindrücken und darin die in lauwarmem Wasser aufgelöste Hefe mit Mehl zu einem dicklichen Brei rühren. Mit Mehl bestäubt ca. 15 Minuten gehen lassen.

Sahne, zerlassene Butter, Honig, Salz und abgeriebene Zitronenschale dazugeben und Teig gut durchschlagen. Mit Mehl bestäubt ca. 45 Minuten gehen lassen.

Danach Teig nochmals durchschlagen und auf ein gefettetes Backblech streichen, entsteinte Kirschen darauf verteilen und etwas in den Teig eindrücken oder die Kirschen gleich unter den Teig ziehen und auf das Blech streichen.

Im Backrohr auf der zweiten Schiene von unten 10 Minuten bei 100° gehen lassen und dann 30 Minuten bei 200° bakken. Auf einem Gitter auskühlen lassen.

Butter zerlassen, mit Honig verrühren und auf den Kuchen streichen. Schmeckt frischgebacken am besten.

Kleine Obsttörtchen

Teig:
350 g Weizenvollkornmehl
2 TL Weinstein-Backpulver
1 MS Vollmeersalz
Schale von 1 Zitrone,
  unbehandelt
100 g Sauerrahm
2 EL Wasser
100 g Honig
100 g Butter

Belag:
150 g Rohmarmelade
  (siehe S. 178)
ca. 600 g Obst, z.B. Erdbeeren,
  Himbeeren, Sauerkirschen,
  Bananen, Kiwis

Guß:
1/4 l Apfelsaft, naturrein
1 EL Honig
1 TL Agar-Agar
1 MS Vanille
1 MS Zimt

Frischgemahlenes Weizenvollkornmehl mit Backpulver, Salz, abgeriebener Zitronenschale mischen. Sauerrahm, Wasser und Honig darin verrühren, kalte Butter darüberschneiden und alles rasch zusammenkneten. Teig 30 Minuten ruhen lassen. Dann in 8 Teile schneiden und in kleine Kuchenförmchen mit gewelltem Rand und ca. 11 cm Durchmesser glatt hineindrücken.

Bei 180° auf mittlerer Schiene 20 – 25 Minuten backen. Fertiggebacken auf ein Gitter stürzen.

Die Törtchen können 2 – 3 Wochen aufgehoben (vor Austrocknung schützen!) und bei Bedarf belegt werden.

Mit Rohmarmelade bestreichen und dicht mit Obst belegen, entweder eine Sorte oder gemischt. Apfelsaft mit Honig, Agar-Agar, Vanille und Zimt erhitzen und eßlöffelweise über das Obst gießen. Die fertigen Törtchen kühl stellen. Mit geschlagener Sahne verziert servieren.

Mohngugelhupf

Teig:
500 g Weizenvollkornmehl
$1/8$ l Sahne
$1/8$ l Wasser
40 g Hefe

75 g Butter
75 g Honig
Schale von 1 Zitrone,
 unbehandelt
2 MS Vollmeersalz

Streumehl

Füllung:
250 g Mohn
$1/8$ l Sahne
$1/8$ l Wasser
100 g Mandeln
7 Bittermandeln
100 g Rosinen, ungeschwefelt
100 g Honig
3 EL Rum (40%)
1 MS Vollmeersalz

Teig: Frischgemahlenes Weizenvollkornmehl in eine Schüssel geben, eine Vertiefung hineindrücken und darin die im Sahne-Wasser-Gemisch verrührte Hefe mit Mehl zu einem dicklichen Brei rühren. Mit Mehl bestäubt ca. 15 Minuten gehen lassen.

Zerlassene Butter, Honig, abgeriebene Zitronenschale und Salz zum gegangenen Vorteig geben und ca. 5 – 10 Minuten zu einem glatten Teig kneten. Mit Mehl bestäubt ca. 45 Minuten gehen lassen.

Füllung: Mohn mahlen (Mohnmühle oder Getreidemühle mit Keramik- oder Stahlmahlwerk, Einstellung wie bei Frischkornbrei), mit erhitztem Sahne-Wasser-Gemisch übergießen und ca. 15 Minuten quellen lassen. Dann feingemahlene Mandeln und Bittermandeln (Rohkostmaschine: Feintrommel), gewaschene Rosinen, Honig, Rum und Salz dazurühren.

Fertigstellung: Gegangenen Teig auf bemehlter Arbeitsfläche in der Größe von ca. 30 × 40 cm (abhängig von der Größe der Backform) auswalken und mit der Mohnfüllung bestreichen. Teig von der Schmalseite zusammenrollen und Teigenden zusammendrücken, so daß ein Teigring entsteht. Diesen mit dem Teigschluß nach oben in eine gut gefettete Gugelhupf- oder Kranzbackform legen. Nochmals 30 Minuten gehen lassen.

Bei 170° auf der untersten Schiene 1 Stunde backen. Auf einem Gitter auskühlen lassen.

Mohnkuchen

Mürbeteig:
300 g Weizenvollkornmehl
1 TL Weinstein-Backpulver
1 TL Zimt
1 MS Vollmeersalz
100 g Butter
100 g Honig
3 EL Wasser

Füllung:
250 g Mohn
150 g Sahne
150 g Wasser
100 g Mandeln
7 Bittermandeln
100 g Rosinen, ungeschwefelt
120 g Honig
3 EL Rum (40%)
Schale von 1 Zitrone, unbehandelt
1 MS Vollmeersalz

150 g Orangen- oder Aprikosenmarmelade (siehe S. 178)
25 g gehobelte Mandeln

Teig: Frischgemahlenes Weizenvollkornmehl mit Backpulver, Zimt und Salz mischen. Honig dazurühren und mit kleingeschnittener Butter und Wasser zu einem glatten Teig kneten.

Teig 30 Minuten ruhen lassen, dann in eine Springform breiten und 3 cm Rand hochdrücken.

Füllung: Mohn mahlen (Mohn- oder Getreidemühle mit Keramik- oder Stahlmahlwerk, Einstellung wie bei Frischkornbrei), mit heißem Sahne-Wasser-Gemisch übergießen und 15 Minuten quellen lassen. Feingemahlene Mandeln und Bittermandeln (Rohkostmaschine: Feintrommel), gewaschene Rosinen, Honig, Rum, abgeriebene Zitronenschale und Salz dazurühren.

Fertigstellung: Marmelade auf Teigboden streichen, Mohnfüllung glatt darüber verteilen und mit gehobelten Mandeln bestreuen.

Bei 175° auf der zweiten Schiene von unten 45 Minuten backen. Auf ein Gitter stellen, Springformrand entfernen und auskühlen lassen. Vom Springformboden Kuchen auf Porzellanplatte heben. Mit geschlagener Sahne servieren.

Nußzopf

Teig:
750 g Weizenvollkornmehl
¼ l Mineralwasser
40 g Hefe
200 g Sauerrahm
100 g Butter
100 g Honig
Schale von 1 Zitrone,
 unbehandelt
2 MS Vollmeersalz

Streumehl

Füllung:
300 g Haselnüsse
3 EL dunkler Kakao oder Karobe
300 g Honig
⅛ l Sahne
3 EL Rum (40%)

zum Bestreichen:
20 g Butter
1 EL Akazienhonig

Teig: Frischgemahlenes Weizenvollkornmehl in eine Schüssel geben, Vertiefung hineindrücken und die in Mineralwasser aufgelöste Hefe darin zu einem dicklichen Brei rühren. Mit Mehl bestreut 15 Minuten gehen lassen.

Sauerrahm, zerlassene Butter, Honig, abgeriebene Zitronenschale und Salz zum gegangenen Vorteig geben und alles gut zu einem geschmeidigen Teig kneten. Dünn mit Mehl bestreuen, mit einem Tuch bedecken und 30 Minuten gehen lassen. Gegangenen Teig nach unten drücken und nochmals 15 Minuten gehen lassen.

Füllung: Feingeriebene Haselnüsse (Rohkostmaschine: Feintrommel) mit Kakao mischen und mit Honig, Sahne und Rum verrühren.

Fertigstellung: Teig in 2 Hälften teilen und jede auf bemehlter Arbeitsfläche in Backblechgröße auswalken. Jede Teighälfte mit einer Hälfte der Füllung bestreichen und von der längeren Seite her aufrollen. Beide Rollen auf ein gefettetes Blech legen, Teigschluß nach unten, locker umeinander zu einem Zopf verschlingen, Teigenden ineinanderstecken und mit etwas Wasser zukleben.

Zopf ca. 10 Minuten angehen lassen, in den vorgeheizten Backofen schieben und bei 190° auf der zweiten Schiene von unten 45 Minuten backen.

Butter zerlassen, mit Honig verrühren und auf den warmen Zopf streichen. Auf Gitter auskühlen lassen und erst am nächsten Tag anschneiden.

Obstkuchen Regina

Teig:
125 g Butter
125 g Honig
200 g Weizenvollkornmehl
100 g abgezogene Mandeln
2 MS Vanille, gemahlen
1 TL Weinstein-Backpulver

Belag:
150 g Rohmarmelade,
  z.B. rote und schwarze
  Johannisbeeren gemischt
  (siehe S. 178)
2 Bananen
250 g Sauerkirschen,
  frisch oder tiefgekühlt
2 Kiwis

Guß:
1/4 l Apfelsaft, naturrein
1 EL Honig
1 TL Agar-Agar
1 MS Vanille
1 MS Zimt

Butter und Honig bei mäßiger Hitze zerfließen lassen. Mandeln in Wasser aufkochen, in ein Sieb gießen und sofort Schale lösen. In einem Tuch trockentupfen und in einer Pfanne, ohne Fett, leicht rösten. Dabei oft wenden, damit sie nicht anbrennen.

Frischgemahlenes Weizenvollkornmehl mit feingeriebenen Mandeln, Vanille und Backpulver mischen. Abgekühltes Butter-Honig-Gemisch dazugeben und alles kurz durchkneten. Teig 1 Stunde ruhen lassen, dann in Obstkuchenform (mit gerilltem Rand) drücken und bei 200° auf mittlerer Schiene 15 – 20 Minuten backen. Auf einem Gitter auskühlen lassen.

Kuchenboden auf Porzellanplatte legen und mit Rohmarmelade bestreichen. Bananen schräg in Scheiben schneiden und damit schuppenartig einen Rand legen. Anschließend die Sauerkirschen legen und die Mitte mit in Scheiben geschnittenen Kiwis belegen.

Apfelsaft erhitzen, Honig, Agar-Agar, Vanille und Zimt darin verrühren. Kurz vor dem Kochen vom Herd nehmen und eßlöffelweise von der Mitte nach außen Guß über das Obst gießen (erkalteter, danebengelaufener Guß kann nochmals erwärmt werden).

Obstkuchen gekühlt mit geschlagener Sahne reichen. Ist keine Obstkuchenform vorhanden (fehlt also die gerillte Verzierung am Kuchenrand), wird der Obstkuchenrand mit geschlagener Sahne verziert.

Prasselkuchen

Teig:
400 g Weizenvollkornmehl
1/8 l Wasser
20 g Hefe

70 g Butter
70 g Honig
Schale von 1/2 Zitrone, unbehandelt
1 MS Vollmeersalz

Belag:
150 g Sahne
150 g blättrig geschnittene Mandeln
80 g Honig
1 MS Vanille

Streusel:
200 g Weizenvollkornmehl
100 g Honig
125 g Butter
1 TL Zimt

Teig: Hefe in lauwarmem Wasser auflösen. Frischgemahlenes Weizenvollkornmehl in eine Schüssel geben, Hefe in die Mitte gießen, zu einem dicklichen Brei verrühren und mit Mehl bedeckt 15 Minuten gehen lassen.

Dann zerlassene Butter (1 Teelöffel zurücklassen), Honig, abgeriebene Zitronenschale und Salz dazugeben und Teig ca. 5 Minuten kneten. Teig in der zurückgelassenen Butter wälzen und ca. 30 Minuten gehen lassen.

Belag: Sahne, Mandeln, Honig und Vanille aufkochen und abkühlen lassen.

Streusel: Frischgemahlenes Weizenvollkornmehl mit Honig, weicher oder zerlassener Butter und Zimt verrühren. 30 Minuten in den Kühlschrank stellen.

Gegangenen Teig mit Nudelholz auf gefettetem Backblech auswalken (nasses Tuch unterlegen!). Abgekühlte Mandelmasse gleichmäßig darauf verstreichen und Streuselteig in kleinen Stückchen darüberbröckeln.

In den kalten Backofen schieben, 10 Minuten bei 100° auf mittlerer Schiene gehen lassen und anschließend 20 Minuten bei 200° backen. Blech auf Gitter auskühlen lassen.

Rhabarberkuchen

Teig:
250 g Weizenvollkornmehl
1 TL Weinstein-Backpulver
1 MS Vollmeersalz
2 EL Wasser
80 g Honig
80 g Butter
4 EL Haferflocken

Belag:
700 – 800 g Rhabarber

60 g Butter
120 g Honig
3 EL Sahne
1 TL Zimt
150 g abgezogene Mandeln

Teig: Frischgemahlenes Weizenvollkornmehl mit Backpulver, Salz, Wasser, Honig und kalter, kleingeschnittener Butter verrühren und zu einem glatten Teig kneten. Teig 30 Minuten ruhen lassen, in Springform breiten, 2 cm Rand hochdrücken, abrädeln und Teigboden mit Haferflocken bestreuen.

Belag: Rhabarber waschen (nur dann schälen, wenn er nicht mehr frisch und zart ist) und in 1 cm dicke Stücke schneiden. Diese auf den Teigboden legen, bei dünnem Rhabarber eine Doppelschicht machen.

Butter, Honig und Sahne erhitzen. Zimt, abgezogene, gehackte Mandeln (Rohkostmaschine: Scheibentrommel) dazurühren, aufkochen und abkühlen lassen. Auf dem Rhabarber glatt verstreichen.

Bei 175° auf mittlerer Schiene 40 Minuten backen. Auf einem Gitter auskühlen lassen.

Streusel-Zwetschgenkuchen

Streuselteig:
400 g Weizenvollkornmehl
2 TL Zimt
2 MS Vanille
200 g Butter
200 g Honig

1 kg Zwetschgen

Butter zerlaufen lassen. Frischgemahlenes Weizenvollkornmehl mit Zimt und Vanille mischen, Honig und abgekühlte zerlassene Butter dazugeben und mit dem Kochlöffel alles zu einem Teig rühren. Diesen 2 Stunden im Kühlschrank stehenlassen.

Zwetschgen entkernen und einschneiden (am besten Zwetschgen-Entsteiner verwenden).

Festen, gekühlten Teig teilen. Etwas mehr als die Hälfte des Teiges in kleinen Stückchen in Springform bröckeln. Zwetschgen im Kreis schräg auf Bröckelteig stellen und restlichen Teig darüberbröckeln.

Bei 200° auf mittlerer Schiene ca. 25 Minuten backen.

Zitronen-Mandelkuchen

Teig:
350 g Weizenvollkornmehl
2 TL Weinstein-Backpulver
1 MS Vollmeersalz
100 g Sauerrahm
2 EL Wasser
100 g Honig
100 g Butter

Füllung:
250 g Mandeln
12 Bittermandeln
150 g Honig
50 g Zitronat
30 g Orangeat
Schale und Saft von 1 Zitrone,
   unbehandelt
1/8 l Weißwein
1 TL Sahne + 1 TL Wasser

Guß:
Saft von 1 Zitrone,
   unbehandelt
4 EL Weißwein

Frischgemahlenes Weizenvollkornmehl mit Backpulver und Salz mischen. Sauerrahm, Wasser und Honig darin verrühren, kalte Butter darüberschneiden und alles rasch zusammenkneten. Teig 1/2 Stunde ruhen lassen.

Mit 2/3 der Teigmenge Springform auslegen, 2 cm Rand hochdrücken und abrädeln. Restlichen Teig auf bemehlter Arbeitsfläche auswalken und mit dem Teigrädchen 12 – 14 Gitterstreifen, 1 cm breit, in Springformbreite ausrädeln.

Füllung: Mandeln und Bittermandeln fein reiben (Rohkostmaschine: Feintrommel). Mandeln mit Honig, feingeschnittenem Zitronat und Orangeat, abgeriebener Zitronenschale, Zitronensaft und Weißwein verrühren.

Füllung mit Teigschaber in der mit Teig belegten Springform glattstreichen. Gitterstreifen im Rautenmuster auflegen (je 6 – 7 Streifen in zwei Richtungen legen).

Sahne mit Wasser verrühren und Gitterstreifen bestreichen. Bei 180° auf mittlerer Schiene 30 Minuten backen.

Nach dem Backen auf ein Kuchengitter stellen, leicht auskühlen lassen, Springformrand entfernen und Kuchenguß bereiten.

Guß: Zitronensaft und Weißwein mischen und in die Gitter-Zwischenräume gießen.

Erkaltet mit Kuchenretter vom Blech nehmen. Kuchen 2 Tage durchziehen lassen und mit Sahne servieren.

Zwetschgenkuchen

Teig:
400 g Weizenvollkornmehl
1/8 l Wasser
20 g Hefe

70 g Butter
70 g Honig
Schale von 1/2 Zitrone, unbehandelt
1 MS Vollmeersalz

Belag:
2 1/2 kg Spätzwetschgen
Zimt

Sonnenblumenöl statt Streumehl

Hefe in lauwarmem Wasser auflösen. Frischgemahlenes Weizenvollkornmehl in eine Schüssel geben, Hefe in die Mitte gießen, zu einem dicklichen Brei verrühren und mit Mehl bedeckt 15 Minuten gehen lassen.

Dann zerlassene Butter (1 Teelöffel zurücklassen), Honig, abgeriebene Zitronenschale und Salz dazugeben und den Teig ca. 5 Minuten kneten. Teig in der zurückgelassenen Butter wälzen und ca. 30 Minuten gehen lassen.

Gegangenen Teig mit dem Nudelholz auf gefettetem Backblech (nasses Tuch unterlegen!) auswalken und einen 1 cm hohen Rand drücken. Dicht mit entkernten, zweimal eingeschnittenen Zwetschgen belegen.

Im vorgeheizten Ofen bei 200° auf der zweiten Schiene von unten 30 Minuten backen. Noch warm mit Zimt bestreuen.

Werden Frühzwetschgen als Belag verwendet, ist es besser, den Kuchen in der Springform zu backen, weil die Frühzwetschgen sehr viel Saft abgeben. Den Rand 3 – 4 cm hochdrücken und mit ca. 1250 g Frühzwetschgen belegen.

Ist die Zwetschgensorte sehr sauer, reicht man mit Honig gesüßte Schlagsahne dazu.

Torten

Ananastorte Romantik

1. Mürbeteig:
300 g Weizenvollkornmehl
1 TL Weinstein-Backpulver
1 MS Vollmeersalz
100 g Honig
125 g Butter

2. Mürbeteig:
200 g Weizenvollkornmehl
100 g Haselnüsse
1 MS Vollmeersalz
1 TL Weinstein-Backpulver
100 g Honig
125 g Butter

Mandel-Buttercreme:
125 g Butter
100 g Honig
125 g geschälte Mandeln
10 bittere Mandeln
1/8 l Sahne

1/2 frische Ananas
(500 g netto)
250 g Sauerkirschen, frisch oder tiefgekühlt
4 EL Rum (40%)

ca. 300 g Sahne zum Verzieren

Mürbeteige: Frischgemahlenes Weizenvollkornmehl mit Backpulver, Salz – und beim zweiten Mürbeteig mit feingemahlenen Haselnüssen – mischen, Honig dazuwiegen und kalte Butter darüberschneiden. Alles zu einem glatten Teig zusammenkneten und 30 Minuten ruhen lassen.

Beide Teige getrennt in je einer Springform glattdrücken und bei 200° auf der zweiten Schiene von unten 20 Minuten backen. Auf einem Gitter auskühlen lassen.

Mandel-Buttercreme: Butter mit Honig cremig rühren, feingemahlene Mandeln und Bittermandeln dazurühren und langsam, wie bei der Mayonnaiseherstellung, Sahne unter ständigem Rühren hinzufügen.

Tortenherstellung: Ananas in kleine Stückchen schneiden, Haselnuß-Mürbeteig klein zerbröckeln und mit Rum tränken.

Buttercreme, Ananas, frische oder tiefgekühlte Sauerkirschen und getränkten, zerbröckelten Haselnuß-Mürbeteig in einer Schüssel vorsichtig mischen. Diese Mischung auf den auf eine Tortenplatte gelegten ersten Mürbeteig häufen und kuppelförmig glatt darauf verstreichen. Zugedeckt einige Stunden oder einen Tag im Kühlschrank durchziehen lassen.

Torte in 12 Stücke schneiden, wieder eng zusammenschieben und jedes Stück einzeln mit der Garnierspritze mit geschlagener Sahne in Serpentinen von der Tortenmitte nach unten verzieren.

Apfeltorte

Teig:
400 g Weizenvollkornmehl
1 MS Vollmeersalz
1 TL Weinstein-Backpulver
1 MS Vanille
Schale von 1 Zitrone,
    unbehandelt
100 g Honig
150 g Butter
4 EL Wasser
4 EL Haferflocken

Füllung:
Saft von 1 Zitrone (= 4 EL),
    unbehandelt
2 EL Rum (40%)
50 g Honig
50 g Korinthen
2 EL Pinien
750 g mürbe Äpfel, netto
3 EL Crème fraîche

Frischgemahlenes Weizenvollkornmehl mit Salz, Backpulver, Vanille und abgeriebener Zitronenschale mischen. Honig dazuwiegen und kalte Butter darüberschneiden. Mit Wasser zu einem glatten Teig kneten und $1/2$ Stunde ruhen lassen.

Füllung: Zitronensaft, Rum und Honig verrühren, gewaschene Korinthen und Pinien dazugeben. Äpfel schälen, schnitzeln und in der Zitronensauce wälzen (die Schnitze einer festen Apfelsorte müssen kurz gedünstet werden, sonst sind sie nach dem Backen noch hart).

Hälfte des Teigs auf bemehlter Arbeitsfläche auswalken, mit einer Springform Kreis für die Tortendecke abstechen. Tortendecke auf Pappteller oder Kuchenretter geben und einstweilen beiseite stellen.

Mit dem restlichen Teig Springformboden belegen, 3 cm Rand hochdrücken und diesen mit Teigrädchen gerade abrädeln. Haferflocken auf dem Teig verteilen und Äpfel mit Zitronensauce darauf verteilen. Tortendecke daraufgleiten lassen und leicht an den abgerädelten Rand drücken. Decke einige Male mit der Gabel einstechen und mit Crème fraîche bestreichen.

Bei 175° auf der zweiten Schiene von unten 35–40 Minuten backen. Springform auf Kuchengitter stellen, vorsichtig Springformrand lösen und abnehmen. Erkaltete Torte vom Blech nehmen. Schmeckt frischgebacken oder einige Tage alt gleich gut. Mit geschlagener Sahne servieren.

Apfeltorte Prag

Teig:
100 g Butter
125 g Honig
100 g Sauerrahm
150 g Weizenvollkornmehl
1 MS Vanille
1 TL Weinstein-Backpulver

Belag:
600 g Äpfel (z. B. Boskoop)
*Saft von ½ Zitrone,
  unbehandelt*

Guß:
30 g Butter
50 g Honig
1 EL Sahne
75 g Walnußkerne
2 MS Zimt

Guß: Butter zerlaufen lassen, mit Honig, Sahne, Walnußkernen und Zimt kurz erhitzen und dann abkühlen lassen.

Belag: Äpfel schälen, entkernen, achteln und in Zitronensaft wenden. Die Äpfel werden in dieser Größe auf den Teig gelegt.

Teig: Butter und Honig gut cremig rühren, Sauerrahm dazurühren. Frischgemahlenes Weizenvollkornmehl, mit Vanille und Backpulver gemischt, dazurühren.

Teig in gefetteter Springform glattstreichen. Äpfel im Kreis gleichmäßig auf den Teig legen. Abgekühlten Guß über den Äpfeln verteilen.

Bei 175° auf der zweiten Schiene von unten ca. 40 Minuten backen. Auf einem Gitter auskühlen lassen. Springformrand entfernen. Ausgekühlt mit Hilfe eines Kuchenretters vom Springformboden nehmen.

Mit geschlagener Sahne servieren.

Erdbeertorte

Mürbeteig:
200 g Weizenvollkornmehl
½ TL Weinstein-Backpulver
1 MS Vollmeersalz
70 g Honig
100 g Butter

Rührteig:
100 g Butter
125 g Honig
100 g Sauerrahm
150 g Weizenvollkornmehl
1 MS Vanille
1 TL Weinstein-Backpulver

Füllung und Belag:
150 g Rohmarmelade
(siehe S. 178)
1 kg Erdbeeren, frisch oder
tiefgekühlt
200 g Sahne
12 Erdbeeren mit Stiel und Blüte

Guß:
¼ l Apfelsaft, naturrein
1 MS Vanille
1 MS Zimt
1 EL Honig
1 TL Agar-Agar

Mürbeteig: Frischgemahlenes Weizenvollkornmehl mit Backpulver und Salz mischen. Honig und kalte, kleingeschnittene Butter dazugeben und alles gut zusammenkneten. Teig 30 Minuten ruhen lassen, dann glatt in eine Springform drücken.

Bei 200° auf der mittleren Schiene ca. 15 Minuten backen. Auf einem Gitter auskühlen lassen, dann aus der Form nehmen.

Rührteig: Nacheinander Butter mit Honig und Sauerrahm gut cremig rühren. Frischgemahlenes Weizenvollkornmehl, mit Vanille und Backpulver gemischt, dazurühren. Teig in gefetteter Springform glattstreichen. Bei 175° auf der zweiten Schiene von unten 25–30 Minuten backen.

Fertigstellung: Mürbeteig auf Tortenplatte legen, mit Rohmarmelade bestreichen und Rührteig darauflegen. Frische Erdbeeren halbieren und auflegen. Tiefgekühlte Erdbeeren zuerst auftauen, abtropfen lassen und im Ganzen auflegen.

Apfelsaft (bei tiefgekühlten Erdbeeren abgetropften Saft statt Apfelsaft verwenden), mit Vanille, Zimt, Honig und Agar-Agar verrührt, erhitzen und kurz vor dem Kochen von der Kochstelle nehmen. Dann heißen Guß eßlöffelweise, von der Mitte aus nach außen, auf den Erdbeeren verteilen. Es ist zweckmäßig, vorher einen Torten-Plastikrand anzubringen, damit der Guß nicht wegläuft. Nach dem Erkalten Rand vorsichtig wegnehmen. Erkalteter Guß kann nochmals erwärmt werden, um ihn glatt auf die Erdbeeren zu bringen.

Vor dem Servieren Tortenrand mit Sahnetupfern garnieren. Tortenstücke markieren und auf jedes Stück einen großen Sahnetupfer spritzen. Dann eine kleinere Erdbeere, mit Blüte und Stiel nach oben, hineindrücken.

Gefüllte Walnußschnitten

Teig:
200 g Butter
200 g Honig
200 g Sauerrahm
350 g Weizenvollkornmehl
1/2 TL Vanille
2 TL Weinstein-Backpulver
2 EL dunkler Kakao
1/8 l Mineralwasser
250 g Walnußkerne

Guß:
Saft von 3 Orangen (200 g)
100 g Akazienhonig
1 TL Zimt

Füllung und Verzierung:
400–500 g Sahne
3–4 kernlose Mandarinen

Butter und Honig cremig rühren, langsam Sauerrahm dazugeben. Frischgemahlenes Weizenvollkornmehl mit Vanille, Backpulver und Kakao mischen und langsam, abwechselnd mit Mineralwasser, dazurühren. Walnußkerne grob hacken und unterziehen.

Teig mit nassem Teigschaber auf gefettetes Backblech streichen. Bei 175° auf der zweiten Schiene von unten ca. 35 Minuten backen.

Orangensaft mit Honig und Zimt verrühren und mit breitem Pinsel auf leicht ausgekühlten Kuchen streichen.

Abgekühlten Kuchen in Streifen von ca. 4 × 10 cm schneiden. 2 Streifen bilden eine Schnitte.

Geschlagene Sahne in Garnierspritze füllen, Streifen eng und schlangenförmig mit Sahne spritzen. Den zweiten Streifen daraufsetzen und diesen ebenso mit Sahne garnieren. Mit Mandarinenspalten verzieren und kühl stellen.

Ergibt ca. 15 Schnitten.

Der Kuchen kann auch einige Tage vor Bedarf gebacken und mit dem Guß getränkt werden. Mit Folie bedeckt aufbewahren und bei Bedarf mit Sahne garnieren.

Kastanientorte

Mürbeteig:
275 g Weizenvollkornmehl
1 TL Weinstein-Backpulver
1 MS Vollmeersalz
Schale von 1/2 Zitrone,
 unbehandelt
75 g Honig
125 g Butter

Belag:
250 g rohe Orangen-
 marmelade
 (siehe S. 178)
1 kg Eßkastanien (ergibt ca.
 500 g Kastanienpüree)
75 g Akazienhonig
1 1/2 TL Ingwer
2 EL Rum (40%)
Saft (150 ml) und Schale von
 2 Orangen, unbehandelt
1 1/2 l Sahne

10 g Bitterschokolade
1 1/4 l Sahne
4 kernlose Mandarinen

Teig: Frischgemahlenes Weizenvollkornmehl mit Backpulver, Salz und abgeriebener Zitronenschale mischen. Honig dazuwiegen, kalte Butter klein darüberschneiden, zu einem glatten Teig kneten und 1/2 Stunde ruhen lassen. Glatt in eine Springform drücken und bei 200° auf mittlerer Schiene 15–20 Minuten backen. Auf Gitter auskühlen lassen.

Belag: Kastanienschale einschneiden, Kastanien in einen Topf geben und mit Wasser bedeckt 45 Minuten kochen lassen. Sofort schälen (immer nur wenige aus dem heißen Wasser nehmen) oder mit Teelöffel ausschaben. Kastanienfleisch durch den Gemüsewolf drehen oder durch ein Sieb passieren.

Unter das abgekühlte Kastanienpüree Honig, Ingwer, Rum, Orangensaft und feingeriebene Orangenschale rühren. Sahne steif schlagen und unterziehen.

Fertigstellung: Mürbeteig mit Orangenmarmelade bestreichen. Kastaniencreme daraufgeben und gewölbt darauf verstreichen. Mit feinem Reibeisen Bitterschokolade daraufreiben. Zugedeckt einige Stunden oder einen Tag im Kühlschrank ziehen lassen.

12 Stücke markieren und mit steifgeschlagener Sahne – in Garnierspritze gefüllt – verzieren. Um den Rand Mandarinenspalten legen. Gekühlt servieren.

Linzer Torte

300 g Weizenvollkornmehl
1 gehäufter TL Weinstein-
  Backpulver
1 MS Vollmeersalz
1 MS Vanille
2 MS Nelken
2 TL Zimt
125 g Haselnüsse und
  Mandeln, gemischt
10 Bittermandeln
125 g Honig
125 g Butter
4 EL Wasser

300 g Johannisbeer-
  marmelade
  (siehe S. 178)

Das frischgemahlene Weizenvollkornmehl mit Backpulver, Vanille, Nelken, Zimt und feingeriebenen Haselnüssen, Mandeln und Bittermandeln (Rohkostmaschine: feine Nußtrommel) mischen. Honig, kalte, feingeschnittene Butter und Wasser dazugeben und alles zu einem geschmeidigen Teig kneten. Teig 1 Stunde ruhen lassen.

Mit $2/3$ des Teigs Boden einer Springform auslegen, 1 cm Rand hochdrücken und glatt abrädeln. Johannisbeermarmelade darauf verstreichen.

Restlichen Teig auf bemehlter Arbeitsfläche auswalken und mit dem Teigrädchen 10 – 12 Streifen, 1 cm breit, abrädeln. Teigstreifen auf den Kuchen legen, je 5 – 6 Streifen in zwei verschiedene Richtungen, so daß ein Rautenmuster entsteht.

Bei 200° auf mittlerer Schiene ca. 20 Minuten backen. Vor dem Anschnitt Kuchen 2 Tage durchziehen lassen.

Schwarzwälder Kirschtorte

Mürbeteig:
100 g Haselnüsse
200 g Weizenvollkornmehl
1 MS Vollmeersalz
2 MS Vanille
100 g Honig
125 g Butter

Plätzchen:
Siehe Schwarzwälder
  Kirschbecher S. 310

Füllung:
1 kg Sauerkirschen, frisch oder
  tiefgekühlt
600 g Sahne
75 g Akazienhonig
3 MS Vanille
3 MS Zimt
6 MS Agar-Agar
2 EL Rum (40%)
10 g Bitterschokolade

Teigzubereitung: Haselnüsse fein reiben (Rohkostmaschine: Feintrommel) und mit frischgemahlenem Weizenvollkornmehl, Salz und Vanille mischen. Honig und kleingeschnittene Butter dazugeben, alles verrühren und zu einem glatten Teig zusammenkneten. Diesen 30 Minuten ruhen lassen, dann glatt in einer Springform ausbreiten und einige Male mit der Gabel einstechen.

Bei 200° auf der zweiten Schiene von unten 15 – 20 Minuten backen. Mit Hilfe eines Kuchenretters vorsichtig auf ein Kuchengitter legen und erkalten lassen.

Plätzchenzubereitung: Siehe Schwarzwälder Kirschbecher S. 310.

Tortenzubereitung: Mürbeteig und Plätzchen einen Tag liegenlassen. Kirschen entsteinen (tiefgefrorene auftauen und im leicht gefrorenen Zustand entsteinen) – einige zum Verzieren zurücklassen – und Rum, mit 2 EL Kirschsaft (der beim Entsteinen entstanden ist) verrührt, auf dem Mürbeteig verteilen. Sahne steif schlagen. Sollte nur ein kleines Rührgerät vorhanden sein, ist es zweckmäßig, die Sahne in 3 Partien herzustellen: Für jede Sahneschicht 200 g Sahne, 25 g Honig, 2 MS Agar-Agar und 1 MS Vanille und 1 MS Zimt.

Auf den Mürbeteig eine Schicht Sahne streichen und darauf eine Schicht Kirschen verteilen. Auf die Kirschen die Hälfte der Plätzchen, ca. 15 Stück, legen. Darauf die zweite Schicht Sahne, davon einen Teil in die Garnierspritze füllen, dann wieder Kirschen und darauf die restlichen

Plätzchen. Als Abschluß dritte Sahneschicht auch auf dem Rand verstreichen.

Bitterschokolade auf feinem Reibeisen dünn über die gesamte Torte (einschließlich Rand) reiben. 12 Tortenstücke mit dem Messer markieren und auf jedes Stück einen großen Sahnetupfer spritzen. Mit Kirsche und eventuell Kirschblatt jedes Stück garnieren. Einige Stunden oder einen Tag durchziehen lassen.

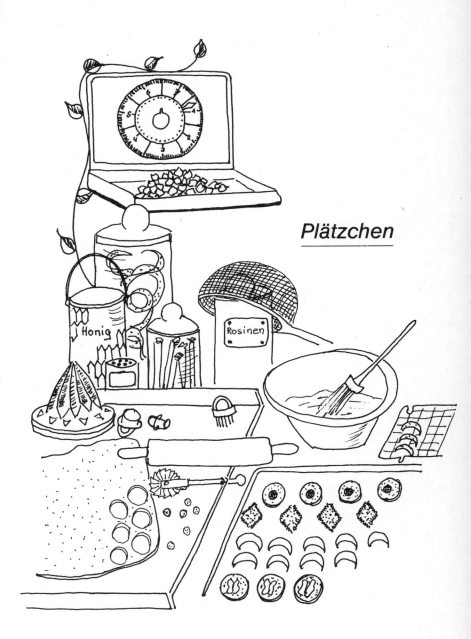

Plätzchen

Florentiner

Nußmasse:
80 g Haselnüsse
120 g Mandeln, geschält
1 TL Zimt
Schale von 1 Zitrone,
* unbehandelt*
100 g Zitronat, kleingewürfelt
100 g Orangeat, kleingewürfelt
125 g Honig

Teig:
¼ l Sahne
50 g Butter
150 g Weizenvollkornmehl

Guß:
75 g Bitterschokolade
⅛ l Sahne

Nußmasse: Haselnüsse in einer Pfanne kurz rösten, dabei Pfanne ständig hin und her schieben, dann Nüsse in ein Tuch geben und fest reiben, damit sich die Schale ablöst.

Geschälte Mandeln und Haselnüsse mit der Rohkostmaschine (Scheibentrommel) blättrig schneiden. Mit Zimt, abgeriebener Zitronenschale, Zitronat und Orangeat mischen, Honig dazuwiegen und verrühren.

Teig: Sahne und Butter zum Kochen bringen, von der Kochstelle nehmen, frischgemahlenes Weizenvollkornmehl dazugeben und zu einem glatten Teig rühren. Nun Nußmasse einrühren, mit der Hand gut mischen und die Florentiner wie folgt formen: Einen gehäuften Teelöffel Florentinerteig mit den Händen zu einer Kugel formen und im Handteller flach drücken. Auf ein leicht gefettetes Backblech legen.

Die Menge ergibt ca. 55 Stück (2 Backbleche).

Im vorgeheizten Ofen bei 200° auf der obersten Schiene 15 Minuten backen.

Guß: Bitterschokolade mit Sahne erhitzen und glattrühren.

Die Rückseite der frisch gebackenen Florentiner mit warmem Guß bestreichen (mit dem Pinsel). Auf ein Gitter legen und über Nacht trocknen lassen.

Die Florentiner in einer geschlossenen Dose aufbewahren. Sie sind einige Wochen haltbar.

Hafer-Nuß-Plätzchen

125 g Butter
125 g Honig
100 g Haselnüsse
220 g Haferflocken
1 TL Zimt
1 TL Weinstein-Backpulver

zum Verzieren:
ca. 40 Haselnüsse

Butter und Honig cremig rühren. Haselnüsse fein reiben (Rohkostmaschine: Feintrommel), Sprießkornhafer frisch quetschen (Getreidemühleneinstellung wie bei Frischkornbrei). Haferflocken mit Nüssen, Zimt und Backpulver mischen und zur Buttercreme rühren. Weichen Teig ca. 3 Stunden ziehen lassen.

Je einen Teelöffel Teig zu einer Kugel drehen und auf ein leicht gefettetes Backblech setzen. In Plätzchenmitte eine Haselnuß leicht andrücken.

Teigmenge ergibt ca. 40 Plätzchen, auf ein Backblech passend. Plätzchen mit Abständen auf das Blech setzen, sie laufen etwas auseinander.

Bei 175° auf der mittleren Schiene 15 Minuten backen. Plätzchen auf dem Blech abkühlen lassen, dann abnehmen.

Haselnußtaler

500 g Weizenvollkornmehl
1 TL Weinstein-Backpulver
1 MS Zimt
1 MS Vanille
250 g Honig
150 g Butter
2 EL Wasser

Streumehl
400 g Haselnüsse

Frischgemahlenes Weizenvollkornmehl mit Backpulver und Delifrut mischen. Honig, kalte, kleingeschnittene Butter und Wasser dazugeben, alles rasch zu einem glatten Teig kneten und diesen 1/2 Stunde ruhen lassen.

Teig in 4 Stücke schneiden und auf bemehlter Arbeitsfläche 3 – 4 mm dick auswalken. Mit einem Glas, Durchmesser ca. 5 cm, runde Plätzchen ausstechen und auf ein ungefettetes Backblech legen. Plätzchen mit Wasser bestreichen und mit halbierten Haselnußkernen belegen. Die Teigmenge ergibt 2 Backbleche Plätzchen.

Bei 175° auf der mittleren Schiene 12 – 15 Minuten backen. Plätzchen auf dem Blech abkühlen lassen und dann abnehmen.

Hirsebusserl

125 g Butter
125 g Honig
1 TL Zimt
2 TL dunkler Kakao
100 g Sauerrahm
125 g Haselnußkerne
200 g Hirse

Butter mit Honig, Zimt und Kakao sahnig rühren. Eßlöffelweise Sauerrahm dazugeben. Dann feingeriebene Haselnußkerne (Rohkostmaschine: Feintrommel) und feingemahlene Hirse (Getreidemühleneinstellung wie bei feinem Weizenvollkornmehl) dazurühren.

Teig in Spritzbeutel füllen und große, etwa 2 cm hohe Tupfer spritzen. Sie können auf dem gefetteten Backblech eng gesetzt werden, weil sie nicht auseinanderlaufen.

Teigmenge ergibt ca. 60 Stück, auf 1 Backblech passend.

Bei 175° auf mittlerer Schiene ca. 20 Minuten backen. Auf dem Blech auskühlen lassen und dann mit Backschaufel abnehmen.

Hirsekekse

125 g Butter
125 g Honig
½ TL Vanille
250 g Hirse

Butter mit Honig und Vanille sahnig rühren. Feingemahlene Hirse (Getreidemühleneinstellung wie bei feinem Weizenvollkornmehl) dazurühren. Teig in einen Spritzbeutel mit großer Sterntülle füllen und auf das gefettete Backblech große Teigtupfer spritzen. Zwischen den Teigtupfern Abstand halten, die Kekse laufen beim Backen etwas auseinander.

Teigmenge ergibt 50–60 Kekse, auf 1 Backblech passend.

Bei 175° auf mittlerer Schiene 12 – 15 Minuten backen. Auf dem Blech auskühlen lassen und dann mit Backschaufel abnehmen.

Knusperwürfel

¼ l Sonnenblumenöl,
  kaltgepreßt oder
  250 g Butter
375 g Honig
Schale von 3 Zitronen,
  unbehandelt
250 g Sesam
250 g Sonnenblumenkerne
250 g Mandeln, grobgehackt
250 g Haferflocken, grob
250 g Haferflocken, fein

Öl oder Butter mit Honig, abgeriebener Zitronenschale, Sesam, Sonnenblumenkernen, grobgehackten Mandeln und groben und feinen Haferflocken in einem Topf mischen.

Bei mäßiger Hitze unter ständigem Rühren Masse leicht anrösten (ca. 5 Minuten). Danach alles auf ein gefettetes Backblech geben und mit einer Teigkarte glattstreichen.

Bei 200° auf der mittleren Schiene 15 – 20 Minuten leicht braun backen. Lauwarm in Vierecke von 4 × 4 cm schneiden und auf dem Blech auskühlen lassen.

Ergibt gut 100 Stück.

In einer Dose aufbewahren.

Mürbekeks Doppeltes Lottchen

500 g Weizenvollkornmehl
2 MS Vollmeersalz
Schale von 1 Zitrone, unbehandelt
125 g Honig
1/8 l Sahne mit Wasser
125 g Butter

Füllung:
60 g Butter
60 g Honig
60 g Erdnußmus
1 TL dunkler Kakao

Frischgemahlenes Weizenvollkornmehl mit Salz, abgeriebener Zitronenschale, Honig und Sahne-Wasser-Gemisch verrühren. Kalte Butter in kleinen Stückchen darüberschneiden und alles zu einem glatten Teig verkneten. Teig ca. 4 Stunden ruhen lassen.

Auf einer leicht bemehlten Arbeitsfläche Teig, in 4 Portionen geteilt, auswalken, 3–4 mm dick. Mit Keksausstecher Plätzchen ausstechen und eng auf ein ungefettetes Backblech legen. Teigmenge ergibt 2 Bleche.

Bei 200° auf mittlerer Schiene 10 – 12 Minuten backen. Plätzchen auf einem Gitter auskühlen lassen.

Füllung: Weiche Butter mit Honig und Erdnußmus cremig rühren, Kakao dazurühren.

Abgekühlte Plätzchen auf der Unterseite mit der Füllung, 2 – 3 mm dick, bestreichen und ein anderes Plätzchen mit der Unterseite daraufkleben.

Kühl aufbewahren.

Schmand-Nuß-Plätzchen

75 g Butter
75 g Butterschmalz
125 g Honig
1 MS Vollmeersalz
½ TL Vanille
300 g Dinkelvollkornmehl
4 EL Schmand (= dicke saure Sahne, Crème fraîche)
2 TL Akazienhonig
3 EL geriebene Haselnüsse (30 g)

Butter und Butterschmalz zerlaufen lassen und mit Honig, Salz und Vanille verrühren. Frischgemahlenes Dinkelvollkornmehl dazurühren und Teig in einer Plastiktüte 2 Stunden in den Kühlschrank legen. Dann nochmals kurz durchkneten (wenn er zu hart ist, entweder früher aus dem Kühlschrank nehmen oder einige Zeit stehenlassen) und auf bemehlter Arbeitsfläche 3–4 mm dick auswalken. Mit Trinkglas (Durchmesser 5 cm) Plätzchen ausstechen und auf das ungefettete Backblech legen.

Crème fraîche mit Honig verrühren und dick auf die Plätzchen streichen. Mit feingeriebenen Haselnüssen bestreuen.

Bei 180° auf der mittleren Schiene 15 Minuten backen. Plätzchen auf Gitter legen und auskühlen lassen.

Ergibt ca. 55 Plätzchen, auf 1 ½ Backbleche passend.

Teeblätter Honigduft

60 g Hefe
500 g Weizenvollkornmehl
¼ l Mineralwasser
125 g Butter
125 g Honig
60 g Butter

Hefe in das frischgemahlene Weizenvollkornmehl zerbröckeln, Mineralwasser dazugießen und kalte Butter darüberschneiden. Alles zu einem Teig kneten und 1 Stunde (in einer Frischhaltetüte) in den Kühlschrank legen.

Teig in kleinen Portionen ca. 2 – 3 mm dick auswalken und mit dem gezackten Teigrädchen lanzettförmige Blätter (ca. 3 – 5 cm breit, 10 – 20 cm lang) herstellen. Auf ein leicht gefettetes Backblech legen.

Honig und Butter in einer kleinen Pfanne zerlaufen lassen und Teeblätter-Oberseite damit dünn mit einem Pinsel bestreichen.

In dem auf 200° vorgeheizten Backofen auf mittlerer Schiene ca. 10 Minuten backen. Blech herausnehmen, Teeblätter wenden und auf der Rückseite wie oben mit Honigbutter bestreichen.

Noch ca. 5 – 7 Minuten weiterbacken, Blech aus dem Ofen nehmen, Teeblätter abnehmen und auf einem Gitter auskühlen lassen.

Die angegebene Menge ergibt 4 Bleche Teeblätter.

Weihnachtsgebäck

Basler Leckerli

125 g Mandeln
125 g Haselnüsse
75 g Zitronat
75 g Orangeat
6 EL Kirschwasser (75 g)

750 g Weizenvollkornmehl
2 TL Weinstein-Backpulver
3 EL Lebkuchengewürz (20 g)
Schale und Saft von 1 Zitrone,
 unbehandelt
100 g Sauerrahm
100 g Butter
500 g Honig
1/4 l Wasser
1 TL Hirschhornsalz

Zum Verzieren:
125 g Walnußkern-Viertel
50 g Butter
50 g Honig

Mandeln und Haselnüsse grob hacken, Zitronat und Orangeat fein würfeln (alles mit der Rohkostmaschine: große Lochtrommel), mit Kirschwasser tränken, mischen und zugedeckt ziehen lassen.

Frischgemahlenes Weizenvollkornmehl mit Backpulver, Lebkuchengewürz und abgeriebener Zitronenschale mischen. Zitronensaft, Sauerrahm, zerlassene Butter, Honig und in Wasser aufgelöstes Hirschhornsalz dazugeben und alles verrühren. Zum Schluß die mit Kirschwasser getränkten Nüsse, Orangeat und Zitronat unterziehen.

Teig mit einem Teigschaber (öfters in Wasser tauchen!) auf gefettetem Backblech glatt verteilen. Mit Wasser bestreichen und Walnußkern-Viertel reihenweise auflegen, ca. 100 Stück.

Backblech einige Stunden oder über Nacht stehenlassen und dann bei 175° auf der zweiten Schiene von unten 25 – 30 Minuten backen.

Nach dem Backen Butter und Honig zerlassen und über den gebackenen Teig und die Nüsse streichen. Auf einem Gitter auskühlen lassen. Noch warm in ca. 100 Stücke schneiden. Ausgekühlt vom Blech nehmen.

Butterzeug

400 g Weizenvollkornmehl
1 TL Zimt
175 g Honig
2 EL echter Arrak
250 g Butter

zum Bestreichen:
1 EL Sahne
1 EL Wasser

Frischgemahlenes Weizenvollkornmehl mit Zimt vermischen und mit Honig und Arrak verrühren. Kalte Butter darüberschneiden, alles gut zusammenkneten und Teig über Nacht zugedeckt ruhen lassen.

Auf bemehlter Arbeitsfläche Teig in kleinen Portionen 3 – 5 mm dick auswalken, mit verschiedenen Ausstechformen Plätzchen ausstechen und auf ein Backblech legen. Sahne und Wasser verrühren und Plätzchen bestreichen.

Bei 175° auf mittlerer Schiene 12 – 15 Minuten hell backen. Auf dem Backblech erkalten lassen und dann erst auf ein Gitter legen.

Die angegebene Menge ergibt 2 – 3 Backbleche Plätzchen.

Christstollen

250 g Sultaninen, ungeschwefelt
125 g Korinthen
125 g Orangeat
125 g Zitronat
200 g abgezogene Mandeln
6 EL (ca. 75 g) Rum (40%)

1 kg Weizenvollkornmehl
3/8 l Mineralwasser
120 g Hefe

125 g Butter
125 g Butterschmalz
175 g Honig
1/2 TL Vanille, gemahlen
1/2 TL Muskatblüte
1 gestrichener TL Vollmeersalz
Saft und Schale von 1 Zitrone, unbehandelt
Streumehl

Verzierung:
60 g Butter
60 g Honig
60 g abgezogene Mandeln

Zitronat, Orangeat und Mandeln zerkleinern (in Rohkostmaschine: große Lochtrommel), gewaschene Sultaninen und Korinthen mischen und mit Rum tränken. Zugedeckt über Nacht ziehen lassen.

Frischgemahlenes Weizenvollkornmehl in Schüssel geben, Vertiefung hineindrücken, in Mineralwasser aufgelöste Hefe hineingießen, mit etwas Mehl zu einem dicklichen Brei rühren, mit Mehl bestäuben und ca. 15 Minuten gehen lassen.

In der Zwischenzeit Butter, Butterschmalz und Honig cremig rühren, Vanille, Muskatblüte, Salz, abgeriebene Zitronenschale und Zitronensaft dazurühren. Diese Mischung zum gegangenen Vorteig geben und 10 Minuten gut durchkneten. Dann eingeweichte Trockenfrüchte dazugeben und einkneten. Teig mit etwas Mehl bestäubt und mit Tuch bedeckt 1 Stunde gehen lassen.

Gegangenen Teig nochmals kurz durchkneten, halbieren und Stollen formen:

Jedes Teigstück oval auswalken, ca. 25 cm lang und 15 cm breit. Mit dem Nudelholz eine Drittellinie im Teigstück in Längsrichtung markieren und die verbliebenen 2/3 des Teiges so auf das markierte Drittel umschlagen, daß ein Rand von 2 cm verbleibt. Stollen mit Teigschaber gut nachformen, eher etwas höher drücken, weil beim Backen der Teig etwas in die Breite geht. Nun auf das leicht gefettete Backblech setzen und 1 Stunde mit einem Tuch bedeckt gehen lassen.

In den auf 180° vorgeheizten Ofen, zweite Schiene von unten, schieben und 50 – 60 Minuten hell backen.

Butter und Honig zergehen lassen und Stollen nach dem Backen bestreichen. Mit feingeriebenen, abgezogenen Mandeln bestreuen. Auf einem Gitter auskühlen lassen.

Stollen gut 14 Tage durchziehen lassen, bevor er angeschnitten wird.

Gefüllte Lebkuchen

Teig:
500 g Weizenvollkornmehl
1 Packung Lebkuchengewürz (20 g)
300 g Honig
100 g Butter
1/8 l Wasser
1 TL Hirschhornsalz

Füllung:
75 g Mandeln
75 g Haselnüsse
50 g Zitronat
50 g Orangeat
100 g Honig
1/8 l Weißwein

zum Verzieren:
75 g Zitronat, im ganzen
150 g geschälte, halbierte Mandeln

Teig: Frischgemahlenes Weizenvollkornmehl mit Lebkuchengewürz mischen. Honig, zerlassene Butter und in kaltem Wasser aufgelöstes Hirschhornsalz dazugeben und alles zu einem glatten Teig rühren. Teig 12 Stunden oder über Nacht in einer Schüssel zugedeckt ziehen lassen.

Füllung: Geriebene Mandeln und Haselnüsse (Rohkostmaschine: Bircher-Trommel), feingewürfeltes Zitronat und Orangeat mit Honig und Wein verrühren.

Fertigstellung: Auf einer bemehlten Arbeitsfläche Teig ca. 3 mm dick auswalken und mit einem Glas (Durchmesser 6 cm) runde Plätzchen ausstechen. Einen gehäuften Teelöffel Füllung auf ein Teigplätzchen geben, ein zweites Plätzchen daraufsetzen und rundherum festdrücken.

Gefüllte Lebkuchen auf ein ungefettetes Backblech setzen und mit Wasser bestreichen. Zitronatscheibchen (aus dem ganzen Zitronat mit Apfelausstecher ausstechen und in dünne Scheiben schneiden) in die Lebkuchenmitte setzen und je 5 geschälte, halbierte Mandeln sternförmig herumlegen.

Bei 175° auf mittlerer Schiene ca. 25 Minuten backen.

Die Menge ergibt 30 – 35 Lebkuchen.

Haselnußlebkuchen

100 g Weizenvollkornmehl
1 TL Zimt
1 MS Muskatblüte
1 MS Kardamom
1 Prise Muskatnuß, gerieben
300 g Haselnüsse
75 g Zitronat
75 g Orangeat
250 g Honig
2 EL Crème fraîche
1/4 l Wasser
1/2 TL Hirschhornsalz

30 Oblaten (Durchmesser 7 cm)
30 große Haselnüsse (Römer)
50 g Bitterschokolade
6 EL Sahne

Frischgemahlenes Weizenvollkornmehl mit Zimt, Muskatblüte, Kardamom und Muskatnuß mischen. Geriebene Haselnüsse (Rohkostmaschine: Bircher-Trommel), kleingewürfeltes Zitronat und Orangeat, Honig und in kaltem Wasser aufgelöstes Hirschhornsalz dazugeben. Alles zu einem Teig verrühren und diesen ca. 30 Minuten quellen lassen.

Teig mit Messer glatt auf Oblaten streichen, Messer dabei öfters in Wasser tauchen. Die Menge ergibt 30 Lebkuchen. In die Mitte des Lebkuchens eine Haselnuß drücken. Lebkuchen ungebacken 12 Stunden oder über Nacht trocknen lassen. Danach bei 165° auf der mittleren Schiene 25 Minuten backen.

Bitterschokolade mit Sahne in einer kleinen Pfanne erhitzen, verrühren und gebackene Lebkuchen damit bestreichen. Auf einem Gitter auskühlen lassen.

Haselnußplätzchen

Teig:
125 g Butter
125 g Honig
3 MS Vanille
3 MS Zimt

125 g Haselnüsse
200 g Weizenvollkornmehl

zum Verzieren:
75 g Butter
75 g Honig
100 g Haselnüsse

ca. 50 Haselnüsse (ca. 75 g)

Butter zerlaufen lassen und mit Honig, Vanille und Zimt verrühren. Feingeriebene Haselnüsse und frischgemahlenes Weizenvollkornmehl dazurühren und Teig einige Stunden oder über Nacht ruhen lassen.

Teig in kleinen Portionen auf leicht bemehlter Arbeitsfläche 3 – 4 mm dick auswalken, mit Schnapsgläschen kleine runde Plätzchen ausstechen und auf ein leicht gefettetes Backblech legen.

Wieder Butter zerlaufen lassen, Honig und feingeriebene Haselnüsse darin verrühren. Masse in einen Spritzbeutel füllen und mit großer Sterntülle auf jedes Plätzchen einen großen Tupfer spritzen. Darauf eine ganze Haselnuß setzen und bei 175° auf der mittleren Schiene ca. 20 Minuten backen. Plätzchen auf dem Blech auskühlen lassen, dann abnehmen.

Ergibt ca. 50 Plätzchen, die eng gelegt auf ein Backblech passen.

Dieser Plätzchenteig kann auch ohne Verzierung mit beliebigen Ausstechformen geformt und gebacken werden.

Honigpfefferkuchen

1 kg Weizenvollkornmehl
1 TL Kardamom
1 TL Zimt
1 MS Nelken, gemahlen
3 MS Cayennepfeffer
5 TL Weinstein-Backpulver

750 g Honig
200 g Sauerrahm
400 g Wasser
1 TL Hirschhornsalz

zum Verzieren:
30 Zitronatscheibchen
*30mal 5 abgezogene,
  halbierte Mandeln*

Frischgemahlenes Weizenvollkornmehl mit Kardamom, Zimt, Nelken, Cayennepfeffer und Backpulver mischen. Honig mit Sauerrahm verrühren. Hirschhornsalz in Wasser auflösen, dazugeben und alles in das vorbereitete Mehl gießen, gut verrühren und dickflüssigen Teig auf ein gefettetes Backblech gießen.

Mit einem Apfelausstecher aus dem Zitronat kleine Rollen stechen und diese in Scheibchen schneiden. Mit den Zitronatscheibchen und je 5 abgezogenen, halbierten Mandeln vor dem Backen 30 Blumen auf den Teig auflegen, genau in Reihen, 6 mal 5 Stück. Nach dem Backen, wenn die Honigpfefferkuchen aufgeschnitten werden, soll auf jedem Stück eine Blume sein, deshalb akkurat legen!

Bei 175° auf der zweiten Schiene von unten 40 Minuten backen. Noch leicht warm in Stücke schneiden. Ausgekühlt in einer Dose aufbewahren. Erst nach einigen Tagen erreicht dieses Gebäck den vollen Wohlgeschmack.

Husarenkrapfen

250 g Weizenvollkornmehl
1 MS Vanille, gemahlen
2 EL Sauerrahm
100 g Honig
150 g Butter

zum Verzieren:
*100 g abgezogene, gehackte
  Mandeln*
*3 EL Johannisbeer-
  Rohmarmelade (s. S. 178)*

Frischgemahlenes Weizenvollkornmehl mit Vanille mischen, Sauerrahm und Honig darunterrühren und kalte Butter fein darüberschneiden. Alles zu einem glatten Teig verkneten und diesen ca. 2 Stunden ruhen lassen.

Teig zu einer Rolle formen und in ca. 50 Stücke schneiden. Mit feuchten Händen zu Kugeln drehen, diese gleich in gehackten Mandeln wälzen und auf ein Backblech setzen. Mit dünnem Kochlöffelstiel ein Loch in die Plätzchenmitte bohren und mit der Garnierspritze Marmelade hineinspritzen.

Bei 190° auf der mittleren Schiene 20 Minuten backen.

Ergibt ca. 50 Stück, auf ein Backblech passend.

Hutzelbrot

125 g getrocknete Birnen (Hutzeln)
125 g getrocknete Zwetschgen
125 g getrocknete Aprikosen, ungeschwefelt
125 g getrocknete Feigen

125 g Haselnüsse
125 g Rosinen
25 g Zitronat
25 g Orangeat

Teig:
500 g Weizenvollkornmehl
2 TL Zimt
je 1 MS gemahlene Nelken, gemahlener Anis, Fenchel und Vollmeersalz
1/4 l Einweichwasser
30 g Hefe

50 g Honig
2 EL Rum (40%)

Streumehl

zum Bestreichen:
Honigwasser (2 EL Honig und 10 EL Einweichwasser)

zum Verzieren:
einige abgezogene, halbierte Mandeln

Getrocknete Birnen, Zwetschgen, Aprikosen und Feigen waschen und in einer Schüssel mit Wasser bedeckt 4 – 6 Stunden einweichen. Danach Früchte in ein Sieb gießen, gut abtropfen lassen und grob schneiden (Einweichwasser auffangen!). Frischgemahlenes Weizenvollkornmehl mit Zimt, Nelken, Anis, Fenchel und Salz mischen. Hefe im Einweichwasser auflösen, in Mehlmitte gießen, zu einem dicken Brei verrühren und mit Mehl bedeckt ca. 15 Minuten gehen lassen.

Honig und Rum zum gegangenen Vorteig geben und alles zu einem glatten Teig kneten. Dann ganze Haselnüsse, gewaschene Rosinen, feingeschnittenes Zitronat und Orangeat und eingeweichte, abgetropfte und geschnittene Früchte dazugeben. Alles gut vermengen, mit Mehl bestäuben und mit einem Tuch bedeckt über Nacht gehen lassen.

Am nächsten Tag 3 – 4 kleine Laibe formen, auf ein gefettetes Backblech legen, mit Honigwasser bestreichen und mit halbierten Mandeln verzieren. 1 Stunde gehen lassen und dann bei 175° auf der zweiten Schiene von unten 50 – 60 Minuten backen. Während des Backens einige Male mit Honigwasser bestreichen.

Das Brot ist gar, wenn es beim Klopfen auf die Unterseite hohl klingt. Auf einem Gitter auskühlen lassen.

Mandel-Orangen-Plätzchen

125 g Butter
Saft (50 g) und Schale von 1 Orange, unbehandelt
1 EL Ouzo oder Cognac
200 g Honig
250 g Weizenvollkornmehl
1 TL Weinstein-Backpulver
100 g geschälte Mandeln
ca. 55 Gewürznelken

Butter cremig rühren, Saft und abgeriebene Schale von einer Orange, Ouzo und Honig dazurühren. Frischgemahlenes Weizenvollkornmehl mit Backpulver mischen. Geschälte Mandeln in einer Pfanne ohne Fett leicht rösten und anschließend fein mahlen (Rohkostmaschine: Feintrommel). Mehl und Mandeln zu übrigen Zutaten rühren. Weichen Teig ca. 3 Stunden ruhen lassen.

Je einen Teelöffel Teig zu einer Kugel drehen und auf ein leicht gefettetes Backblech legen. Teigmenge ergibt ca. 55 Plätzchen.

In jede Teigkugel eine Gewürznelke stecken. Nach Belieben kann Nelke mitgegessen werden. Plätzchen laufen beim Backen etwas in die Breite, passen jedoch alle auf ein Backblech.

Bei 175° auf der mittleren Schiene 20 Minuten backen. Auf dem Blech auskühlen lassen und dann abnehmen.

Nikolaus und Schaukelpferdchen

1 kg Weizenvollkornmehl
2 TL Zimt
2 gestrichener TL Nelken
5 TL Weinstein-Backpulver

600 g Honig
100 g Sahne
150 g Wasser
1/2 TL Hirschhornsalz

zum Bestreichen:
2 EL Sahne
2 EL Wasser

zum Verzieren:
*halbierte Mandeln und
   Haselnüsse
Zitronat und Orangeat
   (vom Stück)
Pinienkerne
Korinthen*

Frischgemahlenes Weizenvollkornmehl mit Zimt, Nelken und Backpulver mischen. Honig mit Sahne glattrühren, Hirschhornsalz in Wasser auflösen, dazurühren und in das vorbereitete Mehl gießen. Zu einem glatten Teig rühren und diesen 2 – 3 Stunden ruhen lassen.

Auf bemehlter Arbeitsfläche Teig ca. 1/2 cm dick auswellen und mit Ausstechformen Nikolaus oder Schaukelpferdchen ausstechen. Bei Benutzung von Schablonen diese bemehlen, auf den Teig legen und spitzes, kleines Messer der Schablone entlang ziehen. Figuren auf gefettetes Backblech legen, mit Sahne-Wasser-Gemisch bestreichen und verzieren.

Verzierung Nikolaus
Mütze: halbierte Haselnüsse
Auge: Korinthe
Sack: halbierte abgezogene Mandeln
Arm: Zitronatscheibe
Hand: abgezogene Mandel
Rute: Orangeatstreifen mit Pinien
Schuhe: abgezogene Mandeln

Verzierung Schaukelpferdchen
Auge: Korinthe
Zügel: Orangeatstreifen
Sattel: Zitronatscheibe
Kufen: abgezogene halbierte Mandeln und halbierte Haselnüsse
Schwanz: Pinie

Teigmenge ergibt 8 Nikolausfiguren (ca. 22 cm hoch) und 8 Schaukelpferdchen. Bei 175° auf der mittleren Schiene 15 – 20 Minuten backen.

Nußprinten

175 g Honig
75 g Butter
2 EL Sahne

250 g Weizenvollkornmehl
2 TL Weinstein-Backpulver
1 TL ganzer Anis
1 TL Zimt
1 MS Nelken

zum Verzieren:
ca. 250 g halbierte Haselnüsse
1 EL Sahne
1 EL Wasser

Honig, Butter und Sahne zusammen erwärmen, glattrühren und erkalten lassen. Frischgemahlenes Weizenvollkornmehl mit Backpulver, Anis, Zimt und Nelken mischen und abgekühlte Honigmasse dazurühren. Weichen Teig zugedeckt über Nacht ziehen lassen.

Auf bemehlter Arbeitsfläche Teig in kleinen Portionen ca. $1/2$ cm dick auswalken. Mit Teigrädchen oder Messer Teig in Rechtecke von 2 × 5 cm schneiden und auf leicht gefettetes, bemehltes Backblech legen. Sahne mit Wasser verrühren, Plätzchen bestreichen und dicht mit halbierten Haselnüssen belegen.

Bei 175° auf der zweiten Schiene von unten ca. 15 – 20 Minuten backen.

Die Menge ergibt etwa 35 Printen (1 Backblech).

Pfeffernüsse

200 g Honig
4 EL Sahne
4 EL Wasser
Saft (4 EL) und Schale von
  1 Zitrone, unbehandelt
30 g Zitronat
30 g Orangeat
40 g Mandeln

250 g Weizenvollkornmehl
1 TL Weinstein-Backpulver
1 TL Zimt
3 MS Cayennepfeffer
1 MS Kardamom
1 MS Ingwer, gemahlen
2 EL dunkler Kakao
2 MS Hirschhornsalz
1 TL Rum (40%)

zum Verzieren:
ca. 45 Walnuß-Viertel
1 EL Sahne
1 EL Wasser

Honig mit Sahne, Wasser, Zitronensaft und abgeriebener Zitronenschale glattrühren, Zitronat, Orangeat und Mandeln in Rohkostmaschine (mit großer Lochtrommel) zerkleinern und dazurühren.

Frischgemahlenes Weizenvollkornmehl mit Backpulver, Zimt, Cayennepfeffer, Kardamom, Ingwer und Kakao mischen. Hirschhornsalz in Rum auflösen und mit Honigmasse zum Mehl geben. Alles verrühren und weichen Teig zugedeckt über Nacht ziehen lassen.

Mit einem Teelöffel Teig abstechen, ca. 45 Stücke, je eine Kugel drehen und auf leicht gefettetes, bemehltes Backblech legen. Sahne mit Wasser verrühren, Plätzchen damit bestreichen und Walnußviertel eindrücken.

Bei 175° auf der zweiten Schiene von unten 15 – 20 Minuten backen. Ergibt 1 Backblech, ca. 45 Stück.

Walnußplätzchen

125 g Butter
125 g Honig
100 g Walnußkerne
200 g Weizenvollkornmehl
2 MS Vanille, gemahlen
1 TL Weinstein-Backpulver

1 EL Sahne
1 EL Wasser
ca. 45 Walnußkernhälften
  (ca. 150 g)

Butter mit Honig cremig rühren, Walnußkerne fein reiben (Rohkostmaschine: Feintrommel). Frischgemahlenes Weizenvollkornmehl mit Vanille und Backpulver mischen und mit den geriebenen Walnüssen zur Buttercreme rühren. Weichen Teig 3 Stunden ruhen lassen.

Auf leicht bemehlter Arbeitsfläche den in kleine Portionen geteilten Teig auswalken und mit Trinkglas (ca. 6 cm Durchmesser) Plätzchen ausstechen.

Auf ein leicht gefettetes Backblech legen, mit Sahne-Wasser-Gemisch bestreichen und einen halben Walnußkern in Plätzchenmitte legen. Teigmenge ergibt ca. 45 Plätzchen, auf ein Backblech passend.

Bei 175° auf der mittleren Schiene 12 – 15 Minuten backen. Auf dem Blech erkalten lassen und dann abnehmen.

Weihnachtsbrot

700 g Weizenvollkornmehl
$1/4$ l Mineralwasser
40 g Hefe

125 g Butter
100 g Honig
100 g Sauerrahm
1 TL Vollmeersalz
2 MS Vanille
2 MS Kardamom
2 MS Muskatblüte
Schale und Saft von 1 Zitrone, unbehandelt
150 g Rosinen, ungeschwefelt
75 g geschälte und gehackte Mandeln
50 g Zitronat
50 g Orangeat
3 EL Rum (40%)

Streumehl
30 g Butter
1 EL Honig
25 g geschälte und gehackte Mandeln

Hefe in Mineralwasser auflösen und in die Mitte des frischgemahlenen Vollkornmehls gießen. Einen Teil des Mehls so unterrühren, daß ein dicklicher Teig entsteht. Mit Mehl bestäubt ca. 15 Minuten in der Schüssel gehen lassen.

Butter und Honig cremig rühren und mit Sauerrahm, Salz, Vanille, Kardamom, Muskatblüte, abgeriebener Schale und Saft der Zitrone zum gegangenen Vorteig geben. Alles gut durchkneten.

Gewaschene Rosinen, gehackte Mandeln und kleingeschnittenes Zitronat und Orangeat in Rum wälzen und dazukneten. Mit etwas Mehl bestreut und einem Tuch bedeckt 1 Stunde gehen lassen.

Gegangenen Teig nochmals kurz durchkneten, teilen und aus jeder Teighälfte ein Oval von 25 × 15 cm auswalken.
Zu einem Stollen übereinanderschlagen, schön formen und auf ein leicht gefettetes Backblech legen.

In die kalte Backröhre, zweite Schiene von unten, schieben. Bei 200° 45 Minuten backen.

Butter und Honig zerlaufen lassen, frischgebackenes Weihnachtsbrot bestreichen und gehackte Mandeln darüberstreuen. Auf einem Gitter auskühlen lassen.

Dieses Weihnachtsbrot schmeckt sowohl frisch- wie auch altbacken gut.

Zimtsterne

250 g Weizenvollkornmehl
2 EL Zimt
2 EL Rum (40%)
Schale von 1 Zitrone, unbehandelt
100 g abgezogene, gehackte Mandeln
150 g Honig
125 g Butter

Frischgemahlenes Weizenvollkornmehl mit Zimt, Rum, abgeriebener Zitronenschale und feingehackten Mandeln mischen. Honig dazuwiegen und kalte Butter darüberschneiden. Alles zu einem glatten Teig zusammenkneten und diesen ca. 4 Stunden ruhen lassen.

Teig in kleine Portionen auswellen, Sterne ausstechen und auf ein leicht gefettetes Backblech legen.

Bei 175° auf der mittleren Schiene 10 – 12 Minuten backen.

Ergibt 2 Backbleche Plätzchen.

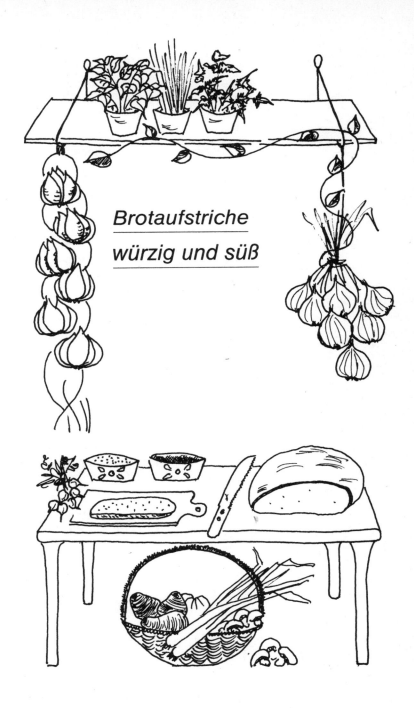

Avocadoaufstrich, pikant

250 g Avocados
1 EL Zitronensaft
1/2 TL Vollmeersalz
100 g eingelegte Gürkchen, mittelscharfe Peperoni und Oliven, gemischt
2 schwarze Oliven
Petersilie

Reife Avocados (allseitig weich) der Länge nach halbieren, Kern herausnehmen, Fruchtfleisch mit Teelöffel herauslösen und Schalenhälften beiseite legen.

Zitronensaft über Fruchtfleisch träufeln, Salz dazugeben und mit der Gabel fein zerdrücken. Gürkchen, Peperoni und Oliven sehr klein schneiden und unter die Avocados mischen.

Fertigen Aufstrich in die Avocadoschalen füllen, mit Petersiliengrün und je einer schwarzen Olive garnieren. Kühl servieren.

Avocado-Pilz-Aufstrich

1 Avocado (250 g)
1 EL Zitronensaft
50 g Champignons
50 g Tomaten
1 kleine Zwiebel
10 grüne Oliven
1 EL Petersilie
1/2 TL Vollmeersalz
Pfeffer aus der Mühle

Reife Avocados (allseitig weich) der Länge nach halbieren, Kern herausnehmen und Fruchtfleisch mit Löffel herauslösen, Schalenhälften beiseite legen.

Avocadofruchtfleisch mit Zitronensaft beträufeln und mit einer Gabel fein zerdrücken. Champignons, Tomaten, Zwiebel, Oliven und Petersilie klein schneiden und mit Wiegemesser weiter zerkleinern. Zusammen mit Salz und Pfeffer unter Avocado heben.

Fertigen Aufstrich in Avocadoschalen füllen, mit je einem Pilz und Petersilienblatt garnieren und kühl servieren.

Brotaufstrich fränkische Liesel

100 ml Sonnenblumenöl
500 g Zwiebeln
1 EL frischen oder getrockneten Majoran oder Zitronen-Thymian oder Origano
2 TL Kräutersalz
200 g mürbe, säuerliche Äpfel
150 g Butter

Kleingewürfelte Zwiebeln in Sonnenblumenöl in einer Pfanne bei mäßiger Hitze glasig dünsten (ca. 15 – 20 Minuten). Sobald die Zwiebelspitzen beginnen, braun zu werden, feingehackte Kräuter, Salz und feingeriebenen Apfel dazugeben und noch kurz mitdünsten. Dann abkühlen lassen.

In die weichgerührte Butter die abgekühlte Masse einrühren. In Porzellantöpfchen abfüllen und zugedeckt im Kühlschrank aufbewahren. Kühl servieren.

Den Brotaufstrich nach Belieben leicht mit Kräutersalz bestreuen.

Brotaufstrich Variabel

30 g Butter
125 g Zwiebeln

1/4 l Wasser
75 g Hefeflocken
4 EL Vollkornsemmelbrösel
1 TL Kräutersalz
1 EL Basilikum
1 EL Majoran

1 kleine Zwiebel
1 Knoblauchzehe
3 EL gehackte frische Kräuter

Zwiebeln fein schneiden und in Butter dünsten, bis die Spitzen braun werden. Wasser dazugeben und zum Kochen bringen. Von Kochstelle nehmen und Hefeflocken, Semmelbrösel, Salz, Basilikum und Majoran unterziehen. Einige Minuten auf der heißen Herdplatte quellen, dann auskühlen lassen.

Zwiebel und Knoblauch fein reiben, Kräuter fein hacken und unter die Hefemasse rühren. Kühl stellen und zu verschiedenen Vollkornbrotsorten reichen.

Die Hefemasse kann statt mit frischen Kräutern auch mit Gewürzen wie Paprika oder Curry geschmacklich verändert werden. Auch mit feingehackten Oliven, Kapern, eingelegten Gurken und Peperoni verrührt, entsteht ein pikanter Brotaufstrich.

Grünkern-Brotaufstrich

125 g Grünkern
¼ l Wasser
1 TL gekörnte Hefebrühe
1 TL Gemüsebrühepaste

100 g Butter
2 Knoblauchzehen
1 Zwiebel
4 TL Majoran
3 TL Kräutersenf

Grünkern grob mahlen (Getreidemühleneinstellung wie bei Frischkornbrei) und mit Wasser, gekörnter Hefebrühe und Gemüsebrühepaste aufkochen und 20 Minuten bei kleinster Hitze ausquellen lassen.

Nach dem Auskühlen Butter, feingeriebene Knoblauchzehen und Zwiebel, Majoran und Senf dazugeben und alles gut durchkneten. Einige Stunden im Kühlschrank durchziehen lassen.

Mit Oliven, Peperoni oder eingelegten Gurken servieren.

Kichererbsenpaste (Hummus)

100 g Kichererbsenmehl
¼ l Wasser
1 TL Vollmeersalz

Saft von ½ Zitrone,
  unbehandelt
3 EL Olivenöl, kaltgepresst
4 TL Sesammus (Tahin, ohne Salz)
1 MS Zimt
1 MS Paprika, süß
1 MS Kreuzkümmel, gemahlen
3 Knoblauchzehen
Blattpetersilie

Kichererbsenmehl in Wasser mit Salz verrühren und unter Rühren aufkochen.

Abgekühlt Zitronensaft, Olivenöl, Sesammus, Gewürze und feingeriebenen Knoblauch unterrühren. Einige Stunden ziehen lassen, mit Blattpetersilie verziert anrichten.

Paßt gut zu gebackenen Auberginen- und Zuchinischeiben.

Kräuterbutter

150 g Butter
3 EL gehackte Kräuter,
  3 – 4 verschiedene Arten
1 kleine Zwiebel
1 Knoblauchzehe
1/2 TL Kräutersalz

Butter cremig rühren, Kräuter sehr fein hacken, Zwiebel und Knoblauch fein reiben und mit Kräutersalz unter die Butter rühren. In ein Keramiktöpfchen füllen und leicht gekühlt servieren.

Bei festlichen Anlässen Butter in einen Dressierbeutel füllen und Röschen spritzen. Diese in einer Schüssel mit sehr kaltem Wasser servieren.

Kräuterbutter Eva-Marie

150 g Butter
1/2 TL Kräutersalz
1 kleine Zwiebel
4 EL Hefeflocken
4 EL frische Kräuter

Butter cremig rühren, dann Salz, feingeriebene Zwiebel, Hefeflocken und feingewiegte Kräuter dazurühren. In ein Keramiktöpfchen füllen und gekühlt servieren.

Mandel-Knoblauch-Paste

150 g Mandeln
1/2 TL Vollmeersalz
3 Knoblauchzehen
8 EL Olivenöl, kaltgepreßt
2 EL Obstessig
4 EL Sahne
4 EL Wasser

Mandeln kurz aufkochen, in ein Sieb gießen und sofort abschälen. In einem Tuch trocknen und fein reiben (Feintrommel).

Salz, kleingeschnittene Knoblauchzehen, Öl, Essig, Sahne und Wasser mixen und geriebene Mandeln langsam dazugeben. In Glas- oder Keramikschale füllen und zugedeckt im Kühlschrank einige Stunden oder einen Tag ziehen lassen.

Statt Mandeln können auch Haselnüsse oder Walnüsse verwendet werden.

Diese Paste eignet sich nicht nur als Brotaufstrich, sondern auch als Beilage zu gebackenen Auberginen, Zucchini, gedünsteten Artischocken und Spargel.

Meerrettichbutter

150 g Butter
2 TL Hefeextrakt
2 EL Meerrettich
1 EL Majoran
1 EL Basilikum

Butter cremig rühren, dann Hefeextrakt, frischen, feingeriebenen Meerrettich, Majoran und Basilikum dazurühren.

In ein Keramiktöpfchen füllen und gekühlt zu Vollkornbrot oder Pellkartoffeln reichen.

Pilzbutter

150 g Butter
½ TL Vollmeersalz
2 TL Zitronensaft
1 kleine Zwiebel
3 EL Petersilie
100 g frische Champignons

Butter cremig rühren, dann Salz, Zitronensaft, feingeriebene Zwiebel und feingewiegte Petersilie dazurühren. Gewaschene Champignons fein reiben (Rohkostmaschine: Bircher-Trommel) und unter die Butter rühren.

In ein Keramiktöpfchen füllen und gekühlt servieren.

Sesambutter

100 g Sesam, ungeschält
1 TL Kräutersalz
150 g Butter

Sesam in der Getreidemühle (Keramik- oder Stahlmahlwerk, Einstellung wie bei Frischkornbrei) frisch mahlen und bei mäßiger Hitze in der Pfanne ohne Fett leicht rösten.

Butter cremig rühren, Kräutersalz und abgekühlten Sesam dazurühren.

In ein Keramiktöpfchen füllen und gekühlt reichen.

Tomatenbutter

150 g Butter
2 EL Hefeflocken
2 EL Tomatenmark
2 EL feingeschnittener Schnittlauch
1 kleine Zwiebel
2 MS Vollmeersalz
Pfeffer aus der Mühle

Butter mit Hefeflocken und Tomatenmark cremig rühren, feingeschnittenen Schnittlauch, feingeriebene Zwiebel, Salz und Pfeffer dazurühren.

In ein Keramiktöpfchen füllen und leicht gekühlt reichen.

Walnußbutter

150 g Butter
1 TL Kräutersalz
3 EL Hefeflocken
1 Knoblauchzehe
50 g Walnußkerne

Butter cremig rühren, Kräutersalz, Hefeflocken und feingeriebenen Knoblauch dazurühren. Walnußkerne mahlen (Rohkostmaschine: Feintrommel) und unterrühren.

In ein Keramiktöpfchen füllen und gekühlt servieren.

Wildkräuterbutter

150 g Butter
3 TL körniger Senf
2 MS Kräutersalz
2 EL Hefeflocken
1 Knoblauchzehe
1 Tasse Wildkräuter

Weiche Butter mit Senf, Salz und Hefeflocken cremig rühren. Die sehr fein geschnittene Knoblauchzehe und die feingewiegten Kräuter unter die Butter rühren.

In ein Keramiktöpfchen füllen und in den Kühlschrank stellen. Gekühlt reichen.

Feigenbutter

150 g getrocknete Feigen
75 g Haselnüsse
150 g Butter
50 g Honig
1 MS Vanille
1 MS Zimt

Feigen ca. 2 Stunden in Wasser einweichen und anschließend mit den Haselnüssen durch den Gemüsewolf lassen.

Butter mit Honig, Vanille und Zimt cremig rühren, Feigen und Nüsse unterrühren, in ein Glas oder Keramiktöpfchen füllen und gekühlt servieren.

Hagebuttenmarmelade

Hagebutten
Mirabellen
Honig

Große, reife Hagebutten waschen, Blüte und Stiel entfernen und zerschneiden. Mit Mirabellen (ca. 1/4 der Hagebuttenmenge) mixen und anschließend passieren. Gut eignet sich dazu das Passiersieb »Flotte Lotte«. Das so erhaltene Mus zu gleichen Teilen mit geschmacksneutralem, flüssigem Honig im Rührgerät gut 15 Minuten kalt rühren.

Die Marmelade hält sich im Kühlschrank ca. 2 – 3 Wochen. Sie eignet sich besonders als Füllung für Faschingskrapfen und kann auch eingefroren werden.

Mohnbutter

100 g Mohn
100 g Butter
100 g Honig
1 MS Vanille

Mohn in der Getreidemühle (Keramik- oder Stahlmahlwerk, Einstellung wie bei Frischkornbrei) frisch mahlen. Butter mit Honig und Vanille cremig rühren und Mohn dazurühren.

In ein Glas oder Keramiktöpfchen abfüllen und kühl stellen.

Frischkornfrühstück S. 25
Frischkornfrühstück aus gekeimtem Getreide S. 27
Tiroler Ostergebäck S. 112

Hübsch garniert wird das Frischkornfrühstück zum täglichen Hochgenuß und zum Eckpfeiler der Gesundheit.

Gazpachosalat S. 46

Der ideale Salat für Einladung und Party. Er kann vorher zubereitet werden und hält sich lange frisch.

Salat Gourmet mit Mandelsauce S. 58
Ein delikater Salat zur Einleitung eines festlichen Menüs.

Linsensuppe Kreta S. 194

Ein Suppe der Extraklasse für den Liebhaber und Feinschmecker.

Basler Leckerli S. 154

Wenn das Lebkuchenbacken beginnt, zieht weihnachtlicher Duft durch Wohnung und Haus.

Christstollen S. 156

Zur weihnachtlichen Teestunde sollte der traditionelle Christstollen nicht fehlen.

Hutzelbrot S. 161

Das Hutzelbrot aus verschiedenen Trockenfrüchten, Nüssen und Gewürzen ist eine Nürnberger Spezialität.

Nikolaus und Schaukelpferdchen S. 163
Verschiedene Weihnachtsplätzchen S. 155, 159, 160, 162, 164, 165, 167
Marzipankonfekt S. 293

Eine gesunde und köstliche Stiefelfüllung für den Nikolaustag.

Faschingskrapfen S. 104

Lustig ist die Fasenacht, wenn die Mutter Krapfen backt!

Ostergebäck Hase und Huhn S. 110
Streusel-Osterhasen S. 111
Konfekt-Ostereier S. 291
Streusellämmchen S. 111

Ein Vorschlag für das Osternest von jung und alt.

Obstkuchen Regina S. 129

Ein Mandel-Mürbeteigboden, belegt mit frischem Obst, geeignet für jede Jahreszeit.

Obstsalat Gran Canaria S. 304

Diese Komposition mit Sahnecreme bringt eine geschmackliche und farbliche Bereicherung für ein kaltes Büfett.

Walliser Nußbrot S. 82

Das Brotbacken im Römertopf bringt von Anfang an Sicherheit und garantiert immer ein gutes Gelingen.

Knusperstangen S. 287 Vollkorn-Toastbrot S. 93
Laugenbrezen S. 99 Kümmelkipferl S. 98
Kräuterfladen S. 97 Salzstangen S. 99
Sonnenblumenbrot S. 81 Zwiebelfladen S. 103
Dreikornbrot S. 80 Bauernvollkornbrot S. 76
Vollkornbrötchen S. 101

Vollkornbrot und -kleingebäck für jeden Tag.

Kartoffelgratin Peru S. 228

Ein schnell zubereitetes Kartoffelgericht mit feinem Sommergemüse, übergossen mit Sahne.

Gemüseschaschlik S. 268
Naturreis mit frischen Kräutern S. 280
Scharfe Tomatensauce S. 183

Am Spieß Gebratenes – einmal anders. Auf würzige und milde Schärfe braucht nicht verzichtet zu werden.

Nougatcreme Biggimaus

150 g Erdnußmus oder
  Haselnußmus oder
  Mandelmus
150 g Butter
150 g Honig
2 EL Kakao oder
2 EL Karobe

Das weiche Nußmus mit weicher Butter, Honig und Kakao glattrühren. In ein Glas oder eine Porzellandose füllen und im Kühlschrank aufbewahren.

Dieser Aufstrich ist ein Leckerbissen für Kinder!

Schmeckt gut zum Frühstück oder aufs Pausebrot, auf Vollkornbrötchen oder Vollkorn-Knäckebrot.

Kann auch ohne Kakao oder Karobe zubereitet werden.

Nußbutter

100 g Haselnüsse
100 g Butter
100 g Honig
1 TL dunkler Kakao

Haselnüsse fein reiben (Rohkostmaschine: Feintrommel). Butter und Honig und Kakao cremig rühren und Haselnüsse dazurühren. In ein Glas oder Keramiktöpfchen abfüllen und kühl stellen.

Preiselbeermarmelade

750 g Preiselbeeren
250 g Honig
2 gehäufte TL Agar-Agar
2 MS Vanille
2 MS Zimt

Sauber verlesene und gewaschene Preiselbeeren mit Honig, Agar-Agar, Vanille und Zimt nur kurz mixen, damit nicht alle Beeren zerkleinert werden.

Unter ständigem Rühren erhitzen, nicht über 40° (= lauwarm). In Gläser füllen und im Kühlschrank aufbewahren. Haltbar 4 – 6 Wochen.

Rohe Fruchtmarmelade

750 g frisches Obst, z.B. Erdbeeren, Himbeeren, rote und schwarze Johannisbeeren, Zwetschgen, Aprikosen

250 g Honig
2 gehäufte TL Agar-Agar

Frisches Obst mit Honig und Agar-Agar mischen und unter *ständigem* Rühren erwärmen, nicht über 40° (= lauwarm). In Gläser füllen und im Kühlschrank aufbewahren. Haltbar 2 – 3 Wochen.

Rote und schwarze Johannisbeeren lassen sich auch als Tiefkühlware aufgetaut zu Rohmarmelade verarbeiten.

Rohe Orangenmarmelade

200 g Orangen mit Schale, unbehandelt
400 g geschälte Orangen
200 g Honig
2 TL Agar-Agar

Orangen mit Schale und geschälte Orangen in Stücke schneiden und mit Honig und Agar-Agar mixen.

Unter *ständigem* Rühren alles leicht erwärmen (nicht über 40° = lauwarm), in Gläser füllen und kühl stellen.

Im Kühlschrank 2 – 3 Wochen haltbar.

Trockenfrüchtemarmelade

400 g verschiedene Trockenfrüchte (z.B. Zwetschgen, Aprikosen, Feigen)
200 g Wasser

100 g Datteln
2 MS Vanille
2 MS Zimt

Trockenfrüchte waschen, grob schneiden und ca. 3 Stunden in Wasser einweichen. Dann mit entkernten Datteln, Vanille und Zimt zweimal durch den Gemüsewolf drehen.

In ein Glas füllen und im Kühlschrank aufbewahren. Haltbarkeit: 2 – 3 Wochen.

Saucen und Dressings

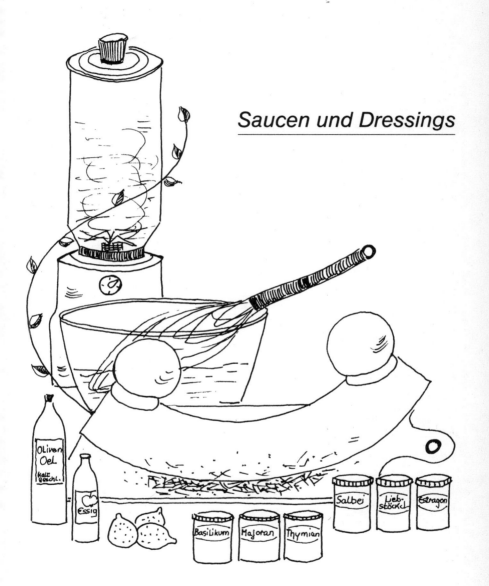

Auberginensauce

400 g Auberginen
400 g grüne Paprikaschoten
400 g Tomaten
125 g schwarze Oliven
2 EL kleine Kapern
  (Nonpareilles)
2 Knoblauchzehen
$1/2$ - 1 Peperoni

6 EL Olivenöl, kaltgepreßt
2 TL gekörnte Hefebrühe
1 TL Vollmeersalz
1 TL Origano
2 TL Basilikum
Pfeffer aus der Mühle
200 g Tomatenmark
$1/4$ l Wasser

100 g Sauerrahm

Auberginen mit Schale, Paprikaschoten und Tomaten kleinwürfeln, Oliven entkernen und kleinschneiden, Knoblauchzehen und Peperoni kleinwürfeln. Das so vorbereitete Gemüse mit Kapern in Olivenöl bei mäßiger Hitze ca. 10 Minuten dünsten, bis es Wasser zieht. Dann gekörnte Hefebrühe, Salz, Origano, Basilikum und Pfeffer dazugeben.

Tomatenmark mit Wasser verrühren, dazugießen und bei kleiner Hitze noch ca. 25 Minuten kochen lassen. Vor dem Servieren Sauerrahm unterziehen.

Dazu Vollkornnudeln oder Naturreis reichen.

Avocadomayonnaise

500 g Avocados
Saft von $1/2$ Zitrone,
  unbehandelt
$1/2$ TL Vollmeersalz
1 - 2 TL körniger Senf
1 TL Akazienhonig

$1/8$ l kaltgepreßtes Öl
  (je zur Hälfte Oliven- und
  Sonnenblumenöl)
1 Knoblauchzehe
2 EL gehackte Petersilie
Pfeffer aus der Mühle

Reife Avocados (allseitig weich) halbieren, Kern herausnehmen und Fruchtfleisch mit Löffel herauslösen. Mit Zitronensaft, Salz, Senf und Honig fein mixen.

In Schüssel geben und sehr langsam unter ständigem Rühren Öl dazugeben. Kleingeschnittene Knoblauchzehe, Petersilie und Pfeffer unterziehen. Einige Stunden oder über Nacht ziehen lassen und gekühlt servieren.

Schmeckt ausgezeichnet zu gekochten Artischocken (siehe S. 264).

Kräutersauce

½ l Wasser
1 TL gekörnte Hefebrühe
1 TL Gemüsebrühepaste
50 g Weizenvollkornmehl
½ TL Agar-Agar

100 g Sahne
1 Tasse frische Garten- oder Wildkräuter
2 EL Kapern (Nonpareilles)

Wasser mit gekörnter Hefebrühe und Gemüsebrühepaste zum Kochen bringen. Frischgemahlenes Weizenvollkornmehl, mit etwas Wasser von der Gesamtmenge und Agar-Agar verrührt, dazugeben, aufkochen lassen und von der Kochstelle nehmen.

Sahne, feingehackte Kräuter und Kapern unterziehen.

Meerrettichsauce

½ l Wasser
50 g Weizenvollkornmehl
⅛ l Wasser

2 EL frischgeriebener Meerrettich
Saft von ½ Zitrone, unbehandelt
½ TL Akazienhonig
1 TL Hefeextrakt
1 TL gekörnte Hefebrühe
½ TL Vollmeersalz
2 EL Crème fraîche
2 EL Schnittlauch

Frischgemahlenes Weizenvollkornmehl in Wasser anrühren, in das kochende Wasser geben und 1 Minute kochen lassen. Von der Kochstelle nehmen und frischgeriebenen Meerrettich (Rohkostmaschine: Feintrommel), Zitronensaft, Honig, Hefeextrakt, gekörnte Hefebrühe und Salz dazurühren.

Vor dem Servieren Crème fraîche und Schnittlauch unterziehen.

Pilzsauce

20 g Butter
50 g Zwiebeln
250 g frische Pilze
 (Wald- oder Zuchtpilze)

½ l Wasser
1 TL Vollmeersalz
1 TL gekörnte Hefebrühe
1 TL Gemüsebrühepaste
Schale von ½ Zitrone,
 unbehandelt

50 g Weizenvollkornmehl
Pfeffer aus der Mühle
Saft von 1 Zitrone (= 4 EL),
 unbehandelt
2 EL Crème fraîche
2 EL Petersilie

Feingeschnittene Zwiebeln und blättrig geschnittene Pilze in Butter bei mäßiger Hitze 5 Minuten dünsten. Einen Teil des Wassers, Salz, gekörnte Hefebrühe, Gemüsebrühepaste und dünn abgeschnittene Zitronenschale dazugeben und 10 Minuten leicht köcheln lassen. Zitronenschale wieder herausnehmen.

Frischgemahlenes Weizenvollkornmehl mit restlichem Wasser verrührt dazugießen, aufkochen lassen und von der Kochstelle nehmen. Pfeffer, Zitronensaft, Crème fraîche und feingehackte Petersilie unterziehen.

Rote Fruchtsauce

1 kg Erdbeeren oder
 Himbeeren, frisch oder
 tiefgekühlt
50 g Honig
1 TL Agar-Agar
1 MS Vanille
1 MS Zimt

Erdbeeren oder Himbeeren (tiefgekühlte zuerst auftauen) mit Honig, Agar-Agar, Vanille und Zimt mixen. Unter ständigem Rühren nur ganz leicht erwärmen (ca. 35° – das Agar-Agar quillt und macht die Sauce sämig).

In einen Krug füllen und leicht gekühlt zu Süßspeisen reichen.

Senfsauce

½ l Wasser
60 g Naturreis
⅛ l Wasser

1 TL gekörnte Hefebrühe
½ TL Vollmeersalz
2 EL Senf
1 EL Essig
1 TL Hefeextrakt
1 TL Honig
1 MS Curry
2 milchsaure Gürkchen

2 EL Crème fraîche
2 EL Petersilie

Frischgemahlenen Naturreis (Getreidemühleneinstellung wie bei Vollkornmehl) mit Wasser (⅛ l) angerührt in das kochende Wasser geben, 2 Minuten kochen lassen und zur Seite stellen.

Gekörnte Hefebrühe, Salz, Essig, Hefeextrakt, Honig, Curry und die sehr klein gewürfelten Gürkchen dazugeben. Vor dem Servieren Crème fraîche und feingehackte Petersilie unterziehen.

Tomatensauce natur

20 g Butter
50 g Zwiebeln
1 Knoblauchzehe

750 g reife Tomaten
1 TL Vollmeersalz
Saft von ½ Zitrone, unbehandelt
1 TL Agar-Agar

Feingeschnittene Zwiebeln und Knoblauch in Butter glasig dünsten. Zerschnittene Tomaten (Fruchtansatz wegschneiden) mit Salz, Zitronensaft und Agar-Agar fein mixen. Zu gedünsteten Zwiebeln geben und nur leicht – auf Eßtemperatur – erwärmen.

Eignet sich vorzüglich zu Nudel- und Reisgerichten.

Tomatensauce, scharf

250 g Tomatenmark
⅛ l Wasser
1 TL Honig
1 TL Vollmeersalz
1 TL Agar-Agar
1 MS Muskatblüte
2 MS Ingwer
½ – 1 Peperoni (je nach gewünschter Schärfe)
50 g Zwiebeln
350 g Tomaten
2 EL Olivenöl, kaltgepreßt

Tomatenmark mit Wasser, Honig, Salz und Agar-Agar verrühren. Muskatblüte, Ingwer, feingeschnittene Peperoni und Zwiebeln dazugeben und alles 10 Minuten leicht köcheln lassen.

Von der Kochstelle nehmen, grobgeschnittene Tomaten und Öl dazugeben. Alles fein mixen und in Sauciere füllen.

Vanillesauce

½ l Wasser
80 g Weizenvollkornmehl
2 MS Vollmeersalz

200 g Crème fraîche oder Sahne
125 g Honig
½ TL Vanille

Das frischgemahlene Weizenvollkornmehl im Wasser mit Salz verrühren und unter Rühren aufkochen lassen.

Im Wasserbad leicht abkühlen, Crème fraîche oder Sahne, Honig und Vanille unterrühren. In einer Sauciere reichen.

Zitronen-Dill-Sauce

½ l Wasser
1–2 TL gekörnte Hefebrühe
½ TL Vollmeersalz
50 g Naturreis, gemahlen

2 EL Crème fraîche
Saft von 1 Zitrone, unbehandelt
1 TL Akazienhonig
1 Bund Dill

Gekörnte Hefebrühe und Salz in Wasser geben und frischgemahlenen Naturreis (Getreidemühleneinstellung wie bei feinem Weizenvollkornmehl) dazurühren. Unter öfterem Rühren zum Kochen bringen. Von der Kochstelle nehmen und Crème fraîche, Zitronensaft, Honig und feingeschnittenen Dill unterziehen.

Diese Sauce paßt gut zu Krautrouladen oder anderem gekochten Gemüse. Die beim Gemüsekochen anfallende Brühe wird statt Wasser verwendet.

Avocadodressing

1 Avocado, ca. 250 g
150 g Tomaten
Saft von 1 Zitrone,
   unbehandelt
1/2 TL Vollmeersalz
100 g eingelegte Oliven,
   mittelscharfe Peperoni und
   Gürkchen
2 EL Petersilie

Reife Avocado (allseitig weich) der Länge nach aufschneiden, Kern entfernen und weiches Fruchtfleisch mit Eßlöffel herauslösen. Mit kleingeschnittenen Tomaten, Zitronensaft und Salz fein mixen.

Oliven, Peperoni, Gürkchen und Petersilie fein schneiden und unterziehen. In Sauciere füllen und gekühlt zum Salat reichen.

Dressing Suprême

200 g Sauerrahm
Saft von 1 Zitrone,
   unbehandelt
2 MS Vollmeersalz
1 Banane (125 g)
2 TL körniger Senf
50 g Zwiebeln
1 EL Schnittlauch

Sauerrahm mit Zitronensaft, Salz, Banane und Senf mixen. Feingeschnittene Zwiebeln und Schnittlauch unterrühren. In Sauciere füllen und gekühlt reichen.

Feuerlanddressing

500 g Tomaten
1 Peperoni
3 EL Petersilie
50 g Zwiebeln
1 Knoblauchzehe
10 Oliven
1/2 TL Vollmeersalz
2 EL Obstessig
3 EL Olivenöl, kaltgepreßt
1 TL Basilikum

Tomaten, Peperoni, Petersilie, Zwiebeln, Knoblauch und Oliven sehr klein schneiden und anschließend mit dem Wiegemesser weiter zerkleinern.

Salz, Essig, Öl und Basilikum dazugeben und 1 Stunde durchziehen lassen.

Diese Sauce paßt sehr gut als Dip zu mild schmeckender Frischkost.

Kräuterremoulade

300 g Sauerrahm
1 EL Obstessig
1 EL Olivenöl, kaltgepreßt
1/2 TL Vollmeersalz
2 TL körniger Senf
2 TL Tomatenmark
1 TL Akazienhonig
2 TL Kapern (Nonpareilles)
1 kleine Zwiebel
150 g eingelegte Gürkchen, mittelscharfe Peperoni und Oliven
1/2 Tasse gemischte frische Garten- oder Wildkräuter

Sauerrahm mit Essig, Öl, Salz, Senf, Tomatenmark und Honig cremig rühren. Kapern, feingeschnittene Zwiebel, Gürkchen, Peperoni, Oliven und feingewiegte Kräuter unterziehen.

Gekühlt in einer Sauciere zu Gemüseaspik, Kartoffeln oder zu einer Frischkostplatte reichen.

Kräuter-Salatdressing

150 g Sahne
150 g Sauerrahm
1/2 TL Kräutersalz
2 EL Kräutersenf
75 g Zwiebeln
3 – 4 Bund frische Garten- oder Wildkräuter, z.B. Estragon, Kresse, Melisse, Comfrey, Dill, Petersilie, Kerbel, Schnittlauch, Löwenzahn, Sauerampfer, Bibernelle, Wiesensalbei

Sahne steif schlagen, Sauerrahm, Salz, Senf und feingeschnittene Zwiebeln dazugeben. Kräuter schneiden, fein wiegen und unter die Sahne ziehen. Kühl stellen. Vor dem Servieren nochmals durchrühren und in Sauciere füllen.

Zu Frischsalaten jeder Art (gewaschen und zerkleinert) oder auch zu Backkartoffeln (dann die doppelte Menge zubereiten) reichen.

Mandeldressing

300 g Sauerrahm
50 g geschälte Mandeln
Saft von 1 Zitrone, unbehandelt
1 EL Olivenöl, kaltgepreßt
2 MS Vollmeersalz
1 Knoblauchzehe
2 EL feingehackte Petersilie

Sauerrahm mit feingeriebenen Mandeln (Rohkostmaschine: Feintrommel), Zitronensaft, Öl, Salz, kleingeschnittener Knoblauchzehe und feingehackter Petersilie cremig rühren.

In Sauciere füllen und gekühlt zum Salat reichen.

Rahmdressing

250 g Crème fraîche
2 EL Obstessig
2 TL körniger Senf
2 MS Kräutersalz
1 kleine Zwiebel
1 Knoblauchzehe
2 EL frische Kräuter

Crème fraîche mit Essig, Senf und Salz verrühren. Zwiebel und Knoblauch feingerieben, Kräuter feingehackt unterziehen.

In einer Sauciere gekühlt zum Salat reichen.

Tomatendressing

300 g Tomaten
3 EL Obstessig
4 EL Olivenöl, kaltgepreßt
1/2 TL Vollmeersalz
Pfeffer aus der Mühle
75 g Zwiebeln
1 Knoblauchzehe
1 EL Basilikum, frisch oder getrocknet

Tomaten mit Essig, Öl, Salz und Pfeffer mixen. Feingewürfelte Zwiebeln, Knoblauch und Basilikum dazugeben.

Gekühlt in einer Sauciere zum Salat reichen.

Tomaten-Salatdressing

200 g Sahne
400 g Tomaten
1 EL Meerrettich
1 EL körniger Senf
1/2 TL Kräutersalz
1 Bund Schnittlauch oder Petersilie

Sahne steif schlagen, Tomaten schneiden und dann mixen, Meerrettich fein reiben. Alles mit Senf und Salz unter die Sahne heben. Schnittlauch fein schneiden, einen Teil unter die Sauce heben und diese kühl stellen.

Nochmals durchrühren, in Sauciere füllen, mit restlichem Schnittlauch bestreuen und zu Frischsalaten jeder Art (gewaschen und zerkleinert) reichen.

Zitronen-Honig-Dressing

*Saft von 2 Zitronen,
   unbehandelt
6 EL Olivenöl, kaltgepreßt
2 MS Vollmeersalz
2 TL körniger Senf
2 EL gehackte Petersilie
2 gestrichene TL Akazienhonig*

Zitronensaft mit Öl, Salz, Senf, Honig und gehackter Petersilie cremig rühren.

In eine Sauciere füllen und zum Salat reichen.

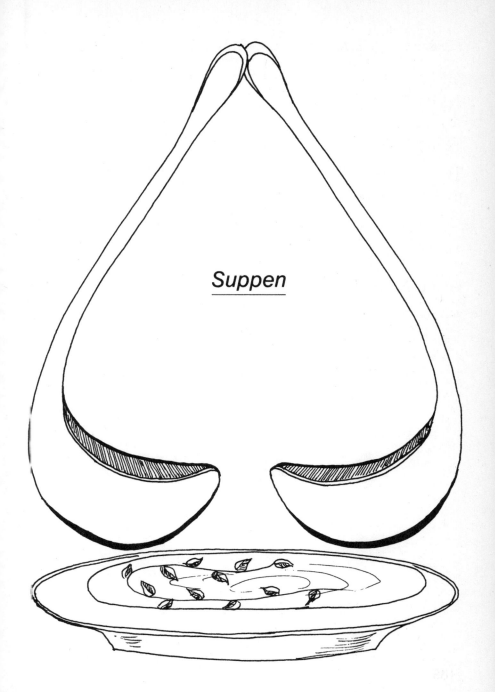
Suppen

Borschtsch (Russische Rote-Rüben-Suppe)

1 l Wasser
2 TL Gemüsebrühepaste
1 TL Vollmeersalz
1 TL gekörnte Hefebrühe

350 g rote Rüben
150 g Kartoffeln
100 g Champignons

2 EL Zitronensaft
3 EL Crème fraîche
Pfeffer aus der Mühle

Wasser mit Gemüsebrühepaste, Salz und gekörnter Hefebrühe zum Kochen bringen. Rote Rüben und Kartoffeln sauber bürsten und putzen und mit Schale und gewaschenen Champignons fein reiben (Rohkostmaschine: Bircher-Trommel). In die kochende Brühe geben und ca. 20 – 30 Minuten leicht kochen lassen. Von der Kochstelle nehmen und einige Minuten durchziehen lassen.

Zur Geschmacksabrundung Zitronensaft, Crème fraîche und Pfeffer dazugeben.

Gelbe-Erbsen-Suppe

400 g gelbe, halbe Erbsen
gut 1 1/2 l Wasser
100 g Zwiebeln

2 TL gekörnte Hefebrühe
2 TL Gemüsebrühepaste
1 EL Majoran
30 g Butter

Erbsen ca. 4 Stunden einweichen und mit kleingeschnittenen Zwiebeln im Einweichwasser ca. 1 Stunde kochen. Wählen Sie einen ausreichend großen Topf, Erbsen kochen leicht über!

Wenn die Erbsen weich sind, mit Stabmixer pürieren oder durch ein Sieb streichen. Gekörnte Hefebrühe, Gemüsebrühepaste und Majoran unterziehen. Vor dem Servieren ein Stück Butter in der Suppe zerlaufen lassen.

Gemüsesuppe Mailänder Art

300 g gemischtes Gemüse,
z.B. Karotten, Sellerie, Lauch, Erbsen, Spargel, Blumenkohl
1 l Wasser
2 TL Vollmeersalz
1 TL gekörnte Hefebrühe
50 g Vollkorn-Buchstabennudeln oder Vollkorn-Suppennudeln ohne Ei
10 g Butter
1 TL Sojasauce

Gemüse, bunt gemischt, sehr klein schneiden oder würfeln und in Wasser zusetzen. Salz und gekörnte Hefebrühe dazugeben und 10 Minuten kochen lassen.

Danach Nudeln dazugeben, noch 2–3 Minuten kochen und 5 Minuten quellen lassen.

Vor dem Anrichten ein Stück Butter in der Suppe zerlaufen lassen, Sojasauce unterrühren.

Griechische Gurkensuppe (Tzatziki)

½ l Sauerrahm
1 EL Olivenöl, kaltgepreßt
1 TL Vollmeersalz
2 EL gehackter Dill
2 Knoblauchzehen
1 kg Salatgurken

40 g Walnußkerne

Sauerrahm, Olivenöl, Salz und feingehackten Dill verrühren, Knoblauchzehen dazupressen. Ungeschälte Gurken mit der Rohkostmaschine (Bircher-Trommel) fein reiben und unterziehen.

Mit grobgehackten Walnußkernen anrichten. Dazu Roggenvollkornbrot reichen.

Grünkernsuppe

1 l Wasser
1 TL Vollmeersalz
1 TL gekörnte Hefebrühe
1 TL Gemüsebrühepaste

125 g Grünkern
¼ l Wasser

25 g Butter
2 EL Schnittlauch

Wasser mit Salz, gekörnter Hefebrühe und Gemüsebrühepaste zum Kochen bringen. Grünkern fein mahlen (Getreidemühleneinstellung wie bei Weizenvollkornmehl), in Wasser verrühren und in die kochende Brühe rühren. 1 Minute kochen lassen, von der Kochstelle nehmen und Butter darin zerlaufen lassen.

Mit feingeschnittenem Schnittlauch bestreut servieren.

Kartoffelsuppe Piräus

250 g Kartoffeln
100 g Karotten
50 g Lauch
1 l Wasser
1 TL gekörnte Hefebrühe
1 TL Gemüsebrühepaste
1 TL Vollmeersalz

2 EL Crème fraîche
1 TL Majoran
Pfeffer aus der Mühle

Kartoffeln sauber bürsten und mit Schale fein reiben (Rohkostmaschine: Bircher-Trommel), Karotten grob raspeln (große Lochtrommel), Lauch der Länge nach halbieren, sauber waschen und fein schneiden.

Vorbereitetes Gemüse in das Wasser geben, gekörnte Hefebrühe, Gemüsebrühepaste und Salz dazugeben und 15–20 Minuten leicht kochen lassen. Von der Kochstelle nehmen, Crème fraîche, Majoran und Pfeffer unterziehen.

Kräutercremesuppe

20 g Butter
50 g Zwiebeln
1 Tasse Wild- oder Gartenkräuter
1 l Wasser
1 TL Vollmeersalz
1 TL gekörnte Hefebrühe
1 TL Gemüsebrühepaste
75 g Naturreis

2 EL Crème fraîche
1 Tasse Wild- oder Gartenkräuter

Kleingewürfelte Zwiebeln und kleingeschnittene Kräuter in Butter kurz andünsten, einen Teil des Wassers, Salz, gekörnte Hefebrühe und Gemüsebrühepaste dazugeben und zum Kochen bringen. Frischgemahlenen Naturreis (Getreidemühleneinstellung wie bei Vollkornmehl) im restlichen Wasser verrühren und zu der kochenden Suppe geben. 2 Minuten kochen lassen, dann von der Kochstelle nehmen.

Crème fraîche und feingehackte Kräuter vor dem Anrichten unterziehen.

Krautsuppe Kalinka

1 l Wasser
2 TL Gemüsebrühepaste
1 TL gekörnte Hefebrühe
1 TL Vollmeersalz

250 g Weißkraut
250 g Kartoffeln
2 Lorbeerblätter
1 TL Kümmel

150 g Sauerkraut
20 g Butter
Pfeffer aus der Mühle
4 EL Sauerrahm oder
 Crème fraîche

Wasser mit Gemüsebrühepaste, gekörnter Hefebrühe und Salz zum Kochen bringen. Weißkraut fein hobeln (Rohkostmaschine: Scheibentrommel), Kartoffeln sauber bürsten und mit Schale in ca. 1 x 1 cm große Würfel schneiden. Gemüse mit Lorbeerblättern und Kümmel in kochende Brühe geben und 20–30 Minuten leicht kochen lassen. Von der Kochstelle nehmen und feingeschnittenes Sauerkraut, Butter und Pfeffer unterziehen.

Bei Tisch nach Belieben Sauerrahm oder Crème fraîche dazugeben.

Lauchsuppe mit Croûtons

1 l Wasser
1 TL gekörnte Hefebrühe
1 TL Vollmeersalz
1 TL Gemüsebrühepaste
300 g Lauch, netto

¼ l Wasser
40 g Weizenvollkornmehl
1 TL Curry
2 EL Crème fraîche

3 Vollkornbrötchen oder
3 Stück Vollkorntoast (180 g)

30 g Butter

Lauch putzen, der Länge nach halbieren, sauber waschen und in feine Streifen schneiden. Mit Wasser, gekörnter Hefebrühe, Salz und Gemüsebrühepaste zusetzen und ca. 15 Minuten leicht kochen.

Frischgemahlenes Weizenvollkornmehl in Wasser verrühren, zur Lauchsuppe gießen, aufkochen lassen und von der Kochstelle nehmen. Curry und Crème fraîche unterziehen und mit frischen Croûtons servieren.

Croûtons: Vollkornbrötchen oder Vollkorntoast in Würfel von 1 x 1 cm schneiden. Butter zerlassen, Würfel darin wälzen und unter ständigem Wenden leicht braun rösten.

Linsensuppe Kreta

200 g Linsen
gut 1 l Wasser
1 Knoblauchzehe
1 kleine Zwiebel
1 Lorbeerblatt

1 TL Vollmeersalz
1 TL gekörnte Hefebrühe
1 TL Gemüsebrühepaste
½ TL Origano
200 g Tomaten
2 EL Obstessig
2 EL Olivenöl, kaltgepreßt

Linsen waschen und im Kochwasser 2 – 4 Stunden einweichen. Mit jeweils feingeschnittener Knoblauchzehe, Zwiebel und Lorbeerblatt ca. 45 Minuten leicht kochen.

Weiche Linsen mit Salz, gekörnter Hefebrühe, Gemüsebrühepaste und Origano würzen. Tomaten mit Obstessig und Olivenöl mixen und vor dem Servieren unter die Suppe ziehen.

Linsensuppe Provence

300 g kleine rote Linsen
1 ¼ l Wasser
1 Bund Suppengrün
100 g Zwiebeln
1 Knoblauchzehe

300 g Kartoffeln
3 TL gekörnte Hefebrühe
1 TL Vollmeersalz

3 TL Kräuter der Provence
  (Basilikum, Rosmarin, Origano)
5 EL Obstessig
5 EL Olivenöl, kaltgepreßt

Linsen 1 Stunde in Wasser einweichen. Mit sehr klein geschnittenem Suppengrün (Gemüsewolf), kleingewürfelten Zwiebeln und Knoblauch 15 Minuten leicht kochen.

Dann feingeriebene Kartoffeln mit Schale (Rohkostmaschine: Bircher-Trommel), gekörnte Hefebrühe und Salz zugeben und noch 15 Minuten leicht kochen. Von der Kochstelle nehmen und Kräuter, Essig und Olivenöl unterziehen.

Dazu schmeckt Knoblauchtoast (siehe S. 94) vorzüglich.

Nudelsuppe

Nudeln:
100 g Weizenvollkornmehl
55 g Wasser
2 MS Vollmeersalz

Brühe:
1 1/4 l Wasser
1 Bund Suppengrün
1 TL Vollmeersalz
1 TL gekörnte Hefebrühe
2 TL Gemüsebrühepaste

10 g Butter
2 EL Schnittlauch

Frischgemahlenes Weizenvollkornmehl mit Wasser und Salz verrühren und zu einem geschmeidigen Teig kneten. Teig etwa 50mal auf die Arbeitsfläche schlagen, damit er elastisch wird. Mit einer angewärmten Schüssel zudecken und 30 Minuten ruhen lassen.

Auf leicht bemehlter Arbeitsfläche Teig sehr dünn auswalken und mit Hilfe des Nudelholzes auf ein sauberes Geschirrtuch legen. Ca. 2 Stunden trocknen lassen, ab und zu wenden. Der Teig darf nicht so trocken sein, daß er beim Aufrollen bricht.

Teig nun aufrollen und in feine Streifen schneiden.

Nudeln in die kochende Gemüsebrühe geben. 3 Minuten leicht kochen und 10 Minuten ziehen lassen. Vor dem Servieren Butter in der Suppe zerlaufen lassen und mit Schnittlauch bestreuen.

Die geschnittenen Nudeln können auch noch etwas nachgetrocknet und einige Tage aufgehoben werden.

Pilzcremesuppe

250 g Zuchtchampignons oder Waldpilze
1 l Wasser
1 TL gekörnte Hefebrühe
1 TL Gemüsebrühepaste
1 TL Vollmeersalz
50 g Naturreis
1/8 l Wasser
2 EL Crème fraîche
2 EL Schnittlauch

Frische Pilze gut waschen, fein scheibeln (Rohkostmaschine: Scheibentrommel) und in das Wasser geben. Mit gekörnter Hefebrühe, Gemüsebrühepaste und Salz ca. 20 Minuten leicht kochen lassen.

Frischgemahlenen Naturreis (Getreidemühleneinstellung wie bei Weizenvollkornmehl) mit Wasser verrührt dazugeben, 1 Minute kochen lassen und von der Kochstelle nehmen. Mit dem Stabmixer kurz pürieren (die Suppe sollte nicht zu fein püriert, vielmehr sollten einige Pilzstücke noch sichtbar sein).

Crème fraîche unterziehen und mit feingeschnittenem Schnittlauch anrichten.

Rohe Gemüsesuppe

700 g Tomaten
300 g Gurken
2 EL Olivenöl, kaltgepreßt
1 TL Vollmeersalz
Pfeffer aus der Mühle
2 TL Basilikum, frisch oder getrocknet
400 g Paprikaschoten, grün und gelb

Tomaten und Gurken in Stücke schneiden und fein mixen. Öl, Salz, Pfeffer und feingeschnittenes Basilikum unterziehen.

Suppe in Teller oder Schüsseln geben und sehr klein gewürfelte Paprikaschoten darauf verteilen. Mit Knusperstangen oder anderem Vollkorngebäck reichen.

Sagosuppe (Perltapioka)

1 l Wasser
1 Bund Suppengrün
1 TL gekörnte Hefebrühe
1 TL Gemüsebrühepaste
1 TL Vollmeersalz
70 g Sago

30 g Butter
2 EL Schnittlauch

Suppengrün sehr klein schneiden oder durch Gemüsewolf lassen. Mit Wasser, gekörnter Hefebrühe, Gemüsebrühepaste und Salz zum Kochen bringen. Sago einlaufen und 15 Minuten leicht kochen lassen.

Von der Kochstelle nehmen, Butter in Suppe zerlaufen lassen und mit Schnittlauch bestreut servieren.

Selleriecremesuppe

225 g Sellerie, netto
1 l Wasser
1 TL gekörnte Hefebrühe
1 TL Vollmeersalz
1 TL Gemüsebrühepaste

30 g Naturreis
1/8 l Wasser
75 g Sellerie
100 g Crème fraîche
1 EL Schnittlauch

Sellerie sauber bürsten, putzen und in kleine Stücke schneiden. Mit Wasser, gekörnter Hefebrühe, Salz und Gemüsebrühepaste ca. 20 Minuten kochen lassen.

Naturreis frisch mahlen, Mühleneinstellung wie für feines Vollkornmehl. Reismehl mit Wasser verrühren, in die kochende Suppe geben, aufkochen lassen und von der Kochstelle nehmen. Feingeriebenen rohen Sellerie dazugeben und die Suppe mit Stabmixer pürieren oder durch ein Sieb streichen. Crème fraîche unter die Suppe ziehen und mit feingeschnittenem Schnittlauch anrichten.

Spargelsuppe

250 g Spargel, netto
1 l Wasser
1 TL Vollmeersalz
1 TL gekörnte Hefebrühe
1 TL Gemüsebrühepaste
50 g Vollkorngrieß
20 g Butter
1 EL Schnittlauch

Spargel sorgfältig von oben nach unten schälen, in 1 cm breite Stücke schneiden und in Wasser mit Salz, gekörnter Hefebrühe und Gemüsebrühepaste 15 Minuten leicht kochen. Danach Grieß einlaufen lassen, 2 Minuten kochen und einige Minuten quellen lassen.

Vor dem Anrichten Butter in der Suppe zerlaufen lassen und mit kleingeschnittenem Schnittlauch bestreuen.

Tomatensuppe mit Vollkornnudeln

1 kg reife Tomaten
gut 1/2 l Wasser
2 TL Vollmeersalz
100 g Vollkornfadennudeln
   ohne Ei
20 g Butter

Tomaten mit einer Gabel kurz in kochendes Wasser tauchen und Haut abziehen. In Stücke schneiden und mixen. Mit Wasser und Salz zum Kochen bringen, Nudeln dazugeben, 5 Minuten bei öfterem Umrühren leicht kochen und 10 Minuten quellen lassen.

Vor dem Servieren ein Stück Butter in der Suppe zerlaufen lassen.

Zucchini-Cremesuppe

500 g Zucchini
75 g Zwiebeln
2 Knoblauchzehen
³/₄ l Wasser
1 TL gekörnte Hefebrühe
1 TL Gemüsebrühepaste
1 TL Vollmeersalz

250 g Zucchini
100 g Crème fraîche
Pfeffer aus der Mühle

Zucchini mit der Schale in Stücke schneiden, Zwiebeln und Knoblauch fein würfeln und mit Wasser, gekörnter Hefebrühe, Gemüsebrühepaste und Salz 15 Minuten kochen.

Von der Kochstelle nehmen und eine rohe Zucchini mit der Schale hineinreiben. Mit einem Passierstab Suppe fein mixen. Crème fraîche unterziehen und mit etwas frischgemahlenem Pfeffer abschmecken.

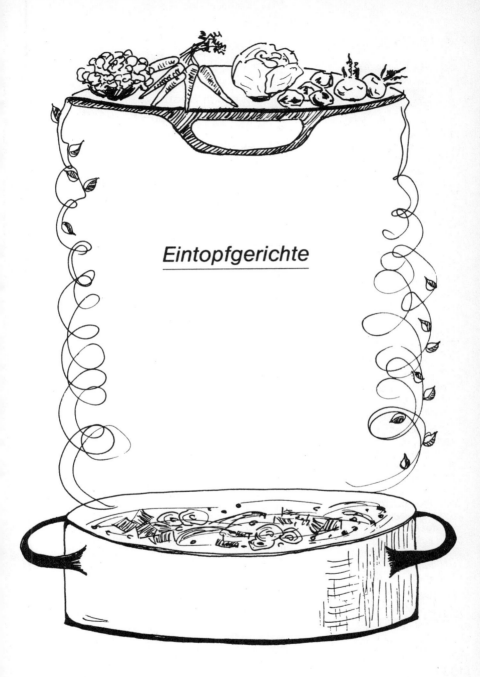

Eintopfgerichte

Bergsteigersuppe

500 g geschälte, halbe
   Trockenerbsen
1 1/2 l Wasser
2 Bund Suppengrün

1 TL Gemüsebrühepaste
1 TL Vollmeersalz
2 TL gekörnte Hefebrühe
1 EL Sojasauce
1/4 l Wasser
2 EL Weizenvollkornmehl
20 g Butter

Erbsen über Nacht oder 8 – 10 Stunden einweichen und im Einweichwasser mit zerkleinertem Suppengrün (Gemüsewolf) in einem großen Topf zusetzen (die Erbsen kochen leicht über). Bei kleiner Hitze 45 – 50 Minuten weich kochen.

Gemüsebrühepaste, Salz, gekörnte Hefebrühe, Sojasauce und frischgemahlenes Weizenvollkornmehl in Wasser angerührt dazugeben, noch einmal aufkochen lassen und von der Kochstelle nehmen. Mit Mixstab pürieren oder durch ein Sieb passieren. Vor dem Servieren Butter in der Suppe zerlaufen lassen.

Dazu Kräuterfladen (siehe S. 97) oder Brotfladen (siehe S. 96) mit Butter reichen.

Bohnen im Backrohr

250 g sehr große weiße,
   getrocknete Bohnenkerne
   (1,5 x 2 cm)
3/4 l Wasser

100 g Olivenöl, kaltgepreßt
200 g Zwiebeln
2 Knoblauchzehen
150 g Karotten
100 g Sellerie
250 g Paprikaschoten
300 g Kartoffeln
100 g Erbsen, frisch oder
   tiefgekühlt
1 TL Vollmeersalz
3 TL gekörnte Hefebrühe
1 TL Paprika
Pfeffer aus der Mühle

1 l Wasser
500 g Tomaten
1 Bund Schnittlauch

Bohnen über Nacht einweichen. Zwiebeln grob würfeln, Knoblauchzehen und Karotten scheibeln, Sellerie stifteln, Paprikaschoten und Kartoffeln, sauber gewaschen und mit Schale, würfeln. Alles Gemüse mit den eingeweichten Bohnen ca. 10 Minuten in Öl andünsten. Salz, gekörnte Hefebrühe, Paprika, Pfeffer und Wasser (einschließlich Einweichwasser) dazugeben und zum Kochen bringen.

Anschließend in eine Auflaufform füllen und bei 250° auf der untersten Schiene 30 Minuten köcheln lassen. Dann grobgeschnittene Tomaten unterrühren und weitere 30 Minuten garen lassen. Mit frischgeschnittenem Schnittlauch bestreut servieren.

Bohnentopf Izmir

250 g sehr große weiße,
  getrocknete Bohnenkerne
250 g Zwiebeln
½ l Wasser
1 kg Spinat oder 750 g Spinatblätter, netto
500 g Tomaten
200 g Paprikaschoten, rot
3 gehäufte TL gekörnte
  Hefebrühe
5 EL Olivenöl, kaltgepreßt

Bohnen waschen, über Nacht einweichen, dann in ein Sieb gießen. Zwiebeln grob würfeln, mit Wasser und den eingeweichten Bohnen 30 – 45 Minuten leicht köcheln (die Bohnen sollen fast gar sein).

Spinat sauber waschen, große, dicke Spinatstiele abschneiden und als Salat zubereiten (siehe S. 47). Spinatblätter abtropfen lassen und mit großgewürfelten Tomaten und Paprikaschoten zu den Bohnen geben. Gekörnte Hefebrühe dazwischenstreuen. Bei mittlerer Hitze (damit das Gemüse Wasser ziehen kann, ohne anzubrennen) zum Kochen bringen und ca. 15 Minuten leicht weiterkochen lassen. Nun sollten Bohnen und Gemüse weich sein. Während des Garens nicht umrühren.

Den fertigen Bohnentopf 15 Minuten durchziehen lassen, dann Olivenöl unterziehen und servieren.

Fränkischer Bohnentopf

500 g grüne Bohnen, frisch
  oder tiefgefroren
400 g Kartoffeln
250 g Karotten
75 g Zwiebeln
2 Knoblauchzehen

1 ½ l Wasser
1 TL Vollmeersalz
2 TL gekörnte Hefebrühe
2 TL Gemüsebrühepaste

40 g Weizenvollkornmehl
1 EL Sojasauce
2 EL frisches oder
  getrocknetes Bohnenkraut
40 g Butter

Bohnen kleinschneiden, Kartoffeln und Karotten mit der Schale würfeln, Zwiebeln kleinschneiden und Knoblauch scheibeln.

Vorbereitetes Gemüse mit Salz, gekörnter Hefebrühe und Gemüsebrühepaste in Wasser geben und ca. 30 Minuten kochen lassen.

Frischgemahlenes Weizenvollkornmehl mit etwas Wasser verrührt dazugeben und aufkochen lassen. Von der Kochstelle nehmen, Sojasauce und Bohnenkraut einrühren. Vor dem Anrichten Butter darin zerlaufen lassen.

Dazu können z.B. Zwiebelfladen (siehe S. 103) oder Zwiebelbrötchen (siehe S. 102) gereicht werden.

Gebackene Bohnen mit Tomaten

500 g mittelgroße, weiße, getrocknete Bohnenkerne
knapp 1 1/2 l Wasser
6 EL Olivenöl, kaltgepreßt
250 g Zwiebeln
200 g Tomatenmark
1 TL Vollmeersalz
1 TL gekörnte Hefebrühe
1 TL Gemüsebrühepaste
Pfeffer aus der Mühle
1 Bund Petersilie
2 TL Bohnenkraut, getrocknet
600 g Tomaten

Bohnen waschen und 12 Stunden oder über Nacht in Wasser einweichen. Im Einweichwasser ca. 45 Minuten kochen, bis sie fast gar sind.

Zwiebeln grob würfeln und in Öl glasig dünsten. Tomatenmark, Bohnenkochwasser, Salz, gekörnte Hefebrühe, Gemüsebrühepaste, Pfeffer, grobgeschnittene Petersilie, Bohnenkraut und Bohnenkerne zugeben.

Alles in eine Auflaufform geben und mit halbierten Tomaten bedecken. Im vorgeheizten Ofen bei 220° auf der zweiten Schiene von unten 30 Minuten backen. Aus dem Ofen nehmen und noch 15 Minuten ziehen lassen.

Hirsetopf

800 g gemischtes Gemüse
  der Jahreszeit, netto
  (z.B. Karotten, Lauch,
  Sellerie, Bohnen)
gut 1 l Wasser
2 gehäufte TL gekörnte
  Hefebrühe
2 TL Gemüsebrühepaste
150 g Hirse

50 g Butter
400 g Tomaten

Geputztes, kleingeschnittenes Gemüse mit Wasser, gekörnter Hefebrühe und Gemüsebrühepaste aufsetzen. Wenn es kocht, Hirse einlaufen lassen und bei mäßiger Hitze 30 Minuten leicht kochen lassen.

Vor dem Servieren Butter und kleingewürfelte Tomaten unterziehen.

Irischer Gemüsetopf

700 g Weißkraut
500 g Kartoffeln
350 g Waldpilze oder
  Zuchtchampignons
150 g Zwiebeln
20 g Butter
Kräutersalz
Pfeffer aus der Mühle
Kümmel

½ l Wasser
2 TL gekörnte Hefebrühe
2 TL Gemüsebrühepaste

40 g Butter
2 EL Schnittlauch

Weißkraut fein hobeln (Rohkostmaschine: Scheibentrommel), gut gebürstete Kartoffeln mit der Schale würfeln und Pilze grob schneiden. Zwiebeln halbieren, in Scheiben schneiden und in Butter glasig dünsten.

Großen, gutschließenden Topf mit Butter einfetten und lagenweise dünn Weißkraut, Kartoffeln, Pilze und Zwiebeln einschichten, bis alles Gemüse aufgebraucht ist. Auf jede zweite oder dritte Schicht jeweils etwas Kräutersalz, Pfeffer und Kümmel streuen.

Gekörnte Hefebrühe und Gemüsebrühepaste in warmem Wasser auflösen und über das Gemüse gießen. Bei geschlossenem Topf und kleiner Hitze 30–40 Minuten leicht kochen lassen, ohne umzurühren. Von der Kochstelle nehmen und Butterscheiben darauf zerfließen lassen.

Mit Schnittlauch bestreut servieren.

Krauttopf Natascha

1 kg Weißkraut
500 g Tomaten
250 g Waldpilze oder
  Zuchtchampignons
150 g Zwiebeln
3 gehäufte TL gekörnte
  Hefebrühe
150 g Naturreis
¼ l Wasser
1 TL Gemüsebrühepaste
5 EL Olivenöl, kaltgepreßt

Reis mit Wasser und Gemüsebrühepaste aufsetzen und ca. 20 Minuten leicht kochen lassen.

Weißkraut putzen und grob schneiden (2 cm breite Streifen), Tomaten, Pilze und Zwiebeln grob würfeln, zum Reis geben und gekörnte Hefebrühe dazwischenstreuen.

Bei mittlerer Hitze (damit das Gemüse Wasser ziehen kann, ohne anzubrennen) zum Kochen bringen und ca. 30 Minuten leicht kochen lassen. Während des Garens so wenig wie möglich umrühren.

Den Krauttopf noch 15 Minuten durchziehen lassen, Olivenöl unterziehen und auftragen.

Lauch-Reistopf Kos

200 g Naturreis
½ l Wasser
1 TL gekörnte Hefebrühe
1 TL Gemüsebrühepaste

1 kg Lauch, netto
200 g Karotten
300 g Tomaten
4 EL Olivenöl, kaltgepreßt
1 EL Vollmeersalz
1 TL gekörnte Hefebrühe
Pfeffer aus der Mühle
1 Bund Dill
½ Bund Petersilie

Saft von 1 Zitrone, unbehandelt
3 EL Olivenöl, kaltgepreßt

Reis im Sieb waschen und mit Wasser, gekörnter Hefebrühe und Gemüsebrühepaste 40 Minuten köcheln lassen.

Lauch putzen, der Länge nach halbieren, gründlich waschen und in 2 cm dicke Stücke schneiden. Karotten fein scheibeln und Tomaten würfeln.

Olivenöl in den Topf geben, Lauch, Karotten und Tomaten darauflegen, dazwischen Salz, gekörnte Hefebrühe und etwas Pfeffer streuen. Dill und Petersilie fein schneiden und daraufgeben. Das Gemüse bei mäßiger Hitze, ohne umzurühren, kurz andünsten, dann den vorgekochten Reis darauf verteilen und alles bei mäßiger Hitze, wieder ohne umzurühren, ca. 30 Minuten köcheln lassen.

Zitronensaft und Olivenöl cremig rühren und vor dem Servieren über das Gemüse gießen.

Lauchtopf

500 g Lauch, netto
600 g Kartoffeln
1 1/2 l Wasser
1 TL Vollmeersalz
1 TL Gemüsebrühepaste
2 TL gekörnte Hefebrühe
50 g vegetarische Pastete

40 g Weizenvollkornmehl
1/8 l Wasser
20 g Butter

Lauch der Länge nach halbieren, gut waschen und 1/2 cm dick aufschneiden. Kartoffeln sauber bürsten und mit Schale kleinwürfeln. Gemüse mit Wasser, Salz, Gemüsebrühepaste, gekörnter Hefebrühe und kleingeschnittener vegetarischer Pastete aufsetzen und ca. 30 Minuten kochen.

Frischgemahlenes Weizenvollkornmehl mit Wasser verrührt in den Topf geben, aufkochen lassen und von der Kochstelle nehmen.

Vor dem Servieren Butter im Topf zerlaufen lassen.

Linsentopf

500 g Linsen
1 1/2 l Wasser
1–2 Bund Suppengrün
50 g vegetarische Pastete

40 g Weizenvollkornmehl
1/4 l Wasser

2 TL Vollmeersalz
2 TL gekörnte Hefebrühe
2 EL Kräutersenf
1/8 l Obstessig

Linsen waschen und ca. 4 Stunden im Kochwasser einweichen. Suppengrün mit Gemüsewolf zerkleinern, mit der vegetarischen Pastete zu den Linsen geben und weich kochen. Garzeit ca. 45 Minuten.

Frischgemahlenes Weizenvollkornmehl mit Wasser verrühren, zu den Linsen geben und 1 Minute aufkochen lassen. Salz, gekörnte Hefebrühe, Senf und Obstessig dazugeben und ca. 10 Minuten durchziehen lassen.

Dazu Kartoffelcroquetten (siehe S. 249) und rohes Sauerkraut (siehe S. 336) servieren.

Minestrone

*1 kg gemischtes Gemüse,
netto, z. B. Paprikaschoten,
Bohnen, Erbsen, Sellerie,
Karotten, Lauch
2 Knoblauchzehen
1 1/2 l Wasser
2 TL Gemüsebrühepaste
2 TL gekörnte Hefebrühe
2 TL Vollmeersalz*

*250 g kurze Vollkornnudeln
ohne Ei, z. B. Hörnle, Spirelli
oder kurze Makkaroni*

*400 g Tomaten
6 EL Olivenöl, kaltgepreßt*

Geputztes, nicht zu klein geschnittenes Gemüse und gescheibelte Knoblauchzehen in Wasser mit Gemüsebrühepaste, gekörnter Hefebrühe und Salz 10 Minuten leicht kochen. Dann Vollkornnudeln dazugeben, weitere 10 Minuten leicht kochen und nochmals 10 Minuten ziehen lassen.

Tomaten kleinwürfeln und vor dem Servieren mit Olivenöl unterziehen.

Reisspinat

*200 g Naturreis
1/2 l Wasser
1 TL gekörnte Hefebrühe
1 TL Gemüsebrühepaste*

*3 EL Olivenöl, kaltgepreßt
4 Zwiebelschlotten
100 g Zwiebeln
300 g Tomaten
1 Bund Dill
1 kg Spinat (750 g netto)
1 1/2 TL Vollmeersalz
Pfeffer aus der Mühle*

*Saft von 1 Zitrone,
unbehandelt
3 EL Olivenöl, kaltgepreßt*

Reis im Sieb waschen und mit Wasser, gekörnter Hefebrühe und Gemüsebrühepaste 40 Minuten köcheln lassen.

Spinat gründlich waschen, dicke Stiele abschneiden (Verwendung: siehe griechischer Dorfsalat, S. 47) und in 2 cm breite Streifen schneiden. Zwiebelschlotten in Scheiben schneiden, Zwiebeln grob würfeln und in Olivenöl glasig dünsten. Darüber würflig geschnittene Tomaten, feingeschnittenen Dill und Spinat schichten. Dazwischen Salz und Pfeffer streuen. Auf den Spinat den vorgegarten Reis breiten und alles ca. 20 Minuten leicht köcheln lassen, ohne umzurühren.

Zitronensaft mit Öl cremig rühren und vor dem Servieren über das Gericht gießen.

Schwäbischer Linsentopf

300 g Linsen
1 ½ l Wasser

200 g Karotten
100 g Sellerie
200 g Lauch
2 Lorbeerblätter
1 TL Vollmeersalz
2 TL Gemüsebrühepaste
1 TL gekörnte Hefebrühe

4 EL Obstessig
30 g Butter

Schupfnudeln:
200 g Weizenvollkornmehl
120 g Wasser
½ TL Vollmeersalz

Schupfnudeln: Frischgemahlenes Weizenvollkornmehl mit Wasser und Salz verrühren und zu einem geschmeidigen Teig kneten. Teig ca. 50mal auf die Arbeitsfläche schlagen, damit er elastisch wird. Mit einer angewärmten Schüssel zudecken und 30 Minuten ruhen lassen.

Aus dem Teig eine Rolle von ca. 5 cm Durchmesser formen und diese in ½ cm dicke Scheiben schneiden. Diese Scheiben auf leicht bemehlter Arbeitsplatte zu fingerlangen Nudeln »schupfen«, d.h. aufrollen und einige Male hin und her rollen, so daß die Enden spitz zulaufen. (Eine Schupfnudel sieht wie eine verkleinerte Salzstange aus.) Nudeln 1–2 Stunden an der Luft trocknen lassen.

Linsen waschen und 4 Stunden oder über Nacht einweichen. Im Einweichwasser mit kleingewürfelten Karotten, Sellerie und kleingeschnittenem Lauch ca. 30 Minuten kochen.

Dann Salz, Gemüsebrühepaste, gekörnte Hefebrühe und die Schupfnudeln dazugeben und weitere 15 Minuten leicht köcheln lassen. Die Schupfnudeln sind gar, wenn sie nach oben steigen. Von der Kochstelle nehmen und Essig und Butter unterrühren.

Serbische Bohnensuppe

500 g weiße, getrocknete
  kleine Bohnenkerne
1 ½ l Wasser

30 g Butter
250 g Zwiebeln
1 Knoblauchzehe
1–2 Peperoni, je nach
  Schärfe
1 Bund Suppengrün

175 g Tomatenmark
3/8 l Wasser
1 TL Vollmeersalz
2 TL gekörnte Hefebrühe
1 EL Sojasauce
1 TL Paprika, süß
1 TL Bohnenkraut
1 TL Majoran
125 g vegetarische Pastete

150 g Tomaten
4 EL Sauerrahm

Bohnen über Nacht oder 12 Stunden einweichen und danach ca. 1 Stunde leicht kochen lassen.

Zwiebeln, Knoblauchzehe, Peperoni, Suppengrün kleinschneiden und in Butter andünsten. Tomatenmark mit Wasser, Salz, gekörnter Hefebrühe, Sojasauce, Paprika, Bohnenkraut und Majoran verrühren und dazugießen. Gekochte Bohnen und kleingeschnittene vegetarische Pastete dazugeben und alles noch ca. 5 Minuten kochen lassen. Von der Kochstelle nehmen und etwa 30 Minuten ziehen lassen.

Tomaten kleinwürfeln und mit Sauerrahm unter die Suppe heben.

Hauptgerichte

Artischocken Romagna

8 junge Artischocken,
  mittelgroß
Saft von 1 Zitrone,
  unbehandelt
500 g Kartoffeln

300 g Karotten
150 g Zwiebeln
1 1/4 l Wasser
1 TL Vollmeersalz
2 TL gekörnte Hefebrühe
1 TL Gemüsebrühepaste
Pfeffer aus der Mühle

75 g Weizenvollkornmehl
1 TL Agar-Agar
100 g Crème fraîche
1 EL Dillspitzen

Das obere Drittel oder die obere Hälfte der Artischocken (je nach Alter) abschneiden und zum Gemüseabfall geben. Stiel bis auf 3 cm kürzen und dünn abschälen. Äußere, holzige Blätter am Artischockenrand bis zu den zarten, helleren Blättern entfernen.

Mit Teelöffel aus der Mitte der Artischocken das sogenannte Heu herausschaben. Die so vorbereiteten Artischocken in Zitronensaft wälzen.

Kartoffeln und Karotten sauber bürsten und in kanpp 1 cm dicke Scheiben schneiden, Zwiebeln grob würfeln. Artischocken, Kartoffeln, Karotten und Zwiebeln in Wasser aufsetzen. Salz, gekörnte Hefebrühe, Gemüsebrühepaste, Pfeffer und restlichen Zitronensaft dazugeben. Bei mäßiger Hitze ca. 30 Minuten kochen.

Gemüse mit Sieblöffel in vorgewärmte Servierschüssel legen und warm stellen. Frischgemahlenes Weizenvollkornmehl und Agar-Agar mit Schneebesen in Gemüsekochwasser rühren, aufkochen lassen und von der Kochstelle nehmen. Crème fraîche unterrühren und über das Gemüse gießen. Mit feingeschnittenem Dill bestreuen.

Wichtig: Die Artischocken können nur im Frühjahr, wenn sie jung und zart sind, wie beschrieben geputzt werden. Später im Jahr, wenn sie dann älter geworden sind, müssen alle äußeren und inneren Blätter, der Stiel und das sogenannte Heu entfernt werden, so daß nur noch die Böden übrigbleiben. Diese mit Zitronensaft beträufeln, und im Rezept wie oben beschrieben fortfahren.

Für eine Person werden jeweils 2 Artischockenböden vorgesehen.

Auberginenauflauf

1 kg Auberginen
Vollmeersalz
Olivenöl, kaltgepreßt, zum Ausbacken

¼ l Wasser
1 TL Gemüsebrühepaste
100 g Bulgur

Füllung:
30 g Butter
100 g Zwiebeln
150 g Paprikaschoten
1 Peperoni
1 TL Vollmeersalz
Pfeffer aus der Mühle
2 Knoblauchzehen
3 EL Petersilie, gehackt
3 EL Hefeflocken
350 g Tomaten

Béchamelsauce:
¼ l Wasser
1 TL Gemüsebrühepaste
30 g Naturreis
100 g Crème fraîche

Von den Auberginen Stiel abschneiden und ungeschält der Länge nach in ca. 1 cm dicke Scheiben schneiden. Auberginen leicht mit Salz bestreuen, in einen Durchschlag schichten, Teller darauflegen und ca. 1 Stunde lang mit einem schweren Gegenstand beschweren. Danach Auberginenscheiben auf sauberes Geschirrtuch legen, trockentupfen und in Olivenöl auf beiden Seiten ca. 3 Minuten leicht backen.

Fertiggebackene Scheiben einstweilen auf einen Teller schichten.

Füllung: Wasser mit Gemüsebrühepaste zum Kochen bringen, Bulgur dazugeben, auf die Seite stellen und mindestens 1 Stunde quellen lassen.

Kleingeschnittene Zwiebel, Paprikaschote und Peperoni ca. 10 Minuten in Butter dünsten. Salz, Pfeffer, feingeriebene Knoblauchzehen und gehackte Petersilie dazugeben.

Von Kochstelle nehmen, gequollenen Bulgur, Hefeflocken und kleingewürfelte Tomaten dazurühren.

Béchamelsauce: Wasser mit Gemüsebrühepaste zum Kochen bringen, feingemahlenen Naturreis (Getriedemühleneinstellung wie bei Weizenvollkornmehl) dazurühren, kurz aufkochen lassen und gleich von der Kochstelle nehmen. Crème fraîche unterziehen.

Fertigstellung: In Auflaufform schichtweise vorbereitete Zutaten einlegen: erste, dritte und fünfte Schicht gebackene Auberginenscheiben, zweite und vierte Schicht Bulgur-Gemüse-Mischung. Über der letzten Schicht die Béchamelsauce verteilen.

Bei 200° auf der zweiten Schiene von unten ca. 45 Minuten hellbraun backen. Herausnehmen und 15 Minuten stehenlassen. In der Auflaufform dann quadratische Portionen schneiden und warm servieren.

Auch kalt schmeckt der Auflauf gut, und er ist deshalb ebenfalls für ein kaltes Büffet geeignet.

Dinkelpasteten mit Pilzfüllung

Teig:
300 g Dinkelvollkornmehl
50 g Hirsevollkornmehl
gut 1/8 l Wasser
1 gestrichener TL Vollmeersalz
125 g Butter

Füllung:
500 g frische oder tiefgekühlte
  Speisepilze, gemischt oder
  nur eine Sorte
75 g Zwiebeln
20 g Butter
125 g Erbsen, frisch oder
  tiefgekühlt
125 g Maiskörner, frisch oder
  tiefgekühlt
1 TL Vollmeersalz
1 TL gekörnte Hefebrühe

2 EL Weizenvollkornmehl
100 g Sauerrahm
Pfeffer aus der Mühle
Petersilie
Zitrone

Teig: Frischgemahlenes Dinkel- und Hirsevollkornmehl mit kaltem Wasser, Salz und kalter, kleingeschnittener Butter verrühren und dann zu einem glatten Teig kneten. Teig 30 Minuten ruhen lassen und in 8 – 10 Teile schneiden.

Jedes Teigstück in eine angefettete kleine Pasteten- oder Törtchenform (mit gerilltem Rand) drücken. Pasteten bei 200° auf der mittleren Schiene 25 – 30 Minuten backen. Auf ein Gitter stürzen und warm stellen. (Die Pasteten können auch einige Tage vor dem Verbrauch gebacken werden. In diesem Fall vor dem Essen in der Röhre bei 100° aufwärmen.)

Füllung: Pilze putzen, waschen und in ca. 1 x 1 cm große Stücke schneiden. Kleingeschnittene Zwiebeln in Butter glasig dünsten, Pilze, Erbsen, Maiskörner dazugeben und Salz und gekörnte Hefebrühe darüberstreuen. Ca. 15 Minuten im eigenen Saft leicht köcheln lassen.

Frischgemahlenes Weizenvollkornmehl in Sauerrahm verrühren, zu den Pilzen geben und aufkochen lassen. Von der Kochstelle nehmen, Pfeffer und feingeschnittene Petersilie unterrühren.

In die warmen Pasteten füllen und mit Zitronenachteln und Petersilie verziert reichen. Bei Tisch mit Zitronensaft beträufeln.

Folienkartoffeln mit Kräuterbutter

1 kg *Kartoffeln, mittlere Größe*
3 EL *Olivenöl, kaltgepreßt*
Alufolie
125 g *Butter*
3 EL *frische Kräuter, möglichst 3 Sorten*
2 MS *Kräutersalz*
1 *Knoblauchzehe*

Kartoffeln, möglichst in einer Größe, sauber bürsten, Augen ausstechen. Alufolie in Stücke reißen und Innenseite mit Öl bepinseln. Kartoffeln darin einwickeln, Folie zusammendrücken und gut schließen.

Bei 200° auf der mittleren Schiene 30 – 45 Minuten backen, je nach Kartoffelgröße.

Butter cremig rühren, feingehackte, frische Kräuter, Kräutersalz und feingewürfelte Knoblauchzehe dazurühren. Kühl stellen.

Kartoffeln auf einer Platte anrichten, Folie etwas öffnen, Kartoffeln einschneiden und ein Stück Butter darauflegen.

Eine besondere Art, Kräuterbutter zu Kartoffeln zu servieren, ist folgende:
Weiche Kräuterbutter in einen Dressierbeutel mit großer Sterntülle füllen und auf einen flachen Teller mittelgroße Tupfer spritzen. In eine dekorative Schüssel Wasser mit einigen Eiswürfeln füllen, Buttertupfer mit Messer vom Teller nehmen und im kalten Wasser schwimmend servieren.

Gärtnerinomelett

800 g Kartoffeln
500 g gemischtes Frischgemüse,
  z.B. Karotten, Erbsen,
  Paprikaschoten, Tomaten,
  Maiskörner
100 g Zwiebeln
150 g Haferflocken, fein
gut 1/8 l Wasser
1 TL Vollmeersalz
1 TL gekörnte Hefebrühe
1 TL Gemüsebrühepaste
Butter
Olivenöl, kaltgepreßt

Kartoffeln sauber bürsten, eventuelle Schadstellen und Augen ausstechen, Kartoffeln mit der Schale fein reiben (Rohkostmaschine: Bircher-Trommel). Gemüse in Erbsengröße schneiden, Zwiebeln würfeln, Hafer fein mahlen (Getreidemühleneinstellung wie für Frischkornbrei). Salz, gekörnte Hefebrühe und Gemüsebrühepaste in Wasser auflösen und mit Kartoffeln, Gemüse und Hafer gut vermischen. Teig 30 Minuten quellen lassen.

Butter und Olivenöl in der Pfanne erhitzen und so viel Kartoffelteig hineingeben, daß er glattgestrichen ca. 1 cm hoch ist. Bei mäßiger Hitze mit geschlossenem Deckel ca. 10 Minuten backen, bis die Unterseite leicht gebräunt ist. Diese vorsichtig lösen und die Pfanne mit geschlossenem Deckel wenden, so daß das Omelett im Deckel liegt.

In die Pfanne wieder Butter und Olivenöl geben und das Omelett vom Deckel in die Pfanne gleiten lassen. In der offenen Pfanne nochmals ca. 5 Minuten backen, bis auch diese Seite leicht gebräunt ist. Es ist zweckmäßig, in zwei Pfannen gleichzeitig zu backen.

Das fertiggebackene Omelett in der Backröhre (ca. 100°) warm halten. Warm mit frischem Salat servieren.

Die angegebene Menge ergibt 4 mittelgroße oder 2 große und 2 kleine Omeletts.

Gefüllte Auberginen Knossos

4–5 Auberginen, ca. 1 kg
Olivenöl, kaltgepreßt

350 g Zwiebeln
250 g Tomaten
300 g Paprika
3 Knoblauchzehen
3 EL Petersilie
1 TL Vollmeersalz
2 TL gekörnte Hefebrühe
Pfeffer aus der Mühle

350 g Tomaten
Kräutersalz
Pfeffer aus der Mühle

Auberginen waschen, trocknen, in der Mitte der Länge nach so tief einschneiden, daß sie nicht auseinanderklaffen, sondern noch fest zusammen sind. Auch der Stiel mit Ansatz wird nicht weggeschnitten. Nun Auberginen in der Pfanne in Olivenöl bei mäßiger Hitze von allen Seiten anbraten, in eine flache Auflaufform legen, mit dem Einschnitt nach oben.

Zwiebeln halbieren und in feine Scheiben schneiden, Tomaten würfeln, Paprikaschoten fein in Streifen schneiden, Knoblauch scheibeln und Petersilie grob schneiden. Alles 10 – 15 Minuten in Olivenöl dünsten, Salz, gekörnte Hefebrühe und Pfeffer dazugeben.

Aubergineneinschnitt öffnen und mit angedünstetem Gemüse füllen. Tomaten in dünne Scheiben schneiden, auf die Füllung legen und leicht salzen und pfeffern.

Im vorgeheizten Backofen bei 200° auf der zweiten Schiene von unten ca. 30 Minuten backen.

Dazu Polenta (siehe S. 281) oder Kartoffelbrei (siehe S. 279) reichen.

Gefüllte Blätterteigtaschen

Blätterteig:
250 g Weizenvollkornmehl
$^1/_8$ l + 2 EL Wasser
1 TL Vollmeersalz
250 g Butter
Streumehl

Füllung:
30 g Butter
100 g Zwiebeln
250 g frische Wald- oder
  Zuchtpilze
250 g Weißkraut
250 g Karotten
100 g Erbsen, frisch oder
  tiefgekühlt
100 g Maiskörner, frisch oder
  tiefgekühlt
1 TL Vollmeersalz
1 TL gekörnte Hefebrühe
Pfeffer aus der Mühle
3 TL Basilikum, frisch oder
  getrocknet
1 Bund Petersilie

Blätterteig: Frischgemahlenes Weizenvollkornmehl mit Wasser und Salz zu einem Teig verkneten und ca. 10 Minuten abgedeckt in den Kühlschrank stellen. Dann auf bemehlter Arbeitsfläche Teig zu einem Streifen von ca. 15 x 30 cm auswalken und mit der kalten, in Streifen geschnittenen Butter belegen. Teig zusammenlegen und wieder zu einem Streifen obiger Abmessung auswalken. Diesen wieder zusammenlegen und für 15 Minuten in den Kühlschrank stellen.

Zusammengelegten Teig nun um 180° gedreht wieder auf bemehlter Arbeitsfläche auswalken, wieder zusammenlegen und kühl stellen. Nach 4- bis 5maligem Auswalken ist die Butter in den Teig eingearbeitet, damit ist er gebrauchsfertig. Teig kann in einem Gefrierbeutel eingefroren oder einige Tage im Kühlschrank aufbewahrt werden.

Füllung: Kleingeschnittenes Gemüse mit Salz und gekörnter Hefebrühe in Butter bei mäßiger Hitze 15 Minuten dünsten. Pfeffer, Basilikum und kleingeschnittene Petersilie dazugeben. Alles auf ein Backblech breiten und auskühlen lassen.

Teig in 8 Teile schneiden und auf bemehlter Arbeitsfläche jedes Teil zu ca. 15 x 20 cm auswalken. Mit Teigrädchen begradigen und ausgekühlte Füllung (bei warmer Füllung reißt der Teig) daraufgeben. Teig von der Längsseite beidseitig über die Füllung schlagen und Teigränder mit Wasser befeuchtet verkleben. Teigtaschen an beiden Seiten zusammendrücken und abrädeln.

Teigreste zu Kugeln drehen und Taschen mit je einer Kugel verzieren.

Taschen auf ein mit kaltem Wasser befeuchtetes Backblech legen und bei 200° auf der mittleren Schiene ca. 35 Minuten backen. Eine Tasse heißes Wasser auf den Boden der Backröhre stellen.

Dazu Pilz- oder Kräutersauce reichen.

Gefüllte Lauchrollen

300 g Lauch, netto

Füllung:
200 g Naturreis
1/2 l Wasser
1 TL Gemüsebrühepaste
1 TL gekörnte Hefebrühe
2 EL Olivenöl, kaltgepreßt
75 g Zwiebeln
250 g frische Wald- oder Zuchtpilze
100 g Erbsen
1 TL Vollmeersalz
Pfeffer aus der Mühle
2 EL Dill
2 EL Petersilie

Tomatensauce:
2 EL Olivenöl, kaltgepreßt
50 g Zwiebeln
500 g Tomaten
2 EL Tomatenmark
1 TL gekörnte Hefebrühe
1 TL Gemüsebrühepaste
Pfeffer aus der Mühle
2 TL Basilikum

Bei diesem Lauchgericht wird nur der feste, weiße Teil des Lauchs verwendet (Lauchabschnitte können für andere Lauchgerichte verwendet werden).

Lauchstangen in 8 – 10 cm lange Stücke schneiden und mit dem Finger die ringförmigen Lauchinnenteile herausdrücken, so daß der Lauch in vielen dünnwandigen Röllchen vorliegt.

Füllung: Reis im Sieb waschen, mit Wasser, Gemüsebrühepaste und gekörnter Hefebrühe 40 Minuten leicht kochen und 20 Minuten quellen lassen.

Kleingewürfelte Zwiebeln in Olivenöl andünsten, kleingeschnittene Pilze, Erbsen und Salz dazugeben, ca. 10 Minuten dünsten und vom Herd nehmen. Pfeffer, kleingeschnittenen Dill und Petersilie unterrühren.

Abgekühlten Reis und Pilze mischen und mit einem Teelöffel in die Lauchröllchen füllen. Alle Röllchen stehend nebeneinander und übereinander in einen Topf schichten.

Tomatensauce: Kleingewürfelte Zwiebeln in Olivenöl andünsten. Tomaten und Tomatenmark mixen und dazugeben. Gekörnte Hefebrühe, Gemüsebrühepaste, Pfeffer und Basilikum unterrühren und heiß über die Lauchrollen gießen.

Bei mäßiger Hitze alles 20 Minuten leicht köcheln lassen. Von der Kochstelle nehmen und noch 10 Minuten ziehen lassen.

Gefüllte Paprikaschoten und Tomaten

4 mittelgroße Paprikaschoten
   (ca. 600 g)
4 Fleischtomaten (ca. 750 g)
Kräutersalz

Füllung:
250 g Naturreis
5/8 l Wasser
1 TL gekörnte Hefebrühe
1 TL Gemüsebrühepaste
1 TL Vollmeersalz

4 EL Olivenöl, kaltgepreßt
125 g Zwiebeln
2 MS Zimt
40 g Korinthen
40 g Pinien
1 Bund Petersilie

Sauce:
2 EL Tomatenmark
1 TL Vollmeersalz
Wasser
2 EL Olivenöl, kaltgepreßt

Füllung: Naturreis waschen, in Wasser mit gekörnter Hefebrühe, Gemüsebrühepaste und Salz 40 Minuten leicht köcheln und 20 Minuten quellen lassen.

Kleingewürfelte Zwiebeln in Olivenöl glasig dünsten, Zimt, gewaschene Korinthen, Pinien und feingeschnittene Petersilie dazugeben und kurz mitdünsten. Dies zum fertigen Reis geben und unterziehen.

Von den Paprikaschoten und Tomaten Deckel abschneiden. Paprikaschoten entkernen, Tomaten mit Teelöffel vorsichtig aushöhlen und Fruchtfleisch beiseite stellen.

Sauce: Tomatenfruchtfleisch mit Tomatenmark und Salz mixen, Wasser bis 1/2 l Gesamtmenge zufügen und Olivenöl darin verrühren.

Ausgehöhlte Paprikaschoten und Tomaten innen leicht mit Kräutersalz bestreuen und Reis einfüllen. In 1 oder 2 Auflaufformen stellen, je nach Größe der Schoten und Tomaten, Tomatensauce dazugießen und bei 220° auf der untersten Schiene 30 Minuten garen lassen.

Gefüllte Zucchini

1 große Zucchini, ca. 1 kg
Vollmeersalz
Pfeffer aus der Mühle

gut ½ l Wasser (600 ml)
1 TL gekörnte Hefebrühe
1 TL Gemüsebrühepaste
2 Lorbeerblätter
250 g Grünkern
125 g vegetarische Pastete
2 TL Kräutersenf
Pfeffer aus der Mühle
1 TL Paprika
4 TL Majoran
2 Knoblauchzehen
1 EL Sojasauce

Zucchini ungeschält längs halbieren. Mit einem Eßlöffel weiche Kernmasse herausnehmen. Zucchinihälften leicht salzen, pfeffern und durchziehen lassen.

Wasser mit gekörnter Hefebrühe, Gemüsebrühepaste und Lorbeerblatt zum Kochen bringen und geschroteten Grünkern (Getreidemühleneinstellung wie für den Frischkornbrei) hineinrühren. Bei kleinster Hitze 10 Minuten quellen lassen.

Leicht abgekühlt vegetarische Pastete, Senf, Pfeffer, Paprika, Majoran, feingeschnittene Knoblauchzehen und Sojasauce dazurühren. Fertige Grünkernmasse in vorbereitete Zucchinihälften gehäuft füllen. Auf ein leicht gefettetes Backblech geben und bei 200° auf der zweiten Schiene von unten ca. 30 Minuten backen.

Mit Petersilie garniert auf einer Platte anrichten.

Dazu rohe Tomatensauce oder Kartoffelsalat reichen.

Gefüllte Zucchini Akrotiri

1200 g kleine Zucchini
   (10 – 12 Stück)
Saft von 1 Zitrone,
   unbehandelt
Kräutersalz

Füllung:
200 g Naturreis
1/2 l Wasser
1 TL gekörnte Hefebrühe
1 TL Gemüsebrühepaste

20 g Butter
100 g Zwiebeln
1 Knoblauchzehe
250 g Wald- oder Zuchtpilze
1 TL Vollmeersalz
4 EL Dill
Pfeffer aus der Mühle

Sauce:
500 g Tomaten
2 EL Tomatenmark
2 Knoblauchzehen
2 TL gekörnte Hefebrühe
Pfeffer aus der Mühle
2 EL Crème fraîche
2 EL Dill

Füllung: Reis waschen und mit Wasser, gekörnter Hefebrühe und Gemüsebrühepaste zusetzen. 40 Minuten leicht köcheln, dann 20 Minuten quellen lassen.

Zwiebeln und Knoblauchzehe kleingeschnitten in Butter andünsten. Zerkleinerte Pilze, Salz und Pfeffer dazugeben und 5 Minuten mitdünsten. Von der Kochstelle nehmen, unter den fertigen Reis mischen und feingeschnittenen Dill unterziehen.

Jeweils vom Zucchiniende eine 1 cm dicke Scheibe abschneiden. Mit langem Zucchinimesser Zucchini sauber aushöhlen, so daß ringsum ca. 1/2 cm Rand stehenbleibt. Das herausgelöste Zucchinifleisch einstweilen beiseite stellen. Die ausgehöhlten Zucchini mit Zitronensaft ausschwenken und mit Kräutersalz würzen.

Mit Teelöffel vorsichtig die Füllung hineingeben und mit dem abgeschnittenen Zucchinistück die Öffnung verschließen (dieses Stück so zuschneiden, daß es in die Öffnung paßt). Die Zucchini so gefüllt in einen Topf schichten.

Sauce: Das Zucchinifleisch mit Tomaten fein mixen, Tomatenmark, feingeschnittene Knoblauchzehen, gekörnte Hefebrühe und Pfeffer dazugeben. Über die Zucchini gießen und diese 30 Minuten leicht köcheln lassen.

Zucchini vorsichtig aus der Sauce nehmen und auf eine vorgewärmte Platte legen. Crème fraîche und feingeschnittenen Dill unter die Sauce ziehen, in eine Sauciere abfüllen und zu den Zucchini reichen.

Gemüseauflauf Patmos

1 kg Auberginen
Vollmeersalz
gut ¹/₄ l Olivenöl, kaltgepreßt

800 g Kartoffeln
500 g Paprikaschoten
4 Knoblauchzehen
500 g Tomaten
¹/₂ TL Vollmeersalz
2 TL gekörnte Hefebrühe
3 EL Petersilie
50 g Zwiebeln

Auberginen waschen, Stiel abschneiden und der Länge nach in 1 cm breite Scheiben schneiden. Mit Salz bestreuen und ¹/₂ Stunde ziehen lassen. In einem sauberen Geschirrtuch Scheiben trockentupfen und in Olivenöl bei mäßiger Hitze beidseitig 2 – 3 Minuten backen. Auf ein Gitter legen und Öl abtropfen lassen.

Kartoffeln sauber bürsten (eventuelle Schadstellen wegschneiden) und der Länge nach vierteln. In einer zweiten Pfanne in Öl von allen Seiten 5 – 10 Minuten backen. Die Kartoffeln dürfen nicht gar sein.

Paprikaschoten entkernen und der Länge nach vierteln. Kurz allseitig anbraten. Anschließend in Scheiben geschnittene Knoblauchzehen und grobgewürfelte Tomaten in Öl andünsten. Salz, gekörnte Hefebrühe und grobgeschnittene Petersilie dazugeben und von der Kochstelle nehmen.

Fertigstellung: 1 – 2 Kartoffelviertel auf eine Auberginenscheibe legen, zusammenrollen und in eine Auflaufform geben. Mit allen Auberginenscheiben so verfahren, dabei die Scheiben eng aneinanderlegen. Paprikastücke darauf verteilen und die Tomatensauce darübergießen. Zwiebeln in dünne Scheiben schneiden und Auflauf damit garnieren.

Im vorgeheizten Ofen bei 220° auf der untersten Schiene 30 Minuten backen. Dann Form herausnehmen und alles noch 15 Minuten durchziehen lassen.

Gemüsegratin Hera

250 g Zwiebeln
400 g Kartoffeln
300 g Auberginen
250 g Paprikaschoten, rot
250 g Zucchini
400 g Tomaten
Kräutersalz
1 Bund Dill
1 Bund Petersilie
4 TL Basilikum

¼ l Wasser
1 TL Gemüsebrühepaste
6 EL Olivenöl, kaltgepreßt
2 EL Vollkornsemmelbrösel

Zwiebeln halbieren und in dünne Scheiben schneiden. Kartoffeln und Auberginen mit Schale halbieren und dünn scheibeln, Paprikaschote in Streifen, Zucchini und Tomaten mit Schale in Scheiben schneiden. Dill und Petersilie fein hacken.

Die Hälfte der Zwiebeln in einer feuerfesten Backform ausbreiten, darauf zuerst Kartoffeln, dann Auberginen, Paprikaschoten, Zucchini, Tomaten und die restlichen Zwiebeln legen. Jede Schicht dünn mit Kräutersalz, Dill, Petersilie und Basilikum bestreuen.

Gemüsebrühepaste in warmem Wasser auflösen, mit Öl verrühren und über das Gemüse gießen. Mit Semmelbrösel bestreuen und im vorgeheizten Ofen bei 220° auf der zweiten Schiene von unten ca. 45 Minuten backen. 15 Minuten stehenlassen und dann servieren.

Gemüsekuchen Ronja

Teig:
600 g Weizenvollkornmehl
¼ l Wasser
40 g Hefe
1 TL Vollmeersalz
125 g Butter
100 g Sauerrahm

Füllung:
40 g Butter
50 g Zwiebeln
250 g frische Wald- oder
    Zuchtpilze
750 g gemischtes Gemüse der
    Jahreszeit, z.B. Karotten,
    Erbsen, Mais, Spargel,
    Blumenkohl, Lauch
2 TL gekörnte Hefebrühe
Pfeffer aus der Mühle
1 Bund Blattpetersilie

2 EL Crème fraîche

Teig: Frischgemahlenes Weizenvollkornmehl in eine Schüssel geben, eine Vertiefung drücken und darin die in Wasser aufgelöste Hefe mit Mehl zu einem dicklichen Brei rühren. Mit Mehl bedeckt 15 Minuten gehen lassen. Salz, zerlassene Butter und Sauerrahm dazugeben, zu einem glatten, geschmeidigen Teig kneten und diesen ca. 1 Stunde gehen lassen.

Füllung: Zwiebeln, Pilze und alles Gemüse kleinschneiden und in Butter ca. 15 Minuten halbweich dünsten. Gekörnte Hefebrühe, Pfeffer und feingeschnittene Petersilie unterziehen. Abkühlen lassen.

Fertigstellung: Teig auf bemehlter Arbeitsfläche zu einem Kreis mit ca. 40 cm Durchmesser auswalken und so in eine gefettete Springform heben, daß die Ränder über den Springformrand hinaushängen. Abgekühltes Gemüse hineingeben und Teig in Falten vom Rand zur Mitte legen. Mit einem kleinen, zurückgelassenen Teigstück (ausgewalkt und in Tassengröße ausgestochen) die Teigmitte schließen. Mit Crème fraîche bestreichen und 15 Minuten gehen lassen. Teig einige Male mit Holzstäbchen tief einstechen und bei 200° auf der zweiten Schiene von unten ca. 45 Minuten backen.

Mit Senf- oder Meerrettichsauce servieren.

Gemüsetaschen

Teig:
600 g Weizenvollkornmehl
60 g Hefe
300 g Wasser
1 TL Vollmeersalz
150 g Butter

Füllung:
250 g Spargel, netto
250 g Karotten
250 g frische Wald- oder
   Zuchtpilze
150 g Erbsen
1/8 l Wasser
1 TL gekörnte Hefebrühe
1/2 TL Vollmeersalz
40 g feine Haferflocken
2 EL Crème fraîche

Streumehl
2 EL Crème fraîche

Hefe in frischgemahlenes Weizenvollkornmehl bröckeln, Salz in Wasser auflösen, dazugießen und kalte, kleingeschnittene Butter darübergeben. Alles rasch zu einem glatten Teig kneten und diesen 1 Stunde (in einem Gefrierbeutel) in den Kühlschrank legen.

Geputztes und kleingeschnittenes Gemüse in Wasser mit gekörnter Hefebrühe und Salz 15 Minuten leicht köcheln lassen. Frischgemahlene Haferflocken (Getreidemühleneinstellung zwischen Frischkornbrei und Mehl) dazurühren, aufkochen lassen und von der Kochstelle nehmen. Crème fraîche unterrühren und Gemüse auskühlen lassen (kann eventuell auf einem Backblech ausgebreitet erfolgen).

Teig nochmals kurz durchkneten, in 10 Stücke schneiden, jedes Stück auf bemehlter Arbeitsfläche in einer Größe von 15 x 20 cm auswalken und mit Teigrädchen begradigen. Gemüse daraufgeben, Teig von den beiden längeren Seiten darüberschlagen, Teigrand mit Wasser bestreichen und festkleben. Teigtaschen an den beiden Seiten zusammendrücken und mit Teigrädchen abrädeln.

Die 10 Taschen auf ein leicht gefettetes Backblech legen. Von den Teigresten kleine Kugeln drehen und Taschen mit Teigkugeln in der Mitte verzieren. Mit Crème fraîche bestreichen und bei 200° auf der mittleren Schiene 35 – 40 Minuten backen.

Mit Kräutersauce servieren.

Kartoffelauflauf Attika

1 kg Kartoffeln
60 g Butter
100 g Sahne
1 TL gekörnte Hefebrühe
½ TL Vollmeersalz
1 Prise Muskatnuß

ca. 600 g Tomaten
4 TL Kräuterbutter
(siehe S. 173)

Kartoffeln in wenig Wasser gar kochen (ca. 30 Minuten), abschälen und sofort durch die Kartoffelpresse drücken. Butter darüberschneiden und sogleich verrühren. Dann Sahne, gekörnte Hefebrühe, Salz und geriebene Muskatnuß dazurühren.

4 EL dieses Kartoffelteiges in einen Spritzbeutel mit großer Tülle füllen, den Rest in eine flache, gefettete und gebröselte Auflaufform geben und glattstreichen.

Tomaten ca. 1 cm tief kreuzweise einschneiden und in den Kartoffelteig setzen, die Zwischenräume mit dem Kartoffelteig im Spritzbeutel garnieren.

Bei 200° auf der zweiten Schiene von unten ca. 30 Minuten backen, bis die Spitzen braun werden. Aus der Röhre nehmen und in die Tomaten ein Stück Kräuterbutter geben. Dann sofort servieren.

Kartoffelgratin Peru

1 kg Kartoffeln
600 g Tomaten
150 g Erbsen, frisch oder
 tiefgekühlt
150 g Maiskörner, frisch oder
 tiefgekühlt
Kräutersalz
Pfeffer aus der Mühle

400 g Sahne
1 Bund Schnittlauch

Kartoffeln sauber bürsten (Augen ausstechen) und in dünne Scheiben (2 – 3 mm dick) schneiden. Tomaten quer in Scheiben schneiden.

In eine gefettete Auflaufform schichtweise zuerst Kartoffeln, dann Tomaten, Erbsen und Maiskörner geben, bis alles Gemüse aufgebraucht ist. Zwischen jede Lage etwas Kräutersalz und Pfeffer streuen. Mit Kartoffeln, auf die einige Erbsen und Maiskörner gestreut werden, abschließen. Mit Sahne übergießen.

Bei 200° auf der zweiten Schiene von unten 55 – 60 Minuten backen. Mit Schnittlauch bestreut servieren.

Kartoffelgulasch

4 EL Olivenöl, kaltgepreßt
300 g Zwiebeln
300 g Paprikaschoten
1/2 – 2 Peperoni (je nach gewünschter Schärfe)
900 g Kartoffeln, netto
1/2 l Wasser
2 TL gekörnte Hefebrühe
1 TL Gemüsebrühepaste
1 TL Vollmeersalz
120 g vegetarische Pastete
3 TL Majoran
3 EL Crème fraîche

Zwiebeln, Paprikaschoten, Kartoffeln (mit Schale) würfeln und Peperoni fein schneiden. Alles bei mäßiger Hitze ca. 10 Minuten in Öl andünsten. Dann Wasser, gekörnte Hefebrühe, Gemüsebrühepaste, Salz, vegetarische Pastete dazugeben und 25 Minuten köcheln lassen.

Von der Kochstelle nehmen, Majoran und Crème fraîche unterziehen.

Kartoffel-Lauch-Gratin

750 g Kartoffeln
250 g Karotten
500 g Lauch
Kräutersalz
Pfeffer aus der Mühle
500 g Sauerrahm
1/4 l Wasser
1 TL Gemüsebrühepaste
2 EL gehackte Petersilie

Kartoffeln und Karotten sauber bürsten und in 1/2 cm dicke Scheiben schneiden. Lauch der Länge nach halbieren, sauber waschen, putzen und in 3 cm lange Stücke schneiden.

Alles in Auflaufform schichten, jede Lage leicht salzen und pfeffern. Sauerrahm glattrühren und als oberste Schicht auf dem Gemüse verteilen. Gemüsebrühepaste in Wasser auflösen und über den Rahm gießen.

Bei 200° auf der zweiten Schiene von unten 60 Minuten backen. Danach noch ca. 15 Minuten in abgeschalteter Backröhre stehenlassen.

Mit gehackter Petersilie bestreut servieren.

Kartoffelpuffer

1200 g Kartoffeln
100 g Zwiebeln
1 TL gekörnte Hefebrühe
1 TL Vollmeersalz
125 g Hafer

Butter zum Ausbacken

Kartoffeln sauber bürsten (Augen ausstechen) und mit der Schale reiben (Rohkostmaschine: Kronenreibetrommel oder Bircher-Trommel). Zwiebeln ebenfalls reiben und alles mit gekörnter Hefebrühe, Vollmeersalz und frischgemahlenem Hafer verrühren (Getreidemühleneinstellung wie zum Frischkornbrei).

Je einen gehäuften Eßlöffel Brei in eine Pfanne mit heißem Fett geben und so breit drücken, daß ein dünner Fladen (= Puffer) entsteht. Bei mäßiger Hitze einseitig backen. Vor dem Wenden ein Stückchen Butter auflegen, Puffer wenden und ausbacken.

In der vorgeheizten Röhre (100°) fertige Puffer warm halten.

Dazu frische Salate, rohes Apfelmus, Zwetschgenmus oder Preiselbeeren, je nach Geschmacksrichtung, reichen.

Krautrouladen Atalante

1 locker gewachsener Kopf
  Weißkraut
1 l Wasser
2 TL Vollmeersalz

250 g Naturreis
1 Bund Suppengrün
1 TL gekörnte Hefebrühe
1 TL Gemüsebrühepaste
knapp ½ l Wasser

30 g Butter
150 g Zwiebeln

20 g Butter
1 Bund Petersilie
¼ l Brühe vom Krautblätter-
  Kochen

Von einem locker gewachsenen Weißkraut 8 Blätter lösen, fest ineinanderlegen und 5 Minuten im Salzwasser kochen. Mit einem Sieblöffel herausnehmen und abkühlen lassen.

Kleingeschnittenes Suppengrün (im Gemüsewolf zerkleinert) mit gekörnter Hefebrühe, Gemüsebrühepaste und Wasser zum Kochen bringen und gewaschenen Reis dazugeben. 40 Minuten leicht kochen lassen.

Zwiebeln grob würfeln und in Butter glasig dünsten. Mit Butter und grobgeschnittener Petersilie unter den gekochten Reis heben.

Vorgekochte Krautblätter auf Arbeitsfläche ausbreiten, Reis darauf verteilen und einrollen. In einem breiten, niedrigen Topf Krautrouladen eng aneinanderlegen. Brühe dazugießen und 30 Minuten bei kleiner Hitze kochen lassen.

Mit Zitronen-Dill-Sauce (siehe S. 184), wozu die restliche Brühe vom Krautkochen verwendet wird, servieren.

Lauchpastete

Teig:
250 g Weizenvollkornmehl
1/8 l Wasser
20 g Hefe

75 g Butter
1 gehäufter TL Kümmel
1 gestrichener TL Vollmeersalz

Belag:
600 g Lauch, netto
200 g Zwiebeln
30 g Butter
4 EL Wasser
2 TL Gemüsebrühepaste
1/2 TL Curry
1 TL Majoran
1 TL Thymian
1 TL Basilikum
1 TL Rosmarin
Pfeffer aus der Mühle

Guß:
100 g Erdnußkerne,
  ungesalzen
300 g Sauerrahm
1/2 TL Kräutersalz
2 EL Schnittlauch

Frischgemahlenes Weizenvollkornmehl in eine Schüssel geben, eine Vertiefung hineindrücken und die in Wasser aufgelöste Hefe darin mit Mehl zu einem dicklichen Brei rühren. Mit Mehl bestreut 15 Minuten gehen lassen.

Nun zerlassene Butter (1 TL zurücklassen), Kümmel und Salz dazugeben und alles zu einem geschmeidigen Teig kneten. Diesen in der zurückgelassenen Butter wälzen und ca. 30 Minuten zugedeckt gehen lassen.

Lauch der Länge nach halbieren, sauber waschen und in ca. 1 cm dicke Stücke schneiden. Zwiebeln grob würfeln. Alles in Butter ca. 10 Minuten dünsten. Gemüsebrühepaste in Wasser auflösen und mit den Gewürzen dazugeben. Dann auskühlen lassen.

Teig in gefettete Springform legen und 3 cm Rand hochdrücken. Lauch hineingeben, glattstreichen und Erdnußkerne darüberstreuen. Sauerrahm mit Salz und feingeschnittenem Schnittlauch verrühren und gleichmäßig über den Lauch streichen.

Bei 200° auf der zweiten Schiene von unten 45–50 Minuten backen.

Einige Minuten auskühlen lassen, dann Pastete mit Kuchenretter auf Porzellanplatte heben und warm servieren.

Lauchquiche Moselle

Teig:
250 g Weizenvollkornmehl
100 g Butter
knapp 1/8 l Wasser
1 gestrichener TL Vollmeersalz
Streumehl
4 EL Haferflocken

Belag:
500 g Lauch, netto
200 g Zwiebeln
20 g Butter
2 TL gekörnte Hefebrühe
200 g Sauerrahm
2 EL Hefeflocken
400 g Tomaten
Kräutersalz
Pfeffer aus der Mühle

Frischgemahlenes Weizenvollkornmehl mit Wasser, Salz und kleingeschnittener Butter verrühren und alles zusammenkneten. Teig 30–60 Minuten ruhen lassen. Dann ungefettete Springform damit auslegen und 2–3 cm Rand drücken. Haferflocken auf den Teigboden streuen.

Lauch putzen, der Länge nach aufschneiden und sauber waschen. Zwiebeln grob würfeln und in Butter andünsten. Lauch dazugeben, gekörnte Hefebrühe darüberstreuen und 5 Minuten mitdünsten. Von der Kochstelle nehmen und abkühlen lassen.

Sauerrahm und Hefeflocken unterrühren und alles auf dem Teigboden ausbreiten. Tomaten quer in Scheiben schneiden und auf den Lauch legen. Mit Kräutersalz und Pfeffer würzen.

Im vorgeheizten Ofen bei 210° auf der zweiten Schiene von unten 35 – 40 Minuten backen.

Mit Kuchenretter auf Platte heben und servieren.

Makkaroni al Funghi

300 g Champignons
300 g Waldpilze, frisch oder tiefgekühlt, oder Austernpilze
5 EL Olivenöl, kaltgepreßt
100 g Zwiebeln
2 Knoblauchzehen
2 EL Petersilie
Saft von 1 Zitrone, unbehandelt
1 TL Vollmeersalz
1 TL Gemüsebrühepaste
Pfeffer aus der Mühle

gut 1 l Wasser
2 gehäufte TL gekörnte Hefebrühe
2 EL Olivenöl, kaltgepreßt
400 g kurze Makkaroni ohne Ei
40 g Butter
1 Bund Schnittlauch

Pilze waschen und grob schneiden. Feingewürfelte Zwiebeln und gescheibelte Knoblauchzehen in Olivenöl glasig dünsten, Pilze, grobgeschnittene Petersilie und Zitronensaft dazugeben und im eigenen Saft ca. 10 Minuten leicht köcheln lassen. Mit Salz, Gemüsebrühepaste und Pfeffer pikant abschmecken.

Gleichzeitig Wasser mit gekörnter Hefebrühe und Olivenöl zum Kochen bringen. Nudeln dazugeben und 10 Minuten leicht kochen, dann 10 Minuten quellen lassen, bis das Wasser aufgesogen ist. Ab und zu vorsichtig umrühren.

Vor dem Servieren Butter und Pilze unterheben und mit Schnittlauch bestreut servieren.

Pilzragout Dalmatien

500 g frische Egerlinge oder Champignons
300 g Tomaten
125 g Zwiebeln
5 EL Olivenöl, kaltgepreßt
Saft von 1 Zitrone, unbehandelt
1 TL Vollmeersalz
1 TL gekörnte Hefebrühe
1 TL Gemüsebrühepaste
1 Lorbeerblatt
1 TL-Spitze Korianderkörner
1 TL Thymian
Pfeffer aus der Mühle

1/4 l Weißwein, ungeschwefelt
3 EL sehr feine Haferflocken
3 EL Petersilie

Pilze waschen, putzen und in große Stücke schneiden (entweder halbieren oder vierteln, je nach Größe). Tomaten in ca. 1 x 1 cm große Stücke würfeln.

Zwiebeln fein würfeln und in Öl glasig dünsten. Pilze, Tomaten und Zitronensaft dazugeben. Mit Salz, gekörnter Hefebrühe, Gemüsebrühepaste, Lorbeerblatt, Koriander, Thymian und Pfeffer 15 Minuten leicht kochen lassen.

Hafer auf der Getreidemühle sehr fein mahlen (Einstellung wie bei Vollkornmehl; Hafer langsam einlaufen lassen, sonst verschmieren die Mahlsteine), mit Wein verrühren und zu den Pilzen geben. 2 Minuten köcheln lassen, dann von der Kochstelle nehmen. Feingehackte Petersilie unterziehen.

Mit Kartoffelbrei servieren.

Pizza Cagliari

Teig:
500 g Weizenvollkornmehl
1/4 l Wasser
20 g Hefe

1 TL Vollmeersalz
6 EL Sonnenblumenöl,
  kaltgepreßt
4 EL Sesam

Belag:
250 g Auberginen
1 TL Vollmeersalz
4 EL Olivenöl, kaltgepreßt

2 EL Olivenöl, kaltgepreßt
4 EL Tomatenmark
500 g frische Wald- oder
  Zuchtpilze
Kräutersalz
Pfeffer aus der Mühle
350 g grüne Paprikaschoten
1 TL Origano
1 TL Rosmarin
2 TL Basilikum
2 TL Thymian
600 g Tomaten
Pfeffer aus der Mühle
Kräutersalz

Frischgemahlenes Weizenvollkornmehl in eine Schüssel geben, Vertiefung hineindrücken und darin die in lauwarmem Wasser aufgelöste Hefe mit Mehl zu einem dicklichen Brei rühren. Mit Mehl bedeckt 15 Minuten gehen lassen.

Salz und Öl zum gegangenen Vorteig geben, alles gut zu einem geschmeidigen Teig kneten und ca. 30 Minuten gehen lassen.

Backblech fetten, mit Sesam bestreuen, Teig darauf auswalken (nasses Tuch unter das Blech legen) und 1 cm Rand drükken.

Von den Auberginen Stiele entfernen, in 1/2 cm dicke Scheiben schneiden, mit Salz bestreuen und 30 Minuten ziehen lassen. Dann kurz abwaschen, auf sauberem Geschirrtuch trockentupfen und in kleine Würfel schneiden. Diese in Öl ca. 5 Minuten bei mäßiger Hitze backen.

Pilze putzen, waschen und fein scheibeln (Rohkostmaschine: Scheibentrommel), Paprikaschoten würfeln und Tomaten in Scheiben schneiden.

Öl und Tomatenmark auf Pizzaboden streichen. Darauf die Pilze geben und leicht salzen und pfeffern. Weiter darauf Auberginen- und Paprikawürfel verteilen und die verschiedenen Gewürze darüberstreuen. Alles mit Tomatenscheiben, leicht gesalzen und gepfeffert, bedecken.

Bei 225° auf der mittleren Schiene 30 Minuten backen. Auf Gitter kurz abkühlen lassen und in Stücke aufschneiden.

Pizza Elliniki

Teig:
500 g Weizenvollkornmehl
1/4 l Wasser
20 g Hefe
1 TL Vollmeersalz
6 EL Sonnenblumenöl, kaltgepreßt
Belag:
4 EL Olivenöl, kaltgepreßt
4 EL Tomatenmark
650 g Auberginen, in Olivenöl gebacken
300 g Paprikaschoten
2 große Fleischtomaten (600 g)
150 g schwarze Oliven
100 g mittelscharfe, eingelegte Peperoni
2 EL kleine Kapern (Nonpareilles)
1 TL Rosmarin
1 TL Basilikum
1 TL Origano
1 TL Thymian
Kräutersalz
Pfeffer aus der Mühle

Von den Auberginen Stiel abschneiden und ungeschält der Länge nach oder schräg in 1 cm dicke Scheiben schneiden. Scheiben leicht mit Salz bestreuen, in einen Durchschlag schichten, Teller darauflegen und mit Topf beschweren. Nach einer Stunde Scheiben kurz mit Wasser abwaschen, auf sauberes Geschirrtuch legen und trockentupfen.

In Olivenöl auf beiden Seiten ca. 5 Minuten bei mäßiger Hitze leicht backen. Fertiggebackene Scheiben auf Teller schichten und abkühlen lassen.

Frischgemahlenes Weizenvollkornmehl in eine Schüssel geben, in die Mitte eine Vertiefung drücken und darin die in kaltem Wasser verrührte Hefe mit Mehl zu einem dicklichen Brei rühren. Mit Mehl bestäubt ca. 15 Minuten gehen lassen.

Salz und Öl zum gegangenen Vorteig geben, alles gut zu einem geschmeidigen Teig kneten und ca. 30 Minuten gehen lassen.

Teig mit Nudelholz auf gefettetes Backblech walken (nasses Tuch unter das Blech legen) und 1 cm Rand drücken. Auf dem Teig zuerst Olivenöl, dann Tomatenmark verstreichen. Darauf gebackene, abgekühlte Auberginenscheiben, dann in dünne Ringe geschnittene Paprikaschoten legen. Nun jede Tomate in 8 Scheiben schneiden und diese in 4 Reihen längs und quer auf den Belag geben, damit später (beim Aufschneiden der Pizza in 16 Stücke) auf jedem Stück eine Tomatenscheibe liegt.

Oliven entkernen, mit Peperoni kleinschneiden und mit Kapern auf der Pizza verteilen. Gerebelte Gewürze, Kräutersalz und Pfeffer dünn darüberstreuen.

Bei 220° auf der mittleren Schiene ca. 30 Minuten backen. Auf Gitter ca. 10 Minuten abkühlen lassen, in Stücke aufschneiden und servieren.

Ratatouille im Reisrand

5 EL Olivenöl, kaltgepreßt
500 g Auberginen
500 g Zucchini
500 g Tomaten
250 g Paprikaschoten, rot und grün
250 g Waldpilze oder Champignons
1 – 3 Peperoni, je nach gewünschter Schärfe
1 TL Vollmeersalz
1 TL gekörnte Hefebrühe

400 g Naturreis (siehe S. 280)

Auberginen, Zucchini, Tomaten, Paprikaschoten und Pilze waschen und mit Schale in große Würfel schneiden. Peperoni mit Kernen fein schneiden. Gemüse bei mäßiger Hitze in Olivenöl andünsten und des öfteren umrühren, bis es Saft zieht. Salz und gekörnte Hefebrühe dazugeben und ca. 30 Minuten im eigenen Saft leicht köcheln.

Fertig gegarten Reis in eine mit kaltem Wasser ausgespülte Kranzform geben, fest und glatt drücken und auf große runde Platte stürzen. Ratatouille in die Mitte geben und servieren.

Restliches Gemüse in einer Schüssel dazureichen.

Sauerkraut-Rahm-Strudel

Teig:
250 g Weizenvollkornmehl
2 MS Vollmeersalz
1 TL Obstessig
50 g Butter
1/8 l lauwarmes Wasser

Füllung:
125 g Crème fraîche
600 g Sauerkraut
350 g Äpfel
75 g Zwiebeln
75 g Walnußkerne

zum Übergießen:
200 g Sahne

Frischgemahlenes Weizenvollkornmehl mit Salz, Obstessig, kleingeschnittener Butter und lauwarmem Wasser verrühren und zu einem geschmeidigen Teig kneten. Teig ca. 50mal auf den Tisch schlagen, damit er elastisch und glänzend wird. Mit angewärmter Schüssel bedeckt ca. 30 Minuten ruhen lassen.

Sauerkraut im Sieb abtropfen lassen (Saft in einem Gefäß auffangen) und grob schneiden, Äpfel raspeln (Rohkostmaschine: große Lochtrommel), Zwiebeln fein schneiden und Walnußkerne in kleine Stücke brechen. In einer Schüssel alles mischen.

Teig in zwei Hälften teilen und jede in Backpfannenlänge rechteckig auswalken. Mit Hilfe des Nudelholzes Teig auf ein Geschirrtuch heben. Jedes Teigstück mit der halben Menge Crème fraîche bestreichen und mit halber Menge Füllung belegen. Tuch anheben und Teig locker zu einem Strudel rollen.

Mit Hilfe des Tuches beide Teigrollen in gefettete Backpfanne gleiten lassen. Sahne mit Sauerkrautsaft verrühren und über Teigrollen gießen. Bei 200° auf der mittleren Schiene 60 Minuten backen.

Dazu Kartoffelbrei pikant (siehe S. 280) oder Erbsenpüree (siehe S. 278) reichen.

Saures Kartoffelgemüse

150 g Zwiebeln
20 g Butter
1 kg Kartoffeln
1 l Wasser
1 TL Vollmeersalz
1 TL gekörnte Hefebrühe
1 TL Gemüsebrühepaste
3 EL kleine Kapern (Nonpareilles)
3 EL Obstessig
2 gehäufte EL Weizenvollkornmehl
2 EL Crème fraîche
1 EL körniger Senf

Zwiebeln halbieren, in feine Scheiben schneiden und in Butter glasig dünsten.

Kartoffeln gut bürsten (Augen ausstechen), stifteln und fein scheibeln. Zu den Zwiebeln geben und kurz mitdünsten. Dann Wasser, Salz, gekörnte Hefebrühe, Gemüsebrühepaste, Kapern und Obstessig dazugeben und ca. 30 Minuten leicht kochen lassen.

Frischgemahlenes Weizenvollkornmehl unter ständigem Rühren in einer Pfanne leicht bräunen, zum Gemüse geben und 1 Minute kochen lassen. Crème fraîche und Senf vor dem Servieren unterziehen.

Spinatquiche Marseille

Teig:
250 g Weizenvollkornmehl
100 g Butter
knapp 1/8 l Wasser
1 gestrichener TL Vollmeersalz
4 EL Haferflocken

Belag:
1 kg Spinat (= 750 g netto)
2 TL gekörnte Hefebrühe
Pfeffer aus der Mühle

100 g Zwiebeln
2 Knoblauchzehen
20 g Butter
250 g frische Wald- oder Zuchtpilze
1 TL Vollmeersalz
Pfeffer aus der Mühle
400 g Tomaten

Frischgemahlenes Weizenvollkornmehl mit Wasser, Salz und kleingeschnittener Butter verrühren und alles zusammenkneten. Teig 30 – 60 Minuten ruhen lassen. Dann ungefettete Springform damit auslegen und 2 – 3 cm Rand drücken. Haferflocken auf Teigboden streuen.

Spinat putzen, dicke Stiele abschneiden (Verwendung siehe griechischer Dorfsalat, S. 47) und gut waschen. Spinat ohne Wasser (das noch haftende Waschwasser genügt) mit gekörnter Hefebrühe aufsetzen und kurz (3 – 5 Minuten) kochen, bis er zusammengefallen ist. In einen Durchschlag geben und abtropfen lassen (Gemüsebrühe für Suppe verwenden).

Zwiebeln und Knoblauch kleinschneiden und in Butter glasig dünsten. Pilze fein scheibeln (Rohkostmaschine: Scheiben trommel), zu den Zwiebeln geben, Salz und Pfeffer darüberstreuen, 5 Minuten dünsten und dann etwas abkühlen lassen.

Zuerst Pilze auf dem Teigboden verteilen, darauf den abgetropften Spinat geben und diesen mit Tomatenscheiben belegen.

Bei 210°, zweite Schiene von unten, 35–40 Minuten backen. Mit Kuchenretter auf Platte heben und servieren.

Zucchini-Dschunken

1 große Zucchini, 1–1,2 kg
Kräutersalz
Pfeffer aus der Mühle

Füllung:
5 Vollkornbrötchen (250 g),
 einige Tage alt
1/4 – 3/8 l Wasser
1 TL Gemüsebrühepaste

20 g Butter
100 g Zwiebeln
400 g frische Zucht- oder
 Waldpilze
1 TL Vollmeersalz
Pfeffer aus der Mühle
125 g Haselnüsse
2 EL Petersilie

40 g Butter

Tomatensauce:
600 g Tomaten
1/8 l Wasser
1 TL gekörnte Hefebrühe
1 TL Gemüsebrühepaste

Zucchini der Länge nach halbieren und mit einem Eßlöffel die Kerne aus der Mitte herausnehmen. Zucchini leicht mit Salz und Pfeffer bestreuen und ziehen lassen.

Vollkornbrötchen in Scheiben schneiden. Gemüsebrühepaste in kochendem Wasser auflösen und über die Brötchen gießen.

Butter zerlassen, kleingeschnittene Zwiebeln darin glasig dünsten. Pilze fein scheibeln (Rohkostmaschine: Scheibentrommel), dazugeben, mit Salz und Pfeffer bestreuen und 10 Minuten dünsten lassen. Eingeweichte Brötchenscheiben zerdrükken, zu den Pilzen geben und kurze Zeit mitdünsten. Von der Kochstelle nehmen, grobgehackte Haselnüsse (Rohkostmaschine: Scheibentrommel) und Petersilie dazurühren.

Diese Masse in die vorbereiteten Zucchinihälften gehäuft füllen und diese in eine Auflaufform geben. Tomaten mit Wasser, gekörnter Hefebrühe und Gemüsebrühepaste mixen und in die Auflaufform gießen.

Bei 200° auf der zweiten Schiene von unten 50 – 60 Minuten backen. Kurz vor dem Ende der Garzeit mit Butter bestreichen.

Zucchini auf einer Platte, hübsch garniert mit Tomatenscheiben, Petersilie und Oliven, anrichten.

Tomatensauce in eine Sauciere füllen und dazureichen.

Zwiebelkuchen

Teig:
400 g Weizenvollkornmehl
$^1/_2$ TL Koriander
$^1/_4$ l Wasser
20 g Hefe
50 g Butter
1 TL Vollmeersalz

Belag:
500 g Zwiebeln
30 g Butter
1 TL Kräutersalz

300 g Sauerrahm
50 g Weizenvollkornmehl
1 TL Kümmel
1 TL Paprika

Frischgemahlenes Weizenvollkornmehl – Koriander gleich mitmahlen – in eine Schüssel geben, Hefe in lauwarmem Wasser auflösen und in die Mehlmitte gießen. Mit etwas Mehl zu einem dicklichen Brei verrühren. Mit Mehl bedeckt 15 Minuten gehen lassen.

Zerlassene Butter (1 Teelöffel zurücklassen) und Salz zum gegangenen Vorteig geben und alles ca. 5 Minuten kneten. Teig in zurückgelassener Butter wälzen und ca. 30 Minuten gehen lassen.

Zwiebeln schälen, halbieren und in dünne Scheiben schneiden. In Butter mit Kräutersalz glasig dünsten. Sauerrahm mit frischgemahlenem Weizenvollkornmehl verrühren, abgekühlte Zwiebeln unterziehen.

Teig ungefähr in Springformgröße auswalken, in gefettete Form legen und 2 cm Rand hochdrücken. Zwiebelmasse darin verteilen, mit Paprika und Kümmel bestreuen.

In die kalte Backröhre stellen, zweite Schiene von unten, 10 Minuten bei 100° gehen lassen und ca. 30 Minuten bei 200° backen.

Etwas abgekühlt auf einer runden Platte anrichten und mit frischen Salaten servieren. Auch kalt schmeckt der Zwiebelkuchen zu Bier und Wein.

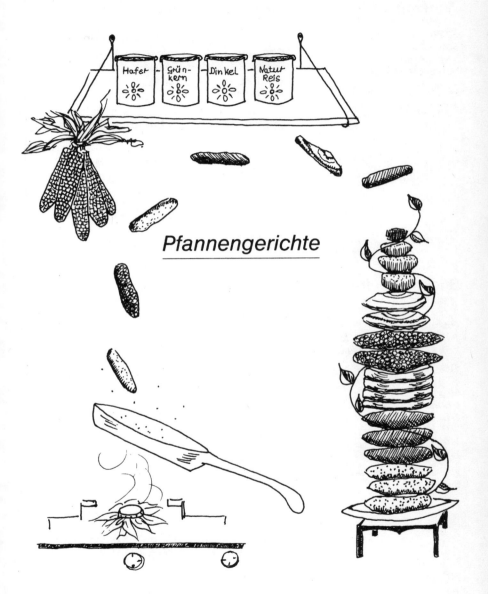

Pfannengerichte

Auberginen- und Zucchinischeiben, gebacken

500 g Auberginen
500 g Zucchini
Vollmeersalz
Vollkornsemmelbrösel

ca. ¼ l Olivenöl, kaltgepreßt
1 Zitrone, unbehandelt

Auberginen und Zucchini mit der Schale schräg in 1 cm dicke Scheiben schneiden, leicht auf beiden Seiten salzen und 30 Minuten ziehen lassen. Scheiben dann von beiden Seiten in Semmelbrösel drücken und beidseitig bei mäßiger Hitze mit Olivenöl je 3 – 5 Minuten in der Pfanne ausbacken.

In der Backröhre warm halten, bei Tisch mit Zitrone beträufeln und mit Salaten, Reis oder Kartoffelbrei servieren.

Schmeckt auch kalt mit griechischem Knoblauch-Kartoffelpüree oder Mandel-Knoblauch-Paste sehr gut.

Buchweizenfrikadellen

200 g Buchweizen
400 g Wasser
1 TL gekörnte Hefebrühe
2 TL Gemüsebrühepaste

400 g Sauerkraut
80 g Walnußkerne
50 g Zwiebeln
1 Bund Petersilie
1 TL Basilikum
1 TL Rosmarin
1 TL Thymian
1 TL Origano

Vollkornsemmelbrösel
Butter

Wasser mit gekörnter Hefebrühe und Gemüsebrühepaste zum Kochen bringen. Buchweizen in einem Sieb waschen und dazugeben. 10 Minuten leicht kochen, 20 Minuten quellen und dann auskühlen lassen.

Sauerkraut abtropfen lassen und kleinschneiden, Walnüsse grob hacken, Zwiebeln fein würfeln und Petersilie grob schneiden. Alles unter abgekühlten Buchweizen rühren und mit gerebeltem Basilikum, Rosmarin, Thymian und Origano abschmecken.

10 – 12 Frikadellen formen, in Semmelbröseln wenden und in Butter bei mäßiger Hitze auf beiden Seiten hellbraun backen.

Gebackene Auberginen Priamos

1 kg Auberginen
Vollmeersalz
Olivenöl, kaltgepreßt
3 Bund frisches Basilikum
1 Zitrone, unbehandelt

Am besten längliche, schmale Auberginen verwenden. Stiel und grünbraune Kappe abschneiden und Früchte längs halbieren. Jede Hälfte gut mit Salz bestreuen, in einer Schüssel übereinanderlegen, mit Teller abdecken und beschweren.

Nach ca. 30 Minuten unter kaltem Wasser abbrausen und in einem Küchentuch trocknen.

Auberginenhälften in Olivenöl von beiden Seiten bei mäßiger Hitze backen, jedoch nicht zu weich werden lassen. Auf einer Platte im Backrohr (100°) fertiggebakkene Auberginenhälften warm halten.

Basilikum fein schneiden, über gebackene Auberginen streuen und mit Zitronensaft beträufeln. Mit Kräuselpetersilie und Zitronenachteln hübsch garniert anrichten.

Dazu Kartoffelsalat Toskana (S. 258) reichen.

Gebackene Lauchstangen

1 kg Lauch, netto
¼ l Wasser
1 TL Vollmeersalz

100 g Vollkornsemmelbrösel
100 g Sesam
1 TL Vollmeersalz

Butter zum Ausbacken

Lauchstangen putzen, der Länge nach halbieren und sauber waschen. In 10 – 15 cm lange Stücke schneiden. Davon können nur die kompakten Stücke verwendet werden (Die lockeren, oberen Lauchblätter sollten für andere Lauchgerichte, z.B. Lauchsuppe, verwendet werden).

Lauchstücke in Topf schichten, Wasser und Salz dazugeben und 10 Minuten leicht köcheln lassen. Herausnehmen und auskühlen lassen.

Semmelbrösel, Sesam und Salz mischen, Lauchstücke darin wenden und in Butter bei mäßiger Hitze auf beiden Seiten ausbacken.

Dazu kann Frischsalat, Kartoffelsalat oder Polenta gereicht werden.

Gebackene Maiskolben

6 – 8 Maiskolben,
   je nach Größe
50 g Butter
50 g Sesam
½ TL Vollmeersalz

Frische, zarte Maiskolben schälen und enthaaren. In einer Pfanne bei mäßiger Hitze 15 Minuten in Butter von allen Seiten backen.

Sesam frisch mahlen (Getreidemühle mit Keramik- oder Stahlmahlwerk, Einstellung wie bei Frischkornbrei) und mit Salz mischen. Die gebackenen Maiskolben darin wenden.

Mit Petersilienkartoffeln oder Naturreis und Meerrettichsauce servieren. Am zweckmäßigsten werden die Maiskolben mit der Hand gegessen.

Gebackene Pilzkappen

8 – 12 Pilzkappen, je nach
   Größe, z.B. Edelreizker,
   Maronen, Parasol- oder
   Austernpilze

Teig:
150 g Sahne
150 g Wasser
75 g Weizenvollkornmehl
1 TL gekörnte Hefebrühe
1 TL Vollmeersalz
Pfeffer aus der Mühle

Butter zum Ausbacken

Pilzkappen waschen und abtropfen lassen, eventuell halbieren, damit sie flach in der Pfanne ausgebacken werden können.

Sahne, Wasser, frischgemahlenes Weizenvollkornmehl mit gekörnter Hefebrühe, Salz und Pfeffer verrühren. Eine halbe Stunde quellen lassen.

Pilzkappen in den Teig tauchen, ins heiße Fett geben und bei mäßiger Hitze auf beiden Seiten backen.

Bei Tisch mit Zitrone beträufeln. Dazu Kartoffelsalat oder Frischsalate reichen.

Gebackene Selleriescheiben

1 – 2 Sellerieknollen
(ca. 750 g)
½ l Wasser
1 TL Vollmeersalz

Kräutersalz
100 g Sahne
3 EL feine Haferflocken
3 EL Sesam
Butter
1 Zitrone, unbehandelt

Sellerieknollen in Salzwasser 20 – 30 Minuten, je nach Knollengröße, kochen, jedoch nicht zu weich werden lassen.

Abgekühlt dünn schälen und in ½ cm dicke Scheiben schneiden. Diese leicht mit Kräutersalz bestreuen und in Sahne tauchen. Haferflocken, Sesam und etwas Kräutersalz mischen und Selleriescheiben darin wälzen.

Bei kleiner Hitze in Butter auf beiden Seiten leicht bräunen. Bei Tisch nach Belieben mit Zitrone beträufeln. Dazu Kartoffelsalat oder Frischsalate reichen.

Grünkernfrikadellen

125 g Grünkern, ganze Körner
¼ l Wasser
1 TL gekörnte Hefebrühe
1 TL Gemüsebrühepaste

250 g Grünkern, gemahlen
gut ½ l Wasser
2 Lorbeerblätter
1 TL gekörnte Hefebrühe
1 TL Gemüsebrühepaste
1 Bund Suppengrün

1 kleine Zwiebel
2 Knoblauchzehen
2 TL körniger Senf
Pfeffer aus der Mühle
1 TL Paprika, süß
4 TL Majoran
1 EL Sojasauce
2 EL Hefeflocken

ca. 50 g Vollkornsemmelbrösel
Butter zum Ausbacken
150 g Tomaten
Petersiliengrün
1 Zitrone, unbehandelt

Grünkern einige Stunden einweichen, mit gekörnter Hefebrühe und Gemüsebrühepaste im Einweichwasser 30 Minuten köcheln und 20 Minuten bei mäßiger Hitze quellen lassen.

Grünkern mittelfein schroten (Getreidemühleneinstellung zwischen Frischkornbrei und Vollkornmehl), mit Lorbeerblatt, gekörnter Hefebrühe, Gemüsebrühepaste und feingeschnittenem Suppengrün aufsetzen. Unter ständigem Rühren ankochen und bei mäßiger Hitze 20 Minuten quellen lassen.

Etwas abkühlen lassen, dann geriebene Zwiebel, feingeschnittenen Knoblauch, Senf, Pfeffer, Paprika, Majoran, Sojasauce, Hefeflocken und die gekochten ganzen Körner einarbeiten.

Aus dem Teig mit feuchten Händen 10 – 12 Frikadellen formen, in Semmelbröseln wenden und auf beiden Seiten in Butter bei mäßiger Hitze ausbacken.

Mit Tomatenachteln und Petersiliengrün garnieren. Bei Tisch nach Belieben mit Zitrone beträufeln. Dazu Kartoffelsalat oder Frischsalate reichen.

Die Frikadellen schmecken auch kalt, mit Senf, Oliven, eingelegten Peperoni oder Gürkchen gereicht, gut.

Hirsefrikadellen

3/4 l Wasser
1 TL Gemüsebrühepaste
1 TL gekörnte Hefebrühe
1 TL Vollmeersalz
1 Bund Suppengrün
225 g Hirse

75 g Zwiebeln
2 EL gehackte Petersilie
2 EL Majoran
5 EL Hefeflocken
Vollkornsemmelbrösel

Wasser mit Gemüsebrühepaste, gekörnter Hefebrühe, Salz und feingeschnittenem Suppengrün kochen. Hirse einlaufen lassen und 10 Minuten kochen, 20 Minuten bei kleinster Hitze ausquellen lassen.

Zur abgekühlten Hirse feingeschnittene Zwiebel, gehackte Petersilie, Majoran und Hefeflocken rühren. 10 – 12 Frikadellen formen und in Vollkornsemmelbröseln wenden. In Butter bei mäßiger Hitze auf beiden Seiten backen.

Als Beilage eignen sich frische Salate, Kartoffelsalat, Bohnensalat oder gedünstetes Gemüse mit Sauce.

Kartoffelcroquetten

1 kg Kartoffeln
100 g Hafer
2 TL Kräutersalz
2 TL Kümmel
2 EL Sauerrahm

6 EL Vollkornsemmelbrösel
Butter zum Ausbacken

Kartoffeln mit einer Tasse Wasser 30 Minuten kochen, schälen, durch Kartoffelpresse drücken und auskühlen lassen.

Frischgemahlenen Hafer (Getreidemühleneinstellung wie bei Frischkornbrei), Salz, Kümmel und Sauerrahm dazugeben und Kartoffelteig durchkneten. Runde oder längliche Croquetten formen, in den Semmelbröseln wälzen und bei mäßiger Hitze in Butter auf allen Seiten backen.

Ergibt je nach Größe 10 – 16 Stück.

Kartoffelcroquetten schmecken als Beilage zu Hülsenfrüchten, Gemüse oder zu Frischsalaten gut.

Kräuter-Maisschnitten

250 g Maisgrieß
2 EL Buchweizen, gemahlen
1 l Wasser
1 Bund Suppengrün
1 TL Vollmeersalz
1 TL gekörnte Hefebrühe
1 TL Gemüsebrühepaste

40 g Butter
4 EL gehackte Wild- oder Gartenkräuter

Wasser mit feingeschnittenem Suppengrün, Salz, gekörnter Hefebrühe und Gemüsebrühepaste zum Kochen bringen. Maisgrieß und feingemahlenen Buchweizen einrühren, ca. 5 Minuten kochen und dann 20 Minuten bei kleinster Hitze quellen lassen.

Unter den fertigen, festen Maisbrei Butter und feingehackte Kräuter rühren. Diese Masse auf großen flachen Teller oder Platte ca. 1 cm dick streichen.

In erkaltetem Zustand in beliebig große Stücke schneiden und in Butter auf beiden Seiten knusprig ausbacken.

Dazu können Frischsalate, gekochte Salate oder Gemüse gereicht werden.

Nuß-Haferküchle

200 g Hafer
100 g Weizen
½ l Wasser
1 TL gekörnte Hefebrühe
1 TL Gemüsebrühepaste
1 TL Kräutersalz
20 g Hefe

100 g Haselnüsse
2 TL Kümmel
Butter zum Ausbacken

Hafer und Weizen grob mahlen (Getreidemühleneinstellung wie bei Frischkornbrei). Wasser erhitzen, gekörnte Hefebrühe, Gemüsebrühepaste und Salz darin auflösen und über das Getreide gießen. Alles verrühren, Hefe dazubröckeln und unterrühren. 30 Minuten quellen lassen. Haselnüsse grob mahlen (Rohkostmaschine: große Lochtrommel) und mit Kümmel unter den Teig rühren.

Je einen gehäuften Eßlöffel Teig in eine Pfanne mit heißem Fett geben, glattstreichen, ca. 1 cm dick. Bei mäßiger Hitze einseitig backen. Vor dem Wenden ein Stückchen Butter auflegen, Küchle wenden und die andere Seite ausbacken.

In der vorgeheizten Röhre (100°) fertige Küchle warm halten.

Als Beilage Frischsalate, Bohnen- oder Kartoffelsalat reichen.

Pilzfrikadellen

500 g Pilze (Waldpilze oder Zuchtchampignons)
20 g Butter
75 g Zwiebeln
4 Vollkornbrötchen (200 g)
gut 1/8 l Wasser
1 TL Gemüsebrühepaste
1 TL Vollmeersalz
1 Bund Petersilie
Pfeffer aus der Mühle
ca. 50 g Vollkornsemmelbrösel

Butter zum Ausbacken

1 Zitrone, unbehandelt, zum Garnieren und Beträufeln

Kleingeschnittene Zwiebel in Butter glasig dünsten, geputzte, gewaschene und zerkleinerte Pilze dazugeben und ca. 10 Minuten dünsten.

Vollkornbrötchen in feine Scheiben schneiden, Gemüsebrühepaste in Wasser auflösen, Brötchenscheiben übergießen, durchziehen lassen und dann zerdrücken. Zu den Pilzen geben und kurze Zeit mitdünsten.

Zur ausgekühlten Masse Salz, feingeschnittene Petersilie und Pfeffer geben. Mit angefeuchteten Händen 8–10 Frikadellen formen und in den Semmelbröseln wenden. Bei mäßiger Hitze in Butter leicht braten.

Zitrone in Achtel schneiden und Frikadellen damit garnieren. Nach Geschmack Frikadellen mit Zitronensaft beträufeln.

Reisfrikadellen

200 g Naturreis
½ l Wasser
1 TL gekörnte Hefebrühe
1 TL Gemüsebrühepaste

20 g Butter
100 g Zwiebeln
1 Knoblauchzehe
250 g gemischtes Gemüse, z.B.
   Erbsen, Karotten, Lauch,
   Maiskörner
1 TL Vollmeersalz
3 EL Schnittlauch
4 EL Hefeflocken
100 g Vollkornsemmelbrösel
Butter zum Ausbacken

Reis waschen und mit Wasser, gekörnter Hefebrühe und Gemüsebrühepaste aufsetzen. 40 Minuten leicht köcheln, dann 20 Minuten quellen lassen.

Kleingewürfelte Zwiebeln und Knoblauch in Butter andünsten. Gemischtes, sehr klein geschnittenes Gemüse und Salz dazugeben und ca. 10 Minuten dünsten. Unter den abgekühlten Reis mit Schnittlauch und Hefeflocken mischen. 16 kleine Frikadellen formen (große Frikadellen brechen zu leicht). In den Semmelbröseln wenden und in Butter ausbacken.

Dazu Frischsalate, gekochte Salate oder gekochtes Gemüse reichen.

Gekochte Salate

Artischockensalat à la Villars

400 g Artischockenherzen,
  eingelegt in Öl
500 g Paprikaschoten, rot,
  grün und gelb
1 Staude grüner Salat oder
  Radicchio
3 EL Obstessig
4 EL Olivenöl, kaltgepreßt
½ TL Vollmeersalz
75 g Zwiebeln
1 TL körniger Senf
2 TL Kräuter der Provence
  (Basilikum, Thymian,
  Origano, Rosmarin)

Artischockenherzen vierteln, Paprikaschoten kleinwürfeln.

Essig, Öl, Salz, kleingeschnittene Zwiebeln, Senf und Kräuter der Provence verrühren. Vorbereitete Artischocken und Paprikaschoten unterheben. Schüssel mit Salatblättern auslegen und Salat hineinfüllen. Leicht gekühlt servieren.

Auberginensalat Olymp

500 g Auberginen
1 gestrichener TL Vollmeersalz
Saft von ½ Zitrone,
  unbehandelt
1 EL Obstessig
2 EL Olivenöl, kaltgepreßt
50 g Zwiebeln
1 kleine Staude Radicchio
2 kleine Tomaten
8 schwarze Oliven
Petersilienblätter

Auberginen waschen, Haut der Länge nach einschneiden (damit sie nicht platzen) und im Backofen bei 200° auf der mittleren Schiene ca. 40 Minuten auf dem Rost backen. Mit der Hand drücken, um zu prüfen, ob sie weich sind.

Am Stiel anfassen, kurz unter das kalte Wasser halten und auf ein Holzbrett legen. Stiel abschneiden, Auberginen der Länge nach aufschneiden und mit Löffel Fruchtfleisch herausschaben. Dieses mit dem Messer hacken, in eine Schüssel geben und mit Salz, Zitronensaft, Essig, Öl und sehr klein geschnittenen Zwiebeln mischen. Erkalten lassen.

8 Radicchioblätter auf Platte ausbreiten, in jedes Blatt ca. 2 EL Auberginensalat füllen. Mit Tomatenscheiben, Oliven und Petersilienblatt garnieren und gekühlt servieren.

Bohnensalat

1 kg frische oder tiefgekühlte
  Bohnen
$1/2$ l Wasser
1 TL Vollmeersalz
1 TL gekörnte Hefebrühe

4 EL Sonnenblumenöl,
  kaltgepreßt
4 EL Obstessig
50 g Zwiebeln
1 Knoblauchzehe
1 TL Paprika, süß
2 TL Bohnenkraut
1 EL Sojasauce

Bohnen putzen, waschen und je nach Größe halbieren oder ganz lassen. Mit Wasser, Salz und gekörnter Hefebrühe ca. 30 Minuten kochen.

Abkühlen lassen, dann Öl, Essig, kleingewürfelte Zwiebeln und Knoblauch, Paprika, Bohnenkraut und Sojasauce dazugeben. Gut vermengen und 1 Stunde durchziehen lassen.

Bunter Grünkernsalat

125 g Grünkern
$1/4$ l Wasser
1 TL gekörnte Hefebrühe
$1/2$ TL Vollmeersalz

3 EL Obstessig
3 EL Olivenöl, kaltgepreßt
2 MS Vollmeersalz
je eine rote, grüne und gelbe
  Paprikaschote, insgesamt
  500 g
250 g Tomaten
50 g Zwiebeln
$1/2$ Kopfsalat

Grünkern in einem Sieb waschen und einige Stunden einweichen. Im Einweichwasser mit gekörnter Hefebrühe und Salz 30 Minuten leicht kochen und auskühlen lassen.

Essig, Öl und Salz cremig rühren, Paprikaschoten in dünne Streifen schneiden, Tomaten und Zwiebeln fein würfeln. Mit abgekühltem Grünkern mischen und 30 Minuten ziehen lassen.

In einer mit Salatblättern ausgelegten Schüssel servieren.

Fränkischer Kartoffelsalat

1 kg kleine Kartoffeln
5 EL Sonnenblumenöl, kaltgepreßt
4 EL Obstessig
2 EL Tomatenmark
1 TL Kräutersenf
1 Bund Zwiebelschlotten (6 Stück)
1 großes Bund Radieschen
1/4 l warmes Wasser
1 gehäufter TL gekörnte Hefebrühe

Kartoffeln in wenig Wasser ca. 30 Minuten kochen. Leicht abgekühlt schälen und fein scheibeln.

Öl mit Essig, Tomatenmark und Senf cremig rühren. Zwiebelschlotten und Radieschen fein scheibeln und mit Kartoffeln in die Salatsauce geben. Gekörnte Hefebrühe in warmem Wasser auflösen und darübergießen. Alles gut vermengen und 1 Stunde durchziehen lassen.

Dieser Kartoffelsalat kann auch warm serviert werden. Dann aber mit weniger Brühe übergießen, sonst ist er flüssig.

Gemüsesalat mit Avocadomayonnaise

1 kg Kartoffeln
100 g Zwiebeln
100 g Erbsen, frisch oder tiefgekühlt
100 g Maiskörner, frisch oder tiefgekühlt
250 g Tomaten
250 g Gurken
200 g eingelegte Gürkchen, Oliven und mittelscharfe Peperoni
1 Bund Schnittlauch

250 g Avocados, netto
4 EL Obstessig
2 EL Sonnenblumenöl, kaltgepreßt
1 TL Vollmeersalz
2 EL Kapern (Nonpareilles)
1 TL körniger Senf
1/8 l Wasser
1 TL gekörnte Hefebrühe

zum Garnieren:
1 Tomate
einige Oliven

Kartoffeln waschen, mit wenig Wasser 30 Minuten kochen, leicht abkühlen lassen, schälen und dünn scheibeln. Zwiebeln kleinwürfeln, Erbsen und Maiskörner eventuell auftauen. Tomaten und Gurken kleinwürfeln, eingelegte Gürkchen, Oliven, Peperoni und Schnittlauch kleinschneiden.

Fruchtfleisch der reifen Avocados mit Teelöffel herauslösen, fein mixen, Essig, Öl, Salz, Kapern und Senf dazurühren. Über das vorbereitete Gemüse gießen. Gekörnte Hefebrühe in warmem Wasser auflösen und auch über das Gemüse gießen. Nun alles gut mischen, in eine Schüssel geben und mit Tomatenscheiben und Oliven garnieren.

Kartoffelsalat mit Rapunzel

1 kg Salzkartoffeln
4 EL Obstessig
6 EL Olivenöl, kaltgepreßt
2 TL körniger Senf
1 TL Vollmeersalz
100 g Zwiebeln
250 g Äpfel
1/4 l Wasser
1 TL gekörnte Hefebrühe
150 g Rapunzel (Feldsalat)

Kartoffeln mit wenig Wasser gar kochen (ca. 30 Minuten), etwas auskühlen lassen und schälen.

Obstessig, Öl, Senf und Salz cremig rühren, Zwiebeln und Äpfel fein würfeln und Kartoffeln scheibeln. Gekörnte Hefebrühe in warmem Wasser auflösen, über das Ganze gießen und alles gut mischen. Ca. 1 Stunde durchziehen lassen.

Gut gewaschene und geputzte Rapunzel 15 Minuten vor dem Anrichten unter den saftigen Kartoffelsalat heben.

Dieser Salat eignet sich besonders gut zu allen Frikadellenarten.

Kartoffelsalat Nauplia

750 g Salatkartoffeln
250 g Sommerweißkraut
400 g kleine Tomaten
1 Bund Petersilie

Salatsauce:
Saft von 1 Zitrone, unbehandelt
3 EL Obstessig
6 EL Olivenöl, kaltgepreßt
1 TL Ganzkornsenf
1/2 TL Vollmeersalz
75 g Zwiebeln
2 Knoblauchzehen
1 EL kleine Kapern
   (Nonpareilles)
100 g schwarze Oliven
50 g Peperoni, mittelscharf
1 TL gekörnte Hefebrühe
1/8 l Wasser

Kartoffeln in wenig Wasser ca. 30 Minuten gar kochen und leicht ausgekühlt schälen.

Zitronensaft, Obstessig, Olivenöl, Senf und Salz mit dem Schneebesen cremig rühren. Zwiebeln halbieren und in feine Scheiben schneiden, Knoblauch sehr fein würfeln und mit Kapern, entsteinten Oliven und kleingeschnittener Peperoni zur Salatsauce geben.

Kartoffeln in die Salatsauce würfeln (ca. 1 x 1 cm), dazu Weißkraut sehr fein schneiden oder hobeln, Tomaten achteln und Petersilie grob schneiden.

Gekörnte Hefebrühe in warmem Wasser auflösen, über das Gemüse gießen und alles sorgfältig mischen. Ca. 1 Stunde durchziehen lassen.

Kartoffelsalat Toskana

750 g Salatkartoffeln
250 g Zucchini
200 g frische Champignons
200 g Erbsen, netto
Salatsauce:
Saft von 1 Zitrone, unbehandelt
3 EL Obstessig
6 EL Olivenöl, kaltgepreßt
1/2 TL Vollmeersalz
1 EL frisches oder 1 TL
　getrocknetes Basilikum
75 g Zwiebeln
Pfeffer aus der Mühle
1/8 l Wasser
1 TL gekörnte Hefebrühe

Kartoffeln in wenig Wasser ca. 30 Minuten gar kochen und leicht ausgekühlt schälen.

Zitronensaft, Obstessig, Olivenöl und Salz mit dem Schneebesen cremig rühren. Zwiebeln halbieren und in dünne Scheiben schneiden, Basilikum fein hacken und mit frischgemahlenem Pfeffer dazurühren.

Nun Kartoffeln in die Salatsauce scheibeln, dazu Zucchini mit der Schale hauchdünn hobeln, Champignons vierteln und Erbsen aus den Schoten perlen (oder tiefgekühlte Erbsen aufgetaut verwenden).

Gekörnte Hefebrühe in warmem Wasser auflösen und über das Gemüse gießen. Alles vorsichtig mischen und eine Stunde ziehen lassen.

Linsen-Ananas-Salat

200 g Linsen
1/2 l Wasser

500 g Ananas, netto
300 g Tomaten
1/2 Staude Kopfsalat oder
　Radicchio

Saft von 1/2 Zitrone,
　unbehandelt
2 EL Obstessig
6 EL Olivenöl, kaltgepreßt
1/2 TL Vollmeersalz
1 TL körniger Senf
1/2 TL Senfkörner
1/2 TL Cumin (Kreuzkümmel)
1/2 TL Kurkuma, gemahlen
Pfeffer aus der Mühle
1 TL frischgeriebene Ingwer-
　wurzel
1 Knoblauchzehe

Linsen waschen und ca. 2 Stunden in Wasser einweichen, dann 30 Minuten bei mäßiger Hitze kochen. In ein Sieb gießen und abtropfen lassen. Ananas schälen (siehe S. 348) und klein stifteln, Tomaten kleinwürfeln.

Zitronensaft mit Öl cremig rühren, Salz, Senf, Senfkörner, Cumin, Kurkuma und Pfeffer dazurühren. Frische Ingwerwurzel schälen und fein reiben, Knoblauchzehe fein würfeln und in die Salatsauce rühren.

Abgekühlte Linsen, Ananas und Tomaten unter die Salatsauce heben, vorsichtig mischen und einige Stunden durchziehen lassen.

Salatschüssel mit Blättern von Kopfsalat oder Radicchio auslegen und Salat hineinfüllen. Gekühlt servieren.

Für besondere Anlässe Ananas der Länge nach halbieren, aushöhlen und einen Teil des Salates in Ananashälften anrichten.

Nudelsalat

knapp ¾ l Wasser
2 TL gekörnte Hefebrühe
250 g kleine Hörnchen-Vollkornnudeln ohne Ei

4 EL Obstessig
6 EL Sonnenblumenöl, kaltgepreßt
2 TL körniger Senf
2 MS Vollmeersalz
100 g Zwiebeln
200 g eingelegte Peperoni, Gürkchen und Oliven
350 g Paprikaschoten, grün, gelb und rot
250 g Tomaten
2 EL Petersilie

Wasser mit gekörnter Hefebrühe zum Kochen bringen, Nudeln dazugeben und 10 Minuten kochen, dann 10 Minuten quellen lassen. Nudeln in ein Sieb gießen und kurz mit kaltem Wasser abbrausen.

Obstessig, Öl, Senf und Salz cremig rühren. Zwiebeln, Oliven, Gürkchen und Peperoni fein würfeln. Paprikaschoten und Tomaten würflig schneiden, Petersilie fein schneiden.

Alles unter Salatsauce heben, Nudeln dazugeben und mischen. Eine Stunde ziehen lassen.

Reissalat pikant

200 g Naturreis
½ l Wasser
1 TL gekörnte Hefebrühe
½ TL Vollmeersalz

4 EL Obstessig
4 EL Olivenöl, kaltgepreßt
½ TL Vollmeersalz
2 EL kleine Kapern (Nonpareilles)
75 g Zwiebeln
250 g Tomaten
250 g Paprikaschoten
150 g eingelegte Gürkchen, mittelscharfe Peperoni und Oliven

1 Bund Schnittlauch
4 schwarze Oliven

Reis in einem Sieb waschen und mit Wasser, gekörnter Hefebrühe und Salz 40 Minuten leicht köcheln, 20 Minuten quellen lassen. Fertigen Reis auskühlen lassen.

Essig, Öl und Salz cremig rühren. Kapern, kleingewürfelte Zwiebeln, Tomaten, Paprikaschoten, Gürkchen, Peperoni und Oliven dazugeben. Abgekühlten Reis unterheben und 1–2 Stunden oder länger durchziehen lassen.

Mit feingeschnittenem Schnittlauch und Oliven garnieren.

Rote-Rüben-Salat Thera

1 kg rote Rüben
½ l Wasser

1 ½ TL Vollmeersalz
3 EL Obstessig
4 EL Olivenöl, kaltgepreßt
1 TL Akazienhonig
2 Knoblauchzehen
ca. ¼ l Wasser

Rote Rüben waschen, Blattansatz und Wurzel abschneiden und 50–60 Minuten, je nach Größe der Rüben, im Wasser kochen. Leicht abgekühlt dünn schälen und in ½ cm dicke Scheiben schneiden.

In das Kochwasser Salz, Essig, Öl, Honig und gescheibelte Knoblauchzehen geben. Die Salatsauce mit so viel Wasser verdünnen, daß nach dem Übergießen der Rote-Rüben-Scheiben alle in der Sauce liegen. Mindestens 1–2 Stunden durchziehen lassen.

Dazu griechisches Knoblauch-Kartoffel-Püree (siehe S. 278) reichen.

Schwarzaugenbohnen-Salat

250 g Schwarzaugenbohnen-
  kerne
¾ l Wasser
4 EL Obstessig
4 EL Olivenöl, kaltgepreßt
50 g Zwiebeln
1 TL Vollmeersalz
1 EL Paprika, süß
2 EL geschnittene Petersilie
250 g Tomaten
250 g grüne Paprikaschoten

Bohnen waschen und 12 Stunden oder über Nacht einweichen. Bei mäßiger Hitze ca. 1 Stunde kochen, in ein Sieb gießen und abtropfen lassen.

Obstessig und Öl cremig rühren, feingeschnittene Zwiebeln, Salz, Paprika und grobgeschnittene Petersilie unterrühren. Tomaten und Paprikaschoten kleinwürflig schneiden und mit weichgekochten Bohnen in Salatsauce geben. Vorsichtig mischen und einige Stunden durchziehen lassen.

Spargelsalat

2 kg Spargel
2 l Wasser
2 TL Vollmeersalz
6 – 8 EL Obstessig
8 EL Sonnenblumenöl,
  kaltgepreßt
2 EL Schnittlauch

Spargel sorgfältig vom Kopf aus nach unten schälen, in das kochende Salzwasser geben und ca. 30 Minuten kochen (anfallende Spargelschalen können für eine Suppe ausgekocht werden).

Spargel aus dem Kochwasser nehmen, in eine oder mehrere tiefe Platten legen und auskühlen lassen. Einen Liter des ausgekühlten Spargelkochwassers mit Essig und Öl verrühren und über den Spargel gießen. 1 – 2 Stunden durchziehen lassen.

Spargelsalat kann auch aus tiefgekühltem Spargel, der vor dem Einfrieren geschält werden muß, zubereitet werden. In diesem Fall gefrorene Spargelstangen in das kochende Salzwasser geben und wie oben beschrieben weiterbehandeln.

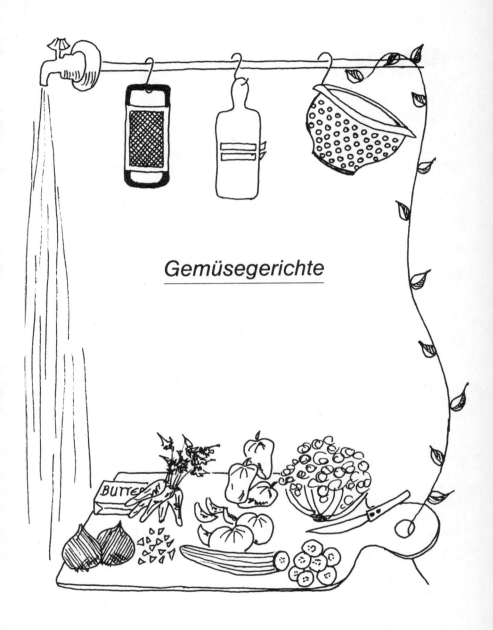

Gemüsegerichte

Artischocken mit Avocadomayonnaise

4 - 8 Artischocken, je nach Größe
gut $1/2$ l Wasser
$1/2$ TL Vollmeersalz
Saft von 1 Zitrone, unbehandelt

Artischocken sauber waschen und sämtliche Blattspitzen ringsum mit der Schere wegschneiden. Stiel bis auf 3 cm kürzen und schälen, bei älteren Artischocken ganz wegschneiden, ebenso die unteren holzigen Blätter.

Zitronensaft und Salz in das Wasser geben, Artischocken hineinlegen und ca. 30 Minuten leicht kochen. Die Artischocken sind gar, wenn sich die Blätter leicht ausziehen lassen. Auf einer gewärmten Platte anrichten. Dazu Avocadomayonnaise (siehe S. 180) reichen.

Beim Essen Blätter von außen nach innen nacheinander auszupfen, in Mayonnaise tauchen und den fleischigen unteren Teil der Blätter mit den Zähnen abziehen. Das Blatt dann als Abfall beiseite legen. Sind alle Blätter entfernt, den nunmehr sichtbaren Bast vorsichtig mit scharfem Messer über dem Artischockenboden abschneiden und zum Gemüseabfall geben. Der Artischockenboden als eigentliche Delikatesse wird nun mit Mayonnaise gegessen.

Die so zubereiteten Artischocken können auch am folgenden Tag kalt gegessen werden. Sie bleiben über Nacht im Kochwasser liegen.

Auberginenpüree exquisit

600 g Auberginen
Saft von ½ – 1 Zitrone, unbehandelt
8 EL Olivenöl, kaltgepreßt
1 gestrichener TL Vollmeersalz
1 kleine Zwiebel
1 – 2 Knoblauchzehen
2 EL Hefeflocken
100 g Walnußkerne
2 kleine, milchsaure Gürkchen
2 EL Petersilie

zum Verzieren und Anrichten:
Oliven, Tomaten, Paprikaschoten, Salatblätter

Auberginen bei 200° auf der mittleren Schiene ca. 45 Minuten auf dem Gitter im Backrohr backen.

Weiche Auberginen der Länge nach aufschneiden und Haut abziehen. Fruchtfleisch in Stücke schneiden und mit Zitronensaft, Olivenöl und Salz fein mixen. Zwiebel und Knoblauch, feingerieben, Hefeflocken, feingehackte Walnußkerne, kleingeschnittene Gürkchen und gehackte Petersilie unterziehen.

Auberginenpüree wird vorzugsweise gekühlt serviert und benötigt aus optischen Gründen einen kräftigen, farbigen Untergrund: z. B. ausgehöhlte Tomaten, halbierte Paprikaschoten, Salatblätter, mit Petersilie und Oliven garniert.

Butterspargel

1200 g Spargel, netto (frisch oder tiefgekühlt)
1 l Wasser
2 gehäufte TL Vollmeersalz

100 g Butter
2 EL Petersilie

Spargel sorgfältig vom Kopf aus nach unten schälen (Kartoffelschäler), in das kochende Salzwasser geben und 30 Minuten kochen.

Spargel aus dem Topf nehmen (Kochwasser kann für Suppe verwendet werden) und auf vorgewärmte Platte legen. Mit feingeschnittener Petersilie bestreut servieren. Bei Tisch zerlassene Butter darübergeben.

Dazu können Naturreis (siehe S. 280) oder Petersilienkartoffeln (siehe S. 281) gereicht werden.

Curry-Blumenkohl

800 g Blumenkohl, netto
200 g Erbsen, frisch oder
   tiefgekühlt
30 g Butter
1/2 TL Ingwer
1/2 TL Vollmeersalz
1/2 TL Kurkuma
2 MS Cayennepfeffer
1 MS Zimt
1/2 TL Korianderkörner
1/2 TL Senfkörner
1/2 TL Kreuzkümmel
(Statt der obengenannten
   Gewürze können auch
   4 TL fertiger Curry verwendet
   werden.)
1 Knoblauchzehe

1/2 l Wasser
2 TL gekörnte Hefebrühe
1 TL Gemüsebrühepaste

50 g feine Haferflocken
2 EL Crème fraîche
300 g Tomaten
2 EL Blattpetersilie

Blumenkohl waschen und in große Röschen teilen. Butter erhitzen, Gewürze hineingeben und ca. 3 Minuten durchrühren. Blumenkohl hinzufügen und kurz darin wenden. Gekörnte Hefebrühe und Gemüsebrühepaste in Wasser auflösen, dazugeben und Blumenkohl ca. 15 Minuten köcheln lassen. Dazu Erbsen geben und weitere 5 Minuten köcheln lassen.

Gemüse mit Sieblöffel in vorgewärmte Schüssel geben. In das Gemüsewasser frischgemahlenen feinen Hafer hineinrühren, aufkochen lassen und von der Kochstelle nehmen.

Crème fraîche, großgewürfelte Tomaten und grobgeschnittene Petersilie unterziehen. Über den Blumenkohl gießen und mit Naturreis oder Kartoffelbrei servieren.

Fenchel nach sizilianischer Art

800 g Fenchel, netto
   (4 Knollen)
250 g verschiedenes frisches
   oder tiefgekühltes Gemüse,
   z.B. Erbsen, Bohnen,
   Karotten, Maiskörner, Pilze
gut 1/2 l Wasser
1 TL Vollmeersalz
1 TL gekörnte Hefebrühe
Saft von 1/2 Zitrone,
   unbehandelt

50 g Naturreis
1/4 l Wasser
1 TL Gemüsebrühepaste
4 EL Crème fraîche
Fenchelgrün

Von den Fenchelknollen Strünke und Grün abschneiden, Fenchel waschen und halbieren. Das Frischgemüse in Erbsengröße schneiden und mit den Fenchelhälften in Wasser mit Salz, gekörnter Hefebrühe und Zitronensaft 20 – 30 Minuten kochen, bis der Fenchel weich ist. Fenchelhälften mit Sieblöffel herausnehmen und in vorgewärmte Servierschüssel legen.

Frischgemahlenen Naturreis (Getreidemühleneinstellung wie bei Vollkornmehl) mit Wasser und Gemüsebrühepaste vermischen, in die Fenchelbrühe rühren, aufkochen lassen und von der Kochstelle nehmen. Crème fraîche unterziehen und über die Fenchelhälften gießen.

Mit feingehacktem Fenchelgrün bestreut servieren.

Als Beilage eignen sich Naturreis oder Petersilienkartoffeln sehr gut.

Gemüseallerlei in Aspik

800 g gemischtes Gemüse, netto, z.B. Erbsen, Mais, Bohnen, Sellerie, Karotten, Spargel
200 g frische Champignons
1 1/2 l Wasser
2 TL gekörnte Hefebrühe
2 TL Gemüsebrühepaste
1 TL Vollmeersalz

200 g eingelegte Gürkchen, Peperoni, Oliven
2 EL Dill
2 EL Schnittlauch
1/8 l Obstessig
4 TL Agar-Agar

Gemüse und Pilze kleinschneiden und mit Wasser, gekörnter Hefebrühe, Gemüsebrühepaste und Salz ca. 25 Minuten kochen. Gemüse abseihen und mit kleingeschnittenen Gürkchen, Peperoni, Oliven und feingeschnittenem Dill und Schnittlauch mischen. Essig und Agar-Agar (in wenig Gemüsewasser auflösen) zum Gemüsewasser geben.

In kleine Portionsschälchen (ca. 7 Stück) zuerst Gemüsewasser geben und nun abwechselnd Gemüse und Brühe hineingeben. Mit Brühe abschließen, Aspik erkalten lassen und ca. 2 Stunden in den Kühlschrank stellen. Danach Aspik mit Messer leicht vom Schälchenrand lösen und auf eine Platte stürzen.

Mit Petersilienkartoffeln und Kräuterremoulade servieren.

Gemüseschaschlik

800–1000 g unterschiedliches
Gemüse, z.B. Auberginen,
Zucchini, Champignons,
Paprika, grün, rot und gelb,
Zwiebeln
Kräutersalz
Pfeffer aus der Mühle
ca. $^1/_4$ l Olivenöl, kaltgepreßt
16 – 20 Holzspieße
Paprika
Curry

Gewaschenes und geputztes Gemüse in etwa gleich große Würfel schneiden und auf Holzspieße aufreihen, farblich abwechselnd. Leicht mit Salz und Pfeffer bestreuen, in Deckelpfanne bei mäßiger Hitze (Herdeinstellung 1 1/2, wenn 3 die höchste Stufe ist) in reichlich Olivenöl ausbacken.

In der angeheizten Röhre (100°) warm halten, bis alle Spieße gebacken sind. Mit Paprika und Curry bestreut servieren.

Dazu paßt Naturreis (siehe S. 280) oder Vollkornbaguette (siehe S. 88) mit scharfer Tomatensauce (siehe S. 183).

Grüne Bohnen, orientalisch

750 g dünne, grüne Bohnen
2 EL Olivenöl, kaltgepreßt
150 g Zwiebeln
250 g Tomaten
1 TL Vollmeersalz
1 TL gekörnte Hefebrühe
200 g Wasser
Pfeffer aus der Mühle

250 g Tomaten
2 EL Olivenöl, kaltgepreßt
2 EL Petersilie

Bohnen putzen und je nach Größe halbieren oder ganz lassen. Zwiebeln grob würfeln und in Olivenöl glasig dünsten. Vorbereitete Bohnen, gewürfelte Tomaten, Salz, gekörnte Hefebrühe und Pfeffer dazugeben. Wasser darübergießen und 20 – 30 Minuten leicht köcheln lassen, bis die Bohnen weich sind.

Von der Kochstelle nehmen und kleingewürfelte Tomaten, Öl und grobgeschnittene Petersilie unterziehen.

Bohnen können warm oder kalt serviert werden. Im letzteren Fall die Bohnen auskühlen lassen und dann erst Tomaten, Öl und Petersilie unterziehen.

Okras mit Tomaten

750 g frische Okras (nur feste, junge Früchte verwenden)
Saft von 1 Zitrone, unbehandelt

3 EL Olivenöl, kaltgepreßt
100 g Zwiebeln
500 g Tomaten
½ TL Vollmeersalz
½ TL gekörnte Hefebrühe
Pfeffer aus der Mühle
1 EL Obstessig

1 EL Petersilie
3 EL Olivenöl, kaltgepreßt

Die schotenartigen Früchte müssen sorgfältig behandelt werden. Sie vertragen keine Druckstellen, durch die dann der klebrige Saft auslaufen würde.

Stiel entfernen und Köpfchen spitz säubern (nicht flach abschneiden, sonst läuft der Saft aus). In eine Schüssel legen, mit Zitronensaft beträufeln und eine Stunde trocknen lassen.

Zwiebeln fein würfeln und in Olivenöl andünsten, Topf von der Kochstelle nehmen und Okras hineinschichten, Köpfchen nach oben.

Tomaten mit Vollmeersalz, gekörnter Hefebrühe, Pfeffer und Obstessig kurz mixen und über die Okras gießen. Bei milder Hitze 30 – 35 Minuten köcheln lassen. Nicht umrühren, damit das Gemüse nicht beschädigt wird. Den Topf nur ab und zu leicht hin und her schieben.

Okras passen gut als Gemüsebeilage zu Naturreis oder Kartoffelbrei. Vor dem Servieren Petersilie und Olivenöl dazugeben.

Pasta asciutta

100 g Bulgur
¼ l Wasser
1 TL gekörnte Hefebrühe

4 EL Olivenöl, kaltgepreßt
400 g Suppengrün (Lauch,
  Karotten, Sellerie, Petersilie
  mit Wurzel)
125 g Zwiebeln
2 Knoblauchzehen
1–2 Peperoni

200 g Tomatenmark
¼ l Wasser
1 TL gekörnte Hefebrühe
1 TL Vollmeersalz
2 TL Paprika
2 TL Curry
1 EL Sojasauce
Pfeffer aus der Mühle

300 g Tomaten
3 EL Olivenöl, kaltgepreßt

Bulgur in warmem Wasser mit gekörnter Hefebrühe ca. ½ Stunde quellen lassen. Suppengrün durch den Gemüsewolf lassen, Zwiebeln, Knoblauch und Peperoni fein schneiden und alles in Olivenöl 10 Minuten dünsten.

Gequollenen Bulgur, Tomatenmark mit Wasser, gekörnte Hefebrühe, Salz, Paprika, Curry, Sojasauce und Pfeffer dazugeben und 10 Minuten leicht kochen lassen.

Vor dem Servieren feingewürfelte Tomaten und Olivenöl unterziehen. Dazu Vollkornspaghetti reichen.

Pilz-Gemüse-Ragout

250 g Waldpilze oder
  Zuchtchampignons
150 g Erbsen
150 g Bohnen
150 g Spargel
150 g Karotten
75 g Zwiebeln
20 g Butter
2 TL gekörnte Hefebrühe
1 TL Vollmeersalz
¼ l Wasser

100 g Sauerrahm
3 EL Weizenvollkornmehl
  (40 g)
2 EL gehackte Petersilie

Pilze, Gemüse und Zwiebeln nicht zu klein schneiden und in Butter im eigenen Saft ca. 10 Minuten dünsten. Dann gekörnte Hefebrühe, Salz und Wasser dazugeben und noch 10 Minuten leicht kochen.

Frischgemahlenes Weizenvollkornmehl mit Sauerrahm verrühren, unter das Gemüse ziehen, aufkochen lassen und von der Kochstelle nehmen. Feingehackte Petersilie unterziehen.

Dazu Naturreis, Polenta oder Petersilienkartoffeln reichen.

Pilze in Senfsauce

500 g Champignons
3/4 l Wasser
1 TL gekörnte Hefebrühe
1 TL Gemüsebrühepaste

60 g Weizenvollkornmehl
2 EL Kräutersenf
1 TL Hefeflocken
1 TL Honig
1 MS Curry
2 milchsaure Gurken
100 g Crème fraîche
1 EL gehackte Petersilie

Gewaschene ganze Pilze (große Pilze halbiert) in Wasser mit gekörnter Hefebrühe 15 Minuten kochen. Pilze mit einem Sieblöffel herausnehmen und zugedeckt warm halten.

Frischgemahlenes Weizenvollkornmehl mit etwas Pilzbrühe glattrühren und in restliche kochende Pilzbrühe rühren. Aufkochen lassen und von der Kochstelle nehmen.

Senf, Hefeflocken, Honig, Curry, feingeriebene milchsaure Gurken, Crème fraîche und feingehackte Petersilie unterziehen. Pilze wieder dazugeben.

Mit Kartoffelbrei oder Naturreis servieren.

Spargel in Sauce suprême

1 kg Spargel, netto – frisch oder tiefgekühlt
3/4 l Wasser
2 TL Vollmeersalz

75 g Weizenvollkornmehl
Saft von 1/2 Zitrone (= 3 EL)
2 EL Crème fraîche
30 g Butter
3 EL Petersilie

Frischen Spargel sorgfältig von oben nach unten schälen (mit Kartoffelschäler) und jede Stange in 3 Teile schneiden. Wasser mit Salz zum Kochen bringen, Spargel hineingeben und 20 – 30 Minuten leicht kochen, bis der Spargel weich ist.

Mit Sieblöffel fertigen Spargel in vorgewärmte Servierschüssel heben und warm stellen.

Frischgemahlenes Weizenvollkornmehl mit Schneebesen in Spargelkochwasser (3/4 l) rühren, aufkochen lassen und von der Kochstelle nehmen. Zitronensaft, Crème fraîche, Butter und feingewiegte Petersilie unterziehen.

Über den Spargel gießen und mit Petersilienkartoffeln (siehe S. 281) oder Naturreis (siehe S. 280) servieren.

Türkische Ölbohnen

1 kg dünne, grüne Bohnen
3/8 l Wasser
2 TL gekörnte Hefebrühe

200 g lila Zwiebeln
1 Bund frisches Bohnenkraut
500 g Tomaten
200 g Olivenöl, kaltgepreßt
1 TL Vollmeersalz

Bohnen putzen, in der Mitte brechen und mit Wasser und gekörnter Hefebrühe ca. 30 Minuten gar kochen.

Zwiebeln und Bohnenkraut fein schneiden. Tomaten mit Olivenöl und Salz mixen und dazurühren.

Die fertiggekochten Bohnen mit dem restlichen Kochwasser in die Tomatensauce geben, vorsichtig mischen und durchziehen lassen.

Diese Bohnen können warm zu Reis oder besser noch kalt mit trockenem, gewürfeltem Vollkornbrot serviert werden.

Wirsing auf ungarische Art

1 kg Wirsing, netto
gut 1/2 l Wasser
2 TL gekörnte Hefebrühe

30 g Butter
200 g Zwiebeln
2 TL Paprika, süß
1 TL Vollmeersalz
200 g saure Sahne
120 g vegetarische Pastete

Strunk und harte äußere Blätter vom Wirsing entfernen. Diesen geviertelt in Wasser mit gekörnter Hefebrühe 15 – 20 Minuten leicht kochen. In ein Sieb gießen. Kochwasserrest auffangen.

Zwiebeln grob würfeln und in Butter glasig dünsten, bis Spitzen braun werden. Paprika, Salz und grobgehackten Wirsing dazugeben und gut verrühren.

Saure Sahne mit vegetarischer Pastete und Kochwasserrest verrühren und zum Wirsing geben. Zum Kochen bringen und dann von der Kochstelle nehmen; 10 Minuten durchziehen lassen.

Mit Naturreis oder Backkartoffeln servieren.

Zucchini-Champignon-Gemüse

800 g Zucchini
300 g Champignons
200 g Zwiebeln
2 Knoblauchzehen
5 EL Olivenöl, kaltgepreßt

1 TL Vollmeersalz
1 TL gekörnte Hefebrühe
Pfeffer aus der Mühle

1 TL Basilikum
1 TL Origano
1/2 TL Thymian
1/2 TL Rosmarin

Zucchini mit der Schale in 1/2 cm dicke Scheiben schneiden (große Zucchini halbieren). Kleine Pilze ganz lassen, größere halbieren oder vierteln. Zwiebeln grob würfeln, Knoblauchzehen in Scheiben schneiden.

Zwiebeln und Knoblauch bei mäßiger Hitze in Olivenöl andünsten. Zucchini und Champignons dazugeben. Salz, gekörnte Hefebrühe und Pfeffer darüberstreuen und unter öfterem Wenden im eigenen Saft bei mäßiger Hitze garen lassen (15–20 Minuten).

Alle übrigen Gewürze unter das fertige Gemüse ziehen.

Zucchinigemüse

5 EL Olivenöl, kaltgepreßt
100 g Zwiebeln
1 kg Zucchini
1 TL gekörnte Hefebrühe
1 TL Vollmeersalz

400 g Tomaten
2 EL Crème fraîche

Zwiebeln grob würfeln, Zucchini mit der Schale (große Zucchini entkernen) in große Würfel schneiden. Bei mäßiger Hitze mit gekörnter Hefebrühe, Salz und Öl 20–30 Minuten im eigenen Saft dünsten.

Vor dem Servieren gemixte Tomaten und Crème fraîche unterziehen.

Dazu Vollkornspätzle oder Naturreis reichen.

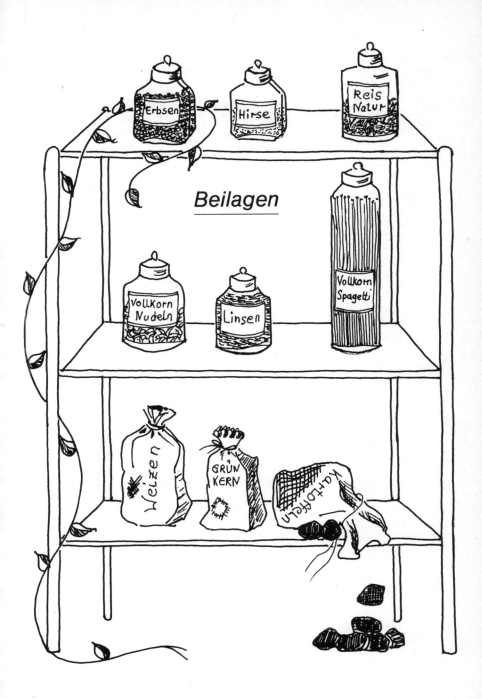

Backkartoffeln

1 kg Kartoffeln, mittlere Größe
Kümmel
Sesam
Petersilie

Kartoffeln sauber bürsten und halbieren. Schnittfläche in Kümmel oder Sesam drücken und auf leicht gefettetes Backblech setzen. Kartoffeln oben kreuzweise einschneiden.

Im vorgeheizten Ofen bei 200° auf der zweiten Schiene von unten je nach Kartoffelgröße 30 – 40 Minuten backen. Kartoffeln seitlich (nicht auf die bestreute Fläche!) auf eine Platte legen und mit Petersiliengrün garniert auftragen.

Backkartoffeln schmecken gut zu Frischsalaten, gedünstetem Gemüse oder Kräuterbutter.

Gefüllte Weinblätter

100 g Weinblätter, frisch oder eingelegt
1 Zwiebel
3 EL Olivenöl, kaltgepreßt
150 g Naturreis
3/8 l Wasser
1 TL Vollmeersalz
1 EL Korinthen
1 EL Pinien

6 EL Olivenöl, kaltgepreßt
Saft von 1 Zitrone, unbehandelt
Zitronenscheiben zum Garnieren

Frische Weinblätter waschen, Stiele abschneiden, Blätter übereinanderlegen und 10 Minuten in leicht kochendes Wasser legen.

Eingelegte Weinblätter mit kochendem Wasser übergießen und 10 Minuten zugedeckt darin stehenlassen, dann unter fließendem Wasser einzeln sauber abwaschen.

Die Zwiebel, feingewürfelt, in Öl glasig dünsten. Naturreis dazugeben und einige Minuten leicht rösten. Warmes Wasser, Vollmeersalz, Korinthen und Pinien dazugeben und 40 Minuten leicht kochen lassen.

Einige Weinblätter – evtl. beschädigte – auf den Boden des Topfes legen. Die übrigen Weinblätter mit der Rückseite nach oben ausbreiten. Auf das untere Ende jedes Blattes einen gehäuften Teelöffel Reis geben. Die seitlichen Blattränder nach innen schlagen und vom Stielende her aufrollen.

Die Röllchen ringförmig dicht nebeneinander, auch in mehreren Lagen übereinander – je nach Topfgröße – in den Topf legen.

Zitronensaft mit Öl verrühren, über die Röllchen gießen und mit so viel Wasser auffüllen, daß es knapp über den Röllchen steht. Einen Teller zum Beschweren auf die Röllchen legen und 30 Minuten leicht kochen lassen.

Die fertigen Röllchen auf eine Platte schichten, mit Zitronenscheiben garnieren und warm oder gekühlt als Beilage servieren.

Griechisches Erbsenpüree

500 g gelbe oder grüne, halbe Trockenerbsen
gut 1 l Wasser
100 g Zwiebeln
1 TL Gemüsebrühepaste
1 TL gekörnte Hefebrühe
1 TL Völlmeersalz
Saft von 1 Zitrone, unbehandelt
5 EL Olivenöl, kaltgepreßt
100 g lila Zwiebeln

Trockenerbsen waschen und 4–6 Stunden einweichen. Zwiebeln würflig schneiden, zu den Erbsen geben und diese im Einweichwasser 45 – 60 Minuten kochen. Wählen Sie einen ausreichend großen Topf, weil Erbsen leicht überkochen!

Wenn die Erbsen weich sind, Gemüsebrühepaste, gekörnte Hefebrühe und Salz dazugeben und mit dem Stabmixer fein pürieren oder durch ein Sieb passieren.

Zitronensaft mit Öl cremig rühren, Hälfte der Mischung unter Püree ziehen. Zwiebeln in dünne Ringe schneiden, leicht salzen und Püree, in eine Schüssel oder auf eine Platte gegeben, damit garnieren. Restliche Zitronen-Öl-Sauce darübergießen.

Griechisches Knoblauch-Kartoffel-Püree

800 g Kartoffeln
1 TL Vollmeersalz
4 Knoblauchzehen
3 EL Obstessig
8 EL Olivenöl, kaltgepreßt
2 EL Wasser

Kartoffeln waschen, mit wenig Wasser 30 Minuten kochen, schälen und durch die Kartoffelpresse drücken.

Salz, feingeschnittene oder durch die Knoblauchpresse gedrückte Knoblauchzehen, Essig, Öl und Wasser dazugeben und mit dem Mixer fein pürieren. Leicht gehäuft auf eine Platte streichen und mit Oliven garnieren. Mindestens 1 – 2 Stunden bei Zimmertemperatur oder im Kühlschrank durchziehen lassen.

Schmeckt vorzüglich zu gekochtem Rote-Rüben-Salat oder zu gebackenen Auberginen- bzw. Zucchinischeiben.

Grünkern mit frischen Kräutern

500 g Grünkern
1 l Wasser

2 TL gekörnte Hefebrühe
1 TL Vollmeersalz
2 TL Gemüsebrühepaste

40 g Butter
1–2 Tassen frische Garten- oder Wildkräuter

Grünkern in einem Sieb waschen und über Nacht oder einige Stunden einweichen. Im Einweichwasser mit gekörnter Hefebrühe, Salz und Gemüsebrühepaste 30 Minuten leicht kochen und 20 Minuten quellen lassen.

Vor dem Servieren Butter und feingehackte Kräuter unterheben.

Herzogin-Kartoffeln

1 kg Kartoffeln
60 g Butter
100 g Sahne
1 TL gekörnte Hefebrühe
½ TL Vollmeersalz
1 Prise Muskatnuß

Kartoffeln in wenig Wasser gar kochen (ca. 30 Minuten), abschälen und sofort durch die Kartoffelpresse drücken. Butter darüberschneiden und sogleich verrühren. Dann Sahne, gekörnte Hefebrühe, Salz und geriebene Muskatnuß dazurühren.

Kartoffelteig mit der großen Tülle des Spritzbeutels zu kleinen Bergen auf leicht gefettetes Backblech spritzen, ca. 16 Stück. Bei 220° auf der zweiten Schiene von unten ca. 20 Minuten backen, bis die Spitzen braun werden. Dann sofort servieren.

Eignet sich als Beilage zu Frischsalaten oder gedünstetem Gemüse.

Kartoffelbrei

1 kg Kartoffeln
1 Tasse Wasser
½ TL Kümmel

¼ l Wasser
2 TL gekörnte Hefebrühe
½ TL Vollmeersalz
¼ l Sahne

Kartoffeln gar kochen und schälen. Wasser mit gekörnter Hefebrühe und Salz erhitzen und heiße Kartoffeln hineinpressen. Sahne darübergießen und mit dem Schneebesen kräftig rühren. Als Beilage zu Gemüse oder Frikadellen mit einer Sauce servieren.

Kartoffelbrei pikant

1 kg Kartoffeln
3/8 l Wasser
2 TL Gemüsebrühepaste
125 g Crème fraîche
1 EL kleine Kapern
  (Nonpareilles)
1 milchsaure Gurke
5 eingelegte Peperoni,
  mittelscharf
10 schwarze Oliven

Kartoffeln in wenig Wasser gar kochen und schälen. Gemüsebrühepaste in Wasser auflösen und kochen. Von der Kochstelle nehmen, heiße Kartoffeln mit Kartoffelpresse hineinpressen und mit Schneebesen kräftig rühren. Crème fraîche, Kapern, kleingeschnittene Gurke, Peperoni und Oliven unterziehen.

Kartoffel-Sahne-Gratin

1 kg Kartoffeln
Kräutersalz
Pfeffer aus der Mühle
1/2 l Sahne
1 EL Petersilie

Kartoffeln sauber bürsten (Augen ausstechen) und in 2–3 mm dicke Scheiben schneiden. In eine Auflaufform schichten, jede Lage leicht salzen und pfeffern. Mit Sahne übergießen.

Bei 200° auf der zweiten Schiene von unten 45 – 60 Minuten backen. Mit gehackter Petersilie garniert servieren.

Naturreis

400 g Naturreis
1 l Wasser
1 TL Vollmeersalz
1 TL gekörnte Hefebrühe
1 TL Gemüsebrühepaste

Naturreis in einem Sieb waschen und mit Wasser, Salz, gekörnter Hefebrühe und Gemüsebrühepaste 40 Minuten leicht kochen, 20 Minuten quellen lassen. Es bleibt kein Wasser übrig, der Reis ist locker und körnig.

In dieser Zubereitungsart kann der Naturreis als Beilage zu Gemüse oder Pilzgerichten gereicht werden.

Wird der Naturreis als Hauptgericht zu frischen Salaten gereicht, können Butter und frischgehackte Kräuter vor dem Servieren untergezogen werden.

Petersilienkartoffeln

1 kg kleine Kartoffeln
30 g Butter
1 Bund Petersilie
Kräutersalz

Kartoffeln in wenig Wasser weich kochen (25 – 30 Minuten) und schälen. Butter zerlaufen lassen und Petersilie fein hacken.

Butter, Petersilie und Kräutersalz über die Kartoffeln geben und vorsichtig mischen.

In einer vorgewärmten Schüssel zu Salat oder Gemüse servieren.

Polenta

1 l Wasser
1 TL Gemüsebrühepaste
1 TL gekörnte Hefebrühe
1 TL Vollmeersalz
220 g Maisgrieß

50 g Butter
4 EL frische Kräuter

Wasser mit Gemüsebrühepaste, gekörnter Hefebrühe und Salz zum Kochen bringen. Maisgrieß einlaufen lassen, einmal umrühren und zugedeckt bei mäßiger Hitze 5 Minuten kochen und 20 Minuten bei kleinster Hitze quellen lassen.

Vor dem Anrichten Butter und frischgehackte Gartenkräuter unterziehen. Zu Polenta wird vorzugsweise Gemüse gereicht.

Risotto

20 g Butter
125 g Zwiebeln
400 g Naturreis
knapp 1 l Wasser
1 TL Vollmeersalz
1 TL gekörnte Hefebrühe
1 TL Gemüsebrühepaste

40 g Butter
Kräuter

Feingeschnittene Zwiebeln in Butter bei mäßiger Hitze glasig dünsten, trocknen Reis dazugeben und 5 – 10 Minuten unter wiederholtem Rühren leicht rösten. Mit warmem Wasser aufgießen, Salz, gekörnte Hefebrühe und Gemüsebrühepaste dazugeben. Bei kleiner Hitze 30 Minuten kochen, 20 Minuten quellen lassen, der Reis ist dann körnig und locker.

Vor dem Servieren auf dem Reis Butter zerlaufen lassen und mit gehackten Kräutern bestreuen.

Schwäbische Spätzle

500 g Weizenvollkornmehl
½ l Wasser
20 g Hefe

1 TL Vollmeersalz
2 TL gekörnte Hefebrühe

3 l Wasser
2 TL Vollmeersalz
2 EL Sonnenblumenöl,
  kaltgepreßt

400 g Zwiebeln
40 g Butter
1 TL Kräutersalz

Frischgemahlenes Weizenvollkornmehl mit Wasser und Hefe glatt verrühren und 30 Minuten quellen lassen. Dann gekörnte Hefebrühe und Salz dazurühren. Ein Viertel dieser Menge in den Spätzleschaber füllen.

Wasser mit Salz und Öl mischen und aufkochen lassen. Spätzle hineinschaben. Umrühren, damit Spätzle nicht zusammenkleben, 1 Minute kochen lassen und mit dem Sieblöffel herausnehmen. In eine Schüssel oder auf eine Platte geben und diese in der Backröhre (100°) warm stellen. Nach und nach Restteig zu Spätzle schaben, bis der Teig aufgebraucht ist.

Zwiebeln in Scheiben schneiden (Rohkostmaschine: Scheibentrommel), in Butter weich dünsten und salzen. Spätzle auf einer Platte anrichten, gedünstete Zwiebeln darauf verteilen und mit Petersilie oder Tomatenscheiben garnieren.

Zu Spätzle kann rohe Tomatensauce, Gemüse oder nur Frischsalat gereicht werden.

Schweizer Kartoffelrösti

1 kg Kartoffeln
Kräutersalz
60 g Butter
1 Bund Schnittlauch

Rohe Kartoffeln sauber bürsten (Augen ausstechen), mit Schale in halbfingerlange, dünne Stifte schneiden und in einem Tuch trocknen.

In einer bedeckten Pfanne Kartoffelstifte in Butter bei mäßiger Hitze braten. Mit Kräutersalz bestreuen und öfters wenden. Garzeit ca. 30 Minuten.

Mit feingeschnittenem Schnittlauch garniert servieren.

Sesamkartoffeln

1 kg Kartoffeln
1 Tasse Wasser
75 g Sesam
100 g Butter
Kräutersalz

Kartoffeln sauber bürsten (Augen ausstechen) und mit wenig Wasser ca. 30 Minuten kochen.

Sesam in der Getreidemühle (Keramik- oder Stahlmahlwerk, Einstellung wie bei Frischkornbrei) mahlen und in der Pfanne ohne Fett leicht rösten. Von der Kochstelle nehmen, salzen und Butter darin zerlassen. Heiße Kartoffeln in große Würfel schneiden und darin wälzen.

Auf einer Platte, hübsch garniert mit Paprika, Tomaten usw., anrichten. Dazu frischen Salat reichen.

Vollkornnudeln

knapp 1 1/2 l Wasser
2 gehäufte TL gekörnte Hefebrühe
1 TL Vollmeersalz
2 EL Olivenöl, kaltgepreßt
500 g Vollkornnudeln ohne Ei, z.B. Spaghetti, Makkaroni, Hörnle, Spirali, Bandnudeln
40 g Butter
1 Bund Schnittlauch

Wasser mit gekörnter Hefebrühe, Salz und Öl zum Kochen bringen, Nudeln hineingeben und 10 Minuten leicht kochen, dann 10 Minuten bei kleinster Hitze quellen lassen. Das Wasser ist dann vollständig aufgebraucht.

Butter und feingeschnittenen Schnittlauch vor dem Servieren unterziehen.

Bunte Nudeln: Zusätzlich ins Kochwasser 2 Bund Suppengrün, im Gemüsewolf zerkleinert, geben und mitkochen.

Sesamnudeln: 100 g Sesam mit der Getreidemühle mahlen (Keramik- oder Stahlmahlwerk, Einstellung wie beim Frischkornbrei), mit 1/2 TL Kräutersalz in der Pfanne leicht rösten und vor dem Servieren zusammen mit Butter und Schnittlauch unter die Nudeln ziehen.

Knabbereien, salzig und süß

Dinkel-Knusperröllchen

Hefeblätterteig:
60 g Hefe
500 g Dinkelvollkornmehl
1/4 l Wasser
125 g Butter
1 leicht gehäufter TL Vollmeersalz
75 g Sesam
50 g Butter
Streumehl

Hefe in das frischgemahlene Dinkelvollkornmehl bröckeln, Salz in kaltem Wasser auflösen, dazugießen und Butter darüberschneiden. Alles zusammenkneten, Teig zu einer Rolle formen und 1 – 2 Stunden (in einer Frischhaltetüte) in den Kühlschrank legen.

Teigrolle in 25 Scheiben schneiden und jede Scheibe auf einer bemehlten Arbeitsfläche blattförmig (ca. 10 cm breit und 20 cm lang) und sehr dünn auswalken. Einen Teelöffel Sesamkörner auf jedes Blatt streuen und zusammenrollen, von Spitze zu Spitze. Auf ein leicht gefettetes Backblech legen und mit zerlassener Butter bestreichen.

Im vorgeheizten Ofen bei 200° 25 Minuten auf der mittleren Schiene backen. Auf einem Gitter auskühlen lassen.

Die angegebene Menge ergibt ca. 25 Röllchen, auf 2 Backbleche passend.

Gebackene Kastanien

10 Eßkastanien pro Person

Frische Eßkastanien mit einem Messer in der Mitte ca. 1/2 cm tief einschneiden, auf ein Backblech oder in eine Springform legen und bei 200° ca. 30 Minuten auf der mittleren Schiene backen.

Kastanien müssen bis zum Essen warm gehalten werden (evtl. in ein dickes Tuch einwickeln), sonst werden sie hart und können schlecht aus der Schale gelöst werden.

Kastanien, alleine gereicht, sind eine bekömmliche Knabberei, mit Bratäpfeln zusammen ein winterlicher Abendschmaus.

Geröstete Salzmandeln

200 g geschälte Mandeln
3 MS Vollmeersalz

Mandeln schälen: In Wasser aufkochen, in ein Sieb gießen und sofort schälen. In einem Tuch trockentupfen.

In einer Pfanne ohne Fett bei mittlerer Hitze rösten und dabei die Mandeln mit Backschaufel und Holzlöffel ständig mischen bzw. wenden, damit sie nicht anbrennen.

Wenn die Mandeln glänzen und leicht gebräunt sind, von der Herdplatte nehmen, hauchdünn mit Salz bestreuen, mischen und in eine Schale füllen.

Knusperstangen

500 g Weizenvollkornmehl
60 g Hefe
1 TL Vollmeersalz
1/4 l Mineralwasser
125 g Butter

Kümmel
Sesam
Mohn

Hefe in frischgemahlenes Weizenvollkornmehl bröckeln, Salz, Mineralwasser und kalte, kleingeschnittene Butter dazugeben. Alles rasch zu einem glatten Teig kneten und 1 Stunde (in einer Gefriertüte) in den Kühlschrank legen.

Teig nochmals kurz durchkneten, halbieren und jede Hälfte in 12 Stücke schneiden. Aus jedem Teigstück eine 30 cm lange Rolle wirken, mit Wasser bestreichen und mit Kümmel, Sesam oder Mohn bestreuen. Auf leicht gefettetes Backblech legen und bei 225° auf der zweiten Schiene von unten 20 – 25 Minuten backen. Stangen auf einem Gitter auskühlen lassen.

Menge ergibt 2 Backbleche mit je 12 Stangen.

Popcorn

125 g getrocknete Maiskörner
2 MS Vollmeersalz

Maiskörner in einen großen Topf mit dikkem Boden geben. Der Topfboden darf davon nur knapp bedeckt sein. Topf mit Deckel auf die heiße Herdplatte stellen und ständig – ohne Unterlaß – hin und her schieben. Wenn die Körner zu platzen beginnen – es kracht dann im Topf – so lange weiterschieben oder auch Topf durchschütteln, bis es nicht mehr kracht.

Dann sofort Deckel öffnen und Popcorn in eine Schüssel geben (sonst brennt die unterste Schicht an!). Hauchdünn mit Salz bestreuen und mischen.

Roggenvollkornsticks

300 g Roggenvollkornmehl
1 TL Vollmeersalz
1/8 l Wasser
125 g Butter

2 EL Sauerrahm
2 TL Sesam
2 TL Mohn
2 TL Kümmel

Frischgemahlenes Roggenvollkornmehl mit Salz und Wasser verrühren, kalte Butter darüberschneiden und alles zu einem glatten Teig kneten. 1 Stunde ruhen lassen.

Teig zu einer langen Rolle formen und mit Messer in ca. 50 Scheiben schneiden. Aus jeder Scheibe zwischen den Handflächen eine Kugel drehen und diese dann zu einem 10 – 12 cm langen Stängchen auslängen, in der Mitte dicker, an den Enden dünner werdend.

Stängchen in 3 Reihen zu je ca. 17 Stück eng aneinander auf Arbeitsfläche legen. Sauerrahm mit Pinsel auf die Stängchen streichen und je eine Reihe abwechselnd mit Kümmel, Mohn und Sesam bestreuen.

Mit Backschaufel auf gefettetes Backblech legen. Da sie nicht aufgehen, können sie eng gelegt werden und passen alle auf ein Blech.

Im vorgeheizten Ofen bei 200° ca. 25 Minuten auf der mittleren Schiene backen. Wenn die Spitzen braun werden, herausnehmen und auf Gitter auskühlen lassen.

Als Knabbergebäck sehr gut zu Bier oder Wein passend. Eignen sich auch sehr gut zum Einfrieren. Dann werden sie bei Bedarf in der Röhre (100°) aufgetaut und schmecken wie frisch gebacken.

Schmand-Kümmelplätzchen

75 g Butter
75 g Butterschmalz
250 g Dinkelvollkornmehl
50 g Mandeln
2 TL Kümmel
100 g Wasser
1 TL Vollmeersalz

4 EL Schmand (= dicker Sauerrahm oder Crème fraîche)
Sesam
Mohn

Butter und Butterschmalz zerlaufen lassen. Frischgemahlenes Dinkelvollkornmehl mit feingeriebenen Mandeln und Kümmel mischen. Salz in Wasser auflösen und mit zerlassenem Fett zum Mehl geben. Alles durchkneten, Teig in einer Gefriertüte 2 Stunden in den Kühlschrank legen.

Dann nochmals kurz durchkneten (wenn er zu hart ist, entweder früher aus dem Kühlschrank nehmen oder einige Zeit stehenlassen) und auf bemehlter Arbeitsfläche 3 – 4 mm dick auswalken. Mit Trinkglas (Durchmesser 5 cm) Plätzchen ausstechen und auf das ungefettete Backblech legen.

Dick mit Schmand bzw. Crème fraîche bestreichen und mit Sesam oder Mohn bestreuen.

Bei 180° ca. 20 Minuten auf der mittleren Schiene backen. Plätzchen auf ein Gitter legen und auskühlen lassen.

Ergibt ca. 55 Plätzchen, auf 1 1/2 Backbleche passend.

Aprikosen-Nuß-Konfekt

200 g getrocknete Aprikosen, ungeschwefelt
200 g Haselnüsse
Saft und Schale von 1 Zitrone, unbehandelt
2 MS Vanille
1 EL Kakao, dunkel
2 EL Honig
2 EL Kokosflocken

Aprikosen gründlich waschen und sehr harte Früchte ca. 1 Stunde einweichen. Haselnüsse fein reiben (Rohkostmaschine: Feintrommel), Zitronenschale abreiben und Saft auspressen.

Aprikosen, Haselnüsse, Zitronenschale und -saft, Vanille, Kakao und Honig verrühren und alles zweimal durch den Gemüsewolf lassen.

Je 1 TL der Menge zu einer Kugel drehen, in Kokosflocken wälzen und kühl stellen.

In bunten Papier-Konfektschälchen reichen. Die angegebene Menge ergibt ca. 30 Stück.

Dattel-Nuß-Konfekt

150 g Datteln
150 g Haselnußkerne
Saft von 1 Orange (7 EL)
1 EL Honig
2 MS Vanille

30 große Haselnußkerne (Römer)

Haselnußkerne fein reiben (Rohkostmaschine: Feintrommel) und $1/2$ Tasse davon beiseite stellen. Rest mit Orangensaft tränken und 2- bis 3mal mit entsteinten Datteln durch den Gemüsewolf lassen. Honig und Vanille dazukneten.

Je 1 TL der Masse um einen Haselnußkern legen und zu einer Kugel formen, so daß der Kern in der Teigmitte ist. Fertige Kugeln in der Tasse mit geriebenen Haselnußkernen schwenken, damit sie allseitig bedeckt sind. Kühl stellen und durchziehen lassen.

In kleinen bunten Papier-Pralinenförmchen reichen.

Schokoladenkugeln Corinna

100 g Butter
150 g Honig
3 EL Karobe oder Kakao
375 g Hafer
5 – 7 EL Sahne

ca. 50 g Kokosflocken

Weiche Butter mit Honig und Karobe oder Kakao glattrühren. Hafer in der Getreidemühle mahlen (Einstellung wie bei Frischkornbrei). Wichtig: Hafer langsam in die Mühle hineinlaufen lassen, damit diese nicht verklebt! Frischgemahlenen Hafer mit Sahne dazurühren.

Aus der fertigen Masse mit einem Teelöffel eine Portion herausnehmen, auf die Hand geben und zu einer Kugel drehen.

Ca. 2 EL Kokosflocken in eine Tasse geben und eine Kugel hineinlegen. Tasse kreisförmig schwenken, so daß die Kokosflocken gleichmäßig an der Kugel klebenbleiben. Fertige Kugeln auf einen Teller legen und 24 Stunden im Kühlschrank durchziehen lassen. Gekühlt servieren.

Ergibt ca. 40 Kugeln.

Konfekt-Ostereier

Aus den verschiedenen Konfektsorten wie z. B. Aprikosen-Nuß-Konfekt, Mandel-Orange-Konfekt, Schokoladenkugeln, Marzipankonfekt, Dattel-Nuß-Konfekt können auch kleine Ostereier geformt werden. Größe ca. 4 × 3 cm.

Nach dem Formen ca. 30 Minuten kühl stellen, dann in Alufolie wickeln. Darüber ein Stück farbiges Seidenpapier, 6 × 10 cm, legen. Das so umhüllte Ei nun in Cellophanpapier, ca. 12 × 12 cm, einwickeln und die beiden Enden zusammendrehen.

Kühl aufbewahren.

Mandel-Orange-Konfekt

200 g entkernte Datteln
200 g Mandeln
2 MS Vanille
2 MS Zimt
Saft und Schale von 1 Orange (6–8 EL), unbehandelt

Datteln waschen und entkernen, Mandeln fein reiben (Rohkostmaschine: Feintrommel) und 2 EL davon beiseite stellen.

Orangenschale fein abreiben, Saft auspressen und mit Vanille, Zimt, Datteln und Mandeln mischen. Alles zweimal durch den Gemüsewolf lassen.

Je 1 TL der Masse zu einer Kugel drehen, in zurückgelassenen, geriebenen Mandeln wälzen und kühl stellen. In bunten Papier-Konfektschälchen reichen.

Die angegebene Menge ergibt ca. 30 Stück.

Mandelsplitter

100 g Butter
100 g Honig
4 EL Sahne
200 g abgezogene, gestiftelte Mandeln
2 EL Kakao, dunkel
2 MS Vanille
3 EL feine Haferflocken

Butter, Honig und Sahne ca. 1 Minute aufkochen. Von der Kochstelle nehmen und Mandeln, Kakao, Vanille und frischgemahlene Haferflocken (Getreidemühleneinstellung zwischen Mehl und Frischkornbrei) dazurühren.

Je 1 TL der Masse auf Porzellan- oder Chromarganplatte häufen und im Kühlschrank erkalten lassen. Mit Messer von der Platte nehmen und in bunte Papier-Konfektschälchen legen.

Die angegebene Menge ergibt ca. 35 Stück.

Marzipankonfekt

150 g geschälte Mandeln
8 geschälte Bittermandeln
3 - 4 EL Rosenwasser
60 g Honig

Mandeln schälen: Mandeln in Wasser aufkochen, in ein Sieb gießen und sofort Schale lösen. Abgeschälte Mandeln in der Backröhre oder auf der Heizung trocknen lassen.

Marzipanherstellung: Geschälte, getrocknete Mandeln und Bittermandeln sehr fein reiben (Rohkostmaschine: Feintrommel), Rosenwasser dazugeben und alles zusammendrücken. Diese Masse zweimal durch den Gemüsewolf lassen und dann flüssigen (keinen körnigen oder festen) Honig dazukneten.

Marzipanmasse 1 Stunde kühlen und quellen lassen und dann weiterverarbeiten.

Marzipankartoffeln

ca. 200 g Marzipanmasse
2 TL dunkler Kakao

Aus vorbereiteter Marzipanmasse Rolle formen, in 25 Stücke schneiden und aus jedem Stück eine Kugel drehen. In eine Tasse dunklen Kakao geben und jede Marzipankugel durch Schwenken der Tasse von allen Seiten mit Kakao bestäuben.

Marzipankartoffeln auf eine Platte legen und kühl stellen.

Gefüllte Datteln

ca. 200 g Marzipanmasse
250 g Datteln mit Stein
 (ergibt ca. 25–30 Stück)
25–30 Pistazien

Aus vorbereiteter Marzipanmasse Rolle formen und in ca. 30 Stücke schneiden. Datteln entkernen und dafür je ein Stück aus der Marzipanrolle einlegen. Mit einer Pistazie verzieren und kühl stellen.

Aprikosen-Walnuß-Taler

*125–150 g getrocknete Aprikosen, ungeschwefelt
(= ca. 15 ganze Aprikosen)
ca. 200 g Marzipanmasse
2 TL dunkler Kakao
30 halbe Walnußkerne*

Aprikosen ca. 1 Stunde in Wasser einweichen, halbieren und auf Küchenpapier trockentupfen.

Vorbereitete Marzipanmasse mit Kakao verkneten, eine Rolle formen und in 30 Stücke schneiden. Aus jedem Stück eine Kugel formen, auf eine halbe, getrocknete Aprikose setzen, halben Walnußkern darauflegen und dabei Marzipanmasse in Aprikosenbreite flach drücken.

Auf einer Platte kühl stellen.

So bieten Sie Marzipankonfekt an:

Verschiedenes Marzipankonfekt in bunte Papierförmchen setzen und z. B. auf einer Platte garnieren oder einen Plätzchenteller damit verzieren oder in eine hübsche Geschenkschachtel ordnen.

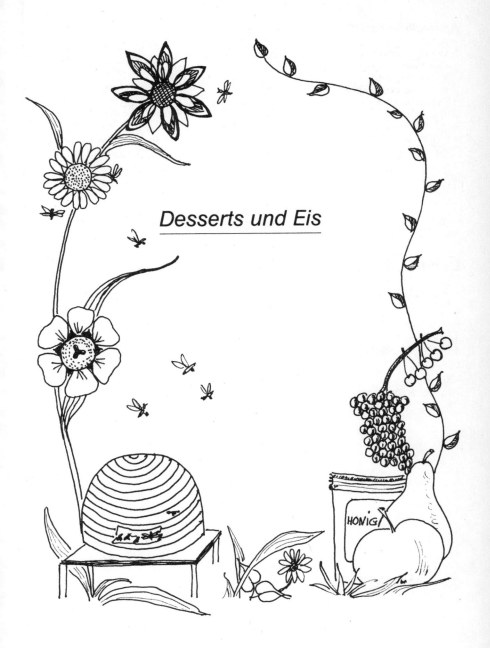

Desserts und Eis

Ananasdessert

1 frische Ananas
250 g Beeren, frisch oder
   tiefgekühlt, z.B.
   Brombeeren, Himbeeren,
   Johannisbeeren
200 g Sahne
2 MS Agar-Agar
2 EL Honig
2 MS Vanille

Ananas quer halbieren, von jeder Hälfte zwei 1 cm dicke Scheiben abschneiden und auf Dessertteller oder Platte legen.

Sahne mit Agar-Agar steif schlafen, Honig und Vanille dazugeben und nochmals kurz durchschlagen. Von den Beeren einige zum Garnieren zurücklassen und restliche unter die Sahne ziehen. Beerensahne nun auf den Ananasscheiben verteilen und mit zurückgelassenen Beeren und eventuell vorhandenen Beerenblättern garnieren. Leicht gekühlt servieren.

Birne Gute Luise

2–4 Birnen, je nach Größe,
   reif und saftig

$1/4$ l Wasser
2 TL Agar-Agar
3 TL dunklen Kakao

$1/4$ l Sahne
100 g Honig
30 g gehackte Mandeln

Birnen halbieren, Kernhaus ausstechen und nur bei harter Schale abschälen. In Portionsschälchen legen.

Bei der Zubereitung der Creme alle Zutaten bereitstellen, weil das erhitzte Agar-Agar, sobald die Sahne dazukommt, abkühlt und gleich steif wird.

Wasser mit Agar-Agar und Kakao verrühren und fast bis zum Kochen bringen. Von der Kochstelle nehmen, ungeschlagene Sahne und Honig unterrühren und sofort über die Birnen gießen. Gehackte Mandeln darüberstreuen und gut 1 Stunde kühl stellen.

Bratapfel Vicky

4 große Äpfel (Sorte Boskoop)
40 g Walnußkerne
1 EL Honig
1 EL Rosinen, ungeschwefelt
2 MS Zimt
20 g Butter

Mit Apfelausstecher Stiel, Blüte und Kernhaus aus den Äpfeln ausstechen, am besten von beiden Seiten. Dann Äpfel mit Schale so in Alufolie wickeln, daß obere Aushöhlung frei bleibt.

Walnußkerne kleinhacken, mit Honig, gewaschenen Rosinen und Zimt verkneten und in die Äpfel füllen. Ein Stückchen Butter auf die Füllung legen.

Bei 200° 25 – 30 Minuten auf der untersten Schiene backen. Leicht abgekühlt servieren.

Bunter Melonensalat

600 g reife Honigmelonen
600 g reife Netzmelonen
600 g reife Wassermelonen
1 EL Akazienhonig
1 MS Vanille
1 MS Zimt
100 g Sahne

Honig- und Netzmelonen quer halbieren, Kerne mit Eßlöffel herausnehmen und das Fruchtfleisch mit Melonenmesser in kleinen Bällchen herausstechen. Leere Melonenhälften beiseite legen.

Wassermelonen in Scheiben schneiden, Schale abschneiden, Kerne herauslösen und Fruchtfleisch kleinwürfeln.

Melonenbällchen und -würfel mischen, Honig, Vanille und Zimt unterziehen und 30 Minuten im Kühlschrank ziehen lassen.

In beiseitegelegte Melonenhälften (oder in Glasschüssel) füllen und mit steifgeschlagener Sahne garniert reichen.

Fruchtsalat Diana

2 Kiwis
1 Granatapfel (ca. 300 g)
125 g blaue Weintrauben
1 Banane
1 Orange
1 Apfel
1 Birne
1/4 Ananas
50 g Walnußkerne
Saft von 1 Zitrone,
  unbehandelt
100 g Sahne
1 EL Akazienhonig
2 EL Orangenmarmelade
  (siehe S. 178)

Kiwis schälen, halbieren und in Scheiben schneiden. Granatapfel vierteln, Schale zurückbiegen und rote Fruchtkerne herausperlen. Weintrauben ganz lassen oder halbieren, je nach Traubengröße. Banane, Orange, Apfel und Birne scheibeln, Ananas stifteln und Walnußkerne grob brechen. Mit Zitronensaft übergießen, vorsichtig mischen, in eine Glasschüssel füllen und kühl stellen.

Sahne steif schlagen, Honig und Orangenmarmelade unterziehen. Vor dem Servieren Sahne auf den Fruchtsalat häufen.

Früchte-Reissalat

150 g Naturreis
3/8 l Wasser
2 MS Vollmeersalz

750 g verschiedene Früchte,
  netto, z.B. Äpfel, Birnen,
  Bananen, Orangen, Ananas
Saft von 1 Zitrone,
  unbehandelt
1 MS Vanille
1 MS Zimt
125 g Datteln
50 g Cashewnüsse
1/8 l Sahne

Reis im Sieb waschen und mit Wasser und Salz 40 Minuten kochen, dann 20 Minuten quellen lassen. Fertigen Reis auskühlen lassen.

Früchte kleinschneiden, Zitronensaft, Vanille und Zimt dazugeben und mischen. Kleingeschnittene Datteln, gehackte Nüsse und den abgekühlten Reis unterziehen.

Mit geschlagener Sahne garnieren und gekühlt reichen.

Götterspeise

3/8 l Apfelsaft, naturrein
1/8 l Wasser
1 MS Vanille
1 MS Zimt
1 MS Vollmeersalz
150 g Perltapioka (Sago)

500 g Orangen
100 g Honig
100 g Sahne

Apfelsaft mit Wasser, Vanille, Zimt und Salz zum Kochen bringen. Perltapioka einrühren und bei kleiner Hitze 15 Minuten leicht kochen lassen. Von der Kochstelle nehmen und etwas auskühlen lassen.

Orangen schälen, eine quer halbieren, 4 dünne Scheiben davon abschneiden und beiseite legen. Restliche Orangen mit Honig mixen und unter die leicht abgekühlte Masse heben.

In Portionsschälchen füllen und kühl stellen. Vor dem Servieren je eine Orangenscheibe auf die Speise legen und mit steifgeschlagener Sahne garnieren.

Granatapfelcreme

1 großer Granatapfel
2 Bananen (ca. 250 g)
1 MS Vanille
1 MS Zimt
200 g Sauerrahm

Granatapfel in Viertel schneiden und durch Zurückbiegen der Außenschale rote Fruchtkerne herauslösen.

Bananen mit der Gabel fein zerdrücken und zu Mus schlagen. Vanille, Zimt, Sauerrahm und 3/4 der Granatapfelkerne unterziehen. In Glasschalen füllen und mit restlichen Fruchtkernen garnieren.

Gekühlt servieren.

Griechischer Reispudding

100 g Naturreis
1/4 l Wasser
1 MS Vollmeersalz
1 Vanillestange

1/2 l Wasser
75 g Naturreis, gemahlen
1 MS Vollmeersalz
1 1/2 TL Agar-Agar

200 g Sahne
160 g Honig
Zimt

Wasser mit Salz und Vanillestange zum Kochen bringen. Reis in einem Sieb waschen, dazugeben und 40 Minuten leicht kochen, 20 Minuten quellen lassen (Vanillestange abwaschen und trocknen, siehe S. 349).

Frischgemahlenen Naturreis (Getreidemühleneinstellung wie bei Weizenvollkornmehl) mit Salz und Agar-Agar in das Wasser rühren, unter Rühren aufkochen lassen und von der Kochstelle nehmen. Gekochten Reis, ungeschlagene Sahne und Honig unterziehen.

Portionsschälchen mit kaltem Wasser ausspülen, Pudding darin verteilen und kühl stellen.

Vor dem Servieren Pudding auf Teller stürzen und hauchdünn mit Zimt bestreuen.

Hirse-Nachtisch

1/2 l Wasser
2 MS Vollmeersalz
150 g Hirse
3 cm Zimtstange
Vanillestange
200 g Sahne
100 g Honig

750 g frisches Obst, z.B.
  Zwetschgen, Aprikosen,
  Beerenobst
1 MS Vanille
1 MS Zimt

Wasser mit Salz, Zimt- und Vanillestange zum Kochen bringen und Hirse einlaufen lassen. 10 Minuten leicht kochen, 10 Minuten bei kleinster Hitze quellen lassen. Zimt- und Vanillestange herausnehmen (Vanillestange abwaschen und trocknen, kann noch öfters verwendet werden).

Sahne steif schlagen, 5 EL davon in eine Garnierspritze füllen und restliche Sahne mit Honig unter abgekühlte Hirse ziehen.

Obst mit Vanille und Zimt fein mixen, bei säuerlichem Obst, je nach Geschmack, etwas Honig dazugeben.

In Glasschalen Hirse und Obstmus schichtweise verteilen, oberste Schicht mit Obstmus abschließen. Mit Sahne garnieren und gekühlt servieren.

Rote Beerengrütze

150 g Perltapioka (Sago)
½ l Apfelsaft, naturrein
1 MS Vanille
1 MS Zimt

650 g Johannisbeeren oder
650 g Himbeeren, netto
200 g Honig
300 g Sahne

Perltapioka in den kochenden, mit Vanille und Zimt gewürzten Apfelsaft einlaufen lassen. Bei kleiner Hitze unter mehrmaligem Umrühren 15 – 20 Minuten zu einem glasigen, dicken Brei ausquellen lassen.

Johannisbeeren oder Himbeeren mit Honig mixen. Einige Beeren zum Verzieren zurücklassen. Unter den leicht abgekühlten Tapiokabrei ziehen und in eine Glasschüssel füllen. Im Kühlschrank erstarren lassen.

Mit steifgeschlagener Sahne Tupfer auf die Grütze spritzen, mit Beeren und Beerenblättern verzieren. Gekühlt mit steifgeschlagener Sahne reichen.

Auch tiefgekühlte Beeren können – aufgetaut – dazu verwendet werden.

Johannisbeerpudding mit Bananensahne

⅜ l Apfelsaft, naturrein
⅛ l Wasser
1 MS Vanille
1 MS Zimt
2 TL Agar-Agar

500 g Johannisbeeren, frisch
  oder tiefgekühlt
75 g Honig

150 g Bananen
1 EL Zitronensaft
1 MS Vanille, gemahlen
1 TL Honig
150 g Sahne

Johannisbeeren abperlen (Saft mitverwenden) und Honig unterziehen.

Apfelsaft mit Wasser, Vanille, Zimt und Agar-Agar verrühren und erhitzen. Von der Kochstelle nehmen, mit Honig verrührte Johannisbeeren unterziehen und sofort in vier mit kaltem Wasser ausgespülte Schälchen füllen. Kühl stellen.

Bananen mit der Gabel fein zerdrücken und mit Zitrone, Vanille und Honig durchschlagen. Sahne steif schlagen und Bananenpüree unterziehen. In Garnierspritze füllen.

Gekühlten Pudding auf Dessertteller stürzen und mit Bananen-Sahne-Tupfern garnieren.

Kann auch mit Himbeeren zubereitet werden.

Kastanien-Sahne-Dessert

500 g Eßkastanien (ergibt ca.
  250 g Kastanienpüree)
1 l Wasser

2 MS Vanille
1 – 2 EL Akazienhonig
Schale und Saft von 1 Orange
  (= 75 ml), unbehandelt
1/4 l Sahne

10 g Bitterschokolade
20 Pistazien

Eßkastanien einschneiden und 45 Minuten kochen. Sofort schälen oder mit Teelöffel ausschaben. Kastanienfleisch durch den Gemüsewolf lassen oder durch ein Sieb passieren.

Vanille, Honig, abgeriebene Orangenschale und -saft dazurühren. Sahne steif schlagen und unterziehen.

Kastaniensahne in Spritzbeutel mit großer Sterntülle füllen und in Dessertschalen spritzen. Mit Reibeisen Schokolade darüberreiben und mit Pistazien verzieren.

Mangodessert Ameera

4 mittelgroße Mangos
4 MS Ingwer
2 MS Agar-Agar
2 EL Akazienhonig
100 g Sahne

Reife Mangofrüchte (allseitig weich) waschen und senkrecht in 3 Scheiben so schneiden, daß die beiden Schnitte an dem flachen, länglichen Kern entlanggehen. Die beiden gewölbten Scheiben längs und quer einschneiden, so daß Quadrate von 1 cm Kantenlänge entstehen. Nun die Scheiben umstülpen, so daß das Mangofleisch in Würfelform auf der gewölbten Fruchthaut steht.

Die mittleren Mangoscheiben jeweils dünn schälen, Fruchtfleisch vom Kern lösen und mit Ingwer, Agar-Agar und Honig mixen. Steifgeschlagene Sahne unterziehen und diese Creme in die Garnierspritze füllen.

Vorbereitete Mangos auf Glasplatte legen und mit der Creme verzieren. Gekühlt servieren.

Melone mit Himbeersahne

1 – 2 reife Netzmelonen, ca. 1 kg
250 g Himbeeren, frisch oder tiefgekühlt
200 g Sahne
2 MS Agar-Agar
2 EL Honig
2 MS Vanille

Melonen längs halbieren oder vierteln, je nach Größe, und mit Eßlöffel Kerne herausnehmen.

Sahne mit Agar-Agar steif schlagen, Honig und Vanille dazugeben und nochmals kurz durchschlagen.

Von den Himbeeren (tiefgekühlte auftauen) einige zum Garnieren zurücklassen und restliche unter die Sahne heben. Beeren-Sahne-Gemisch nun in die Melonenhälften oder -viertel füllen. Mit zurückgelassenen Himbeeren und Beerenblättern (soweit vorhanden) garnieren.

Leicht gekühlt servieren.

Obst-Nuß-Becher

500 g frisches Obst der Jahreszeit, netto, gemischt oder einzeln, z.B. Sauerkirschen, Birnen, Pflaumen, Orangen
200 g Sahne
1 EL Akazienhonig (30 g)
1 MS Vanille
1 MS Zimt
80 g Nüsse, z.B. Walnüsse, Cashewkerne, Paranüsse

Obst kleinwürfeln, Sahne steif schlagen, Honig, Vanille und Zimt dazugeben, Nüsse grob hacken.

In Dessertschalen zuerst einen Teil des Obstes geben, darauf Nüsse, dann Sahne, darüber nochmals Obst und Nüsse. Restliche Sahne in Garnierspritze geben und Dessert dekorativ verzieren.

Obstsalat Gran Canaria

200 g Äpfel
200 g Birnen
200 g Bananen
300 g Orangen
¼ frische Ananas
200 g blaue Weintrauben
½ Netzmelone (ca. 500 g)
Saft von 1 Zitrone, unbehandelt
50 g Walnußkerne

¼ l Sahne
2 MS Agar-Agar
1 Prise Vollmeersalz
1 Prise Pfeffer aus der Mühle
2 EL Akazienhonig
2 EL weißer Portwein

Äpfel und Birnen mit Schale kleinwürfeln, Bananen scheibeln, Orangen schälen, vierteln und in dünne Scheiben schneiden. Ananas stifteln und Weintrauben halbieren. Melone halbieren, mit Eßlöffel Kerne herausnehmen und mit Melonenmesser kleine Bällchen ausstechen. Zitronensaft über vorbereitetes Obst gießen, vorsichtig mischen, in Glasschüssel füllen und kühl stellen.

Sahne mit Agar-Agar steif schlagen, dann Salz, Pfeffer, Honig und Portwein dazugeben und nochmals kurz schlagen. Sahne mit Garnierspritze auf Salat spritzen und mit Walnußkernen garnieren.

Obstsalat Madeira

1 großer Granatapfel (ca. 500 g)
500 g reife Kakis (Persimonpflaumen)
250 g blaue Weintrauben
250 g Clementinen
Saft von 1 Zitrone, unbehandelt
1 TL Honig
1 MS Vanille
1 MS Zimt

zum Verzieren:
200 g Sahne
1 Clementine

Granatapfel vierteln und durch Zurückbiegen der Außenschale rote Fruchtkerne herauslösen. Reife Kakis vierteln, dünne Außenhaut abziehen und Fruchtfleisch grob würfeln. Weintrauben halbieren oder vierteln, je nach Größe. Clementinen nur in Spalten teilen.

Frischgepreßten Zitronensaft mit Honig, Vanille und Zimt verrühren, über vorbereitetes Obst gießen und vorsichtig mischen. In Glasschüssel füllen und mit steifgeschlagener Sahne garnieren.

Geschälte Clementine sternförmig entfalten, so daß sie unten noch zusammengehalten wird. In Schüsselmitte auf die Sahne setzen.

Obstsalat rosé

800 g verschiedenes Obst der Jahreszeit, netto, z.B. Äpfel, Birnen, Kirschen, Weintrauben, Bananen, Orangen
Saft von 1 Zitrone, unbehandelt
200 g Sauerrahm
200 g Himbeeren, frisch oder tiefgekühlt
50 g Honig
1 MS Vanille
1 MS Zimt

Obst groß schneiden oder würfeln, in Zitronensaft wälzen und in Schüssel oder Portionsschalen geben.

Sauerrahm mit Himbeeren (tiefgekühlte zuerst auftauen), Honig, Vanille und Zimt mixen, in Sauciere füllen und kühl stellen. Bei Tisch Sauce über das vorbereitete Obst gießen.

Persimonpflaumen garniert

4 große, reife Persimonpflaumen (Kakis), ca. 600 g
100 g Sahne
1 EL Akazienhonig
1 MS Vanille, gemahlen

Persimonpflaumen sind erst reif, wenn sie ganz weich sind, halbreif schmecken sie leicht herb.

Pflaumenblüte ausschneiden und Pflaumen von oben in 4 Teile schneiden, jedoch nicht ganz durchschneiden, so daß sie unten noch zusammenhängen.

Sahne steif schlagen, Honig und Vanille unterziehen. Mit Garnierspritze Sahne in die Pflaumenmitte spritzen, gekühlt servieren.

Mit Löffel Fruchtfleisch aus der Schale essen.

Rhabarber-Bananen-Creme

400 g Rhabarber
500 g Bananen
Saft von 1/2 Zitrone, unbehandelt
100 g Sauerrahm
80 g Honig
1 MS Vanille
1 MS Zimt
1/8 l Sahne

Rhabarber nur schälen, wenn er nicht mehr frisch und zart ist. Der Länge nach in 4 Teile schneiden und dann dünn scheibeln. Bananen mit Zitrone, Sauerrahm, Honig, Vanille und Zimt mixen. Sahne steif schlagen und einen Teil in die Garnierspritze füllen.

Unter die Bananencreme den feingeschnittenen rohen Rhabarber und die restliche Sahne heben.

In Glasschalen füllen, mit Sahne garnieren und gekühlt servieren.

Rhabarbercreme

750 g Rhabarber
1/8 l Wasser

2 TL Agar-Agar
1/8 l Wasser

150 g Honig
1 MS Vanille
1 MS Zimt
1/8 l Sahne

Rhabarber waschen und nur dann schälen, wenn er nicht mehr frisch und zart ist. In 1 cm breite Stücke schneiden, mit wenig Wasser 3 – 5 Minuten kochen lassen. Von der Kochstelle nehmen, Agar-Agar, in Wasser angerührt, dazurühren und abkühlen lassen. Honig, Vanille und Zimt dazurühren, in Portionsschalen verteilen und kühl stellen.

Vor dem Servieren mit steifgeschlagener Sahne garnieren.

Rhabarberdessert

750 g Rhabarber
1/8 l Wasser
100 g Honig
1 MS Vanille
1 MS Zimt

Mürbeteig:
125 g Weizenvollkornmehl
75 g Hirse
1 MS Vollmeersalz
1 TL Weinstein-Backpulver
Schale von 1/2 Zitrone, unbehandelt
60 g Honig
60 g Butter
2 EL Wasser

Creme:
1/4 l Wasser
50 g Hirse
1 MS Vollmeersalz

50 g Sahne
50 g Honig
2 MS Vanille
4 EL geriebene Haselnüsse (25 g)

Rhabarber waschen (nur dann schälen, wenn er nicht mehr frisch und zart ist), in 1 cm dicke Stücke schneiden und mit wenig Wasser 3 – 5 Minuten kochen lassen. Nach dem Abkühlen Honig, Vanille und Zimt unterziehen.

Mürbeteig: Frischgemahlenes Weizenvollkornmehl und gemahlene Hirse (gleiche Getreidemühleneinstellung wie Mehl) mit Salz, Backpulver und abgeriebener Zitronenschale mischen. Honig, kalte, kleingeschnittene Butter und Wasser dazugeben. Alles zu einem glatten Teig verkneten und 30 Minuten ruhen lassen.

Teig in Springform breiten und bei 200° auf der mittleren Schiene ca. 15 Minuten backen. Auf einem Gitter auskühlen lassen.

Creme: Frischgemahlene Hirse (Einstellung wie oben) mit Wasser und Salz unter Rühren aufkochen lassen. Nach dem Abkühlen Sahne, Honig und Vanille darunterziehen.

Fertigstellung: Mürbeteig in Stücke brechen und in Kompottschalen legen. Darauf Rhabarberkompott geben und darauf die Hirsecreme verstreichen. Mit gemahlenen Haselnüssen bestreuen und gekühlt servieren.

Reiscreme

½ l Wasser
1 MS Vollmeersalz
100 g Naturreis
1 TL Agar-Agar

90 g Honig
30 g Korinthen
30 g Pistazien
2 MS Vanille
200 g Sahne

Wasser, Salz, frischgemahlenen Reis (Getreidemühleneinstellung wie bei Vollkornmehl) und Agar-Agar ansetzen, unter Rühren erhitzen, 1 Minute kochen lassen und von der Kochstelle nehmen.

Im Wasserbad leicht abkühlen lassen, Honig, gewaschene Korinthen, Pistazien und Vanille dazurühren.

Sahne steif schlagen, einen Teil in die Garnierspritze füllen und kühl stellen. Restliche Sahne unter die Reiscreme heben, in Portionsschalen verteilen und kühl stellen.

Mit Sahnetupfern garniert servieren.

Ein Arbeitshinweis: Es ist zweckmäßig, die Reiscreme im Arbeitsablauf zum Schluß zu kochen und alle übrigen Arbeitsgänge vorher zu machen, weil die Creme beim Abkühlen zu steif werden könnte.

Rohes Früchtekompott

1 kg reife Früchte der Jahreszeit
Saft von 1 Zitrone, unbehandelt
1–2 EL Honig, je nach Fruchtsüße
1 MS Vanille
1 MS Zimt

Reifes Obst der Jahreszeit kleinschneiden, entweder nur eine Obstsorte oder verschiedene Sorten gemischt. Zitronensaft mit Honig, Vanille und Zimt verrühren, über das zerkleinerte Obst gießen, mischen und 15 – 30 Minuten ziehen lassen.

Tiefgekühltes Obst, z.B. Erdbeeren, Himbeeren, Kirschen, gibt aufgetaut genügend Saft ab und braucht deshalb keinen Zitronensaft. Honig nur dann verwenden, wenn Obst nicht süß genug ist.

Dieses Kompott paßt zu vielen Aufläufen und Breien und kann, auch mit Sahne, als Dessert serviert werden.

Trockenfrüchtekompott

300 g gemischte Trockenfrüchte, ungeschwefelt, z.B. Rosinen, Feigen, Zwetschgen, Birnen, Aprikosen, Äpfel
gut ¾ l Wasser
1 MS Vanille
1 MS Zimt

Trockenfrüchte sauber waschen und je nach Fruchtgröße in Stücke schneiden. Mit Wasser übergießen und 12 – 16 Stunden quellen lassen. Dann Vanille und Zimt dazugeben.

Dieses Kompott kann zu vielen Süßspeisen, als Dessert oder zum Frischkornbrei Verwendung finden.

Schokoladenpudding

100 g Weizenvollkornmehl
½ l Wasser
2 EL Kakao oder Karobe
2 MS Vanille
1 MS Vollmeersalz
1 TL Agar-Agar

125 g Honig
¼ l Sahne

Das frisch- und sehr fein gemahlene Weizenvollkornmehl mit Kakao, Vanille, Salz, Agar-Agar und einem Teil des Wassers glattrühren. Restliches Wasser zum Kochen bringen, von der Kochstelle nehmen und angerührten Weizen-Kakao-Brei mit Schneebesen hineinrühren. Aufkochen lassen und im Wasserbad durchrühren, bis er lauwarm ist.

Dann Honig und steifgeschlagene Sahne (einen Teil in Garnierspritze abfüllen) unterziehen. In Dessertschüsseln füllen, mit Sahne garnieren und kühl stellen.

Wer den Pudding cremiger möchte, läßt das Agar-Agar weg.

Schwarzwälder Kirschbecher

200 g Sahne
1 MS Vanille
1 MS Zimt
50 g Akazienhonig
500 g Sauerkirschen, frisch oder tiefgekühlt
1/2 Rezept Plätzchen, siehe unten

Plätzchen:
75 g Butter
100 g Honig
50 g Sauerrahm
1 MS Vanille
1 MS Vollmeersalz
100 g Weizenvollkornmehl
1/2 TL Natron
40 g Haselnüsse
75 g Bitterschokolade

Butter und Honig cremig rühren, Sauerrahm, Vanille, Salz, frischgemahlenes Weizenvollkornmehl und Natron dazurühren. Haselnüsse und Bitterschokolade grob raspeln (Rohkostmaschine: große Lochtrommel) und unter den Teig heben.

Auf gefettetes Backblech mit Teelöffel kleine Häufchen in großem Abstand setzen. Im vorgeheizten Ofen bei 165° 10 Minuten auf der zweiten Schiene von unten backen. Auf dem Blech auskühlen lassen und dann abnehmen.

Die Menge ergibt ca. 30 Plätzchen, 2 Bleche à 15 Stück. Die Plätzchen sind frisch sehr zerbrechlich, was jedoch für diesen Verwendungszweck keine Rolle spielt. Legt man die Plätzchen vorsichtig auf ein Gitter und läßt sie dann einen Tag bei Zimmertemperatur austrocknen, werden sie wesentlich kompakter und können auch als Plätzchen alleine verwendet werden.

Sahne steif schlagen, Vanille, Zimt und Honig dazugeben und nochmals durchschlagen. Die Hälfte der Sahne in Garnierspritze füllen. Sauerkirschen entkernen und in Glasschalen geben. Als unterste Schicht werden Kirschen verwendet, darauf Plätzchen, darauf wiederum Sahne und dann nochmals Plätzchen. Obenauf Kirschen legen und mit Sahne spritzen. In jede Glasschale als Verzierung – soweit vorhanden – eine Kirsche mit Stiel und ein Kirschblatt geben.

Winterobstsalat

150 g Trockenobst, z.B.
  Aprikosen, Feigen, Pflaumen
800 g frisches Obst (netto),
  z.B. Äpfel, Birnen, Orangen,
  Grapefruits, Bananen
50 g Datteln
50 g Walnußkerne
1 MS Vanille
1 MS Zimt

100 g Sahne

Trockenfrüchte gut waschen, in Stücke schneiden und ca. 2 Stunden in Wasser einweichen.

Obst scheibeln oder würfeln. Datteln waschen und kleinschneiden, Walnußkerne grob zerbrechen.

Eingeweichtes Trockenobst aus dem Wasser nehmen, mit vorbereitetem Obst, Datteln, Nüssen, Vanille und Zimt mischen und 30 Minuten kühl stellen.

Mit steifgeschlagener Sahne garniert servieren.

Bananeneis

500 g reife Bananen, netto
1 MS Vanille
1 MS Zimt
Saft von 1 Zitrone,
  unbehandelt
¼ l Sahne
120 g Akazienhonig

Serviervorschlag:
2 Bananen
50 g Bitterschokolade
4 EL Sahne

50 g Sahne, geschlagen

Bananen mit Vanille, Zimt und Zitronensaft fein mixen. Sahne steif schlagen, Honig dazuwiegen und nochmals durchschlagen. Gemixte Bananen dazugeben und mit Schneebesen unterziehen. In Gefrierbox füllen und in Gefrierschrank stellen.

Serviervorschlag: Bananeneis in dicke Scheiben schneiden und auf Teller legen. Schokolade in einer kleinen Pfanne zum Schmelzen bringen und mit kleinem Schneebesen Sahne unterrühren, bis die Sauce glatt ist. Schokoladensauce über die Eisscheiben gießen, Bananenscheiben auflegen und mit steifgeschlagener Sahne garnieren.

Eiskaffee

Gekühlter Malz- oder Getreide-
  kaffee
Akazienhonig
Bananeneis (siehe S. 311)
Sahne

Kaffee kochen und abkühlen lassen, mit einer neutral schmeckenden Honigsorte leicht süßen und in den Kühlschrank stellen. Eis in Würfel schneiden, in hohe Trinkgläser füllen, kalten Kaffee daraufgießen und mit steifgeschlagener Sahne – in Garnierspritze gefüllt – eine Haube aufspritzen.

Mit Löffel und Trinkhalm servieren.

Eistorte

Kiwieis (siehe S. 315)
Erdbeereis (siehe S. 313)
Zitroneneis (siehe S. 316)

zum Garnieren:
$1/4$ l Sahne
250 g Früchte, z.B. Erdbeeren, Kiwis etc.

Das dekorative Aussehen wird mit den drei unterschiedlichen, kontrastreichen Eissorten erzielt.

Eine oder auch zwei gut gewölbte Porzellanschüsseln (eher flach als zu tief) ca. 1 Stunde in die Tiefkühltruhe stellen.

Kiwieis nach Anweisung zubereiten, in die gekühlte Schüssel (bei zwei Schüsseln je die Hälfte aller Eissorten) gießen, mit Teller oder Alufolie bedecken und zurück in die Tiefkühltruhe stellen.

Nach 1 – 2 Stunden, wenn das Eis beginnt fest zu werden, das Erdbeereis zubereiten und auf die erste Eissorte gießen. Diese darf noch nicht so fest sein, daß sie sich nicht mit der zweiten Sorte verbindet, aber auch nicht so weich, daß die zweite Sorte in sie hineinsinkt.

Nach weiteren 1 – 2 Stunden das Zitroneneis zubereiten, auf die zweite Sorte gießen und zugedeckt einen Tag (oder länger) in die Tiefkühltruhe stellen.

Serviervorschlag: Porzellanplatte oder großen Glasteller bereitstellen. Eisschüssel mit dem Boden nach oben unter warmes

Wasser halten und dabei Eis mit den Fingern festhalten, damit es nicht herausrutscht. Wenn es sich lockert, auf bereitstehende Platte legen.

Scharfes Brotmesser in heißes Wasser tauchen und Eistorte in Stücke schneiden. Dann Stücke wieder zusammenstellen und mit steifgeschlagener Sahne und Früchten garnieren.

Erdbeereis

600 g Erdbeeren
¼ l Sahne
2 MS Vanille
2 MS Zimt
150 g Akazienhonig

zum Garnieren:
100 g Sahne
150 g Erdbeeren

Erdbeeren waschen, Blüte ausdrehen, in Stücke schneiden und mixen. Sahne sehr steif schlagen, Vanille, Zimt und Honig dazugeben und nochmals kurz durchschlagen. Gemixte Erdbeeren mit Schneebesen unterziehen, in Gefrierbox füllen und in Gefrierschrank stellen.

Serviervorschlag: Gefrierbox mit dem Boden nach oben unter fließendes warmes Wasser halten. Gelöstes Eis auf Teller legen und beliebig viele und große Scheiben abschneiden (Eisrest sofort wieder in Box geben und diese in den Gefrierschrank zurückstellen). Eisscheiben mit steifgeschlagener Sahne und Erdbeeren (mit Stiel) garnieren.

Erdbeereisbecher

200 g Sahne
300 g Erdbeeren
1 EL Akazienhonig
2 MS Vanille

Erdbeereis (siehe oben)

Sahne steif schlagen und einen Teil in die Garnierspritze füllen. Unter die restliche Sahne Honig und Vanille rühren.

Erdbeeren waschen, 4 Beeren zum Garnieren beiseite legen, restliche scheibeln und unter die Sahne ziehen.

Vom Erdbeereis einige Scheiben abschneiden und würfeln. In breite Trinkgläser Erdbeersahne und Erdbeereiswürfel schichten. Sahne daraufspritzen und je Glas mit einer Erdbeere und eventuell mit einem Erdbeerblatt garnieren.

Frische Feigen mit Eis

4 Scheiben Fruchteis
 (siehe S. 311, 313, 315)
4 reife, frische Feigen
150 g Sahne
200 g Himbeeren oder
 Erdbeeren, frisch oder
 tiefgekühlt
50 g Honig
1 MS Vanille
1 MS Zimt
4 TL Pinien

Fruchteis in 1 cm dicke Scheiben und dann in Würfel schneiden, Feigen der Länge nach vierteln, Sahne steif schlagen und in Garnierspritze füllen. Frische oder aufgetaute Beeren mit Honig, Vanille und Zimt mixen.

Eiswürfel in breite Kelchgläser oder -schalen geben, darauf die Feigen legen und mit Sahne garnieren. Gemixte Beeren darübergießen und mit Pinien bestreuen. Bis zum Verzehr kühl stellen.

Früchteeisbecher

400 g Früchte, z.B. Kirschen,
 Erdbeeren, Kiwis, Orangen
4 EL Nüsse, z.B. Walnüsse,
 Cashewnüsse, Paranüsse
150 g Sahne
2 MS Vanille
4 Scheiben Frucht- oder
 Nougateis
 (siehe S. 311, 313, 315)

Früchte kleinschneiden, Nüsse grob hakken, Sahne mit Vanille steif schlagen und in Garnierspritze füllen.

Eis in 1 cm dicke Scheiben schneiden und dann kleinwürfeln.

Einen Teil der Eiswürfel in breite Kelchgläser oder -schalen füllen, darauf Früchtewürfel, dann Nüsse und schließlich einige Sahnetupfer geben. Dies wird wiederholt, bis alles aufgebraucht ist. Mit Obst oder Blümchen dekorativ verzieren und bis zum Verzehr kühl stellen.

Kiwieis

500 g Kiwis, netto
1/4 l Sahne
150 g Akazienhonig
2 MS Vanille

Serviervorschlag:
1 Kiwi
50 g Sahne

Kiwis schälen, in Stücke schneiden und fein mixen. Sahne sehr steif schlagen, Honig und Vanille dazugeben und nochmals durchschlagen. Gemixte Kiwis mit Schneebesen unterziehen, in Gefrierbox füllen und in den Gefrierschrank stellen.

Serviervorschlag: Box unter warmes Wasser halten, bis sich das Eis löst. Auf Teller legen und mit scharfem Messer Eisscheiben abschneiden. Messer dabei öfters in heißes Wasser tauchen. Kiwi schälen, in Scheiben schneiden und auf Eisscheiben auflegen. Mit steifgeschlagener Sahne garnieren.

Nougateis

400 g Sahne
150 g Erdnußmus
150 g Honig
2 EL Kakao
1/2 TL Vanille

Sahne sehr steif schlagen. Erdnußmus mit Honig, Kakao und Vanille verrühren und die geschlagene Sahne unterziehen. In Gefrierbox füllen und in den Gefrierschrank geben.

Orangeneis

500 g Orangen, netto, unbehandelt
2 TL abgeriebene Orangenschale
1/4 l Sahne
150 g Akazienhonig

Serviervorschlag:
1 Orange
50 g Sahne

Orangen waschen und Schale fein abreiben. Dann Orangen schälen, in Stücke schneiden und mit der abgeriebenen Schale fein mixen. Sahne steif schlagen, Honig dazuwiegen und nochmals durchschlagen. Gemixte Orangen dazugeben und mit Schneebesen unterziehen. In Gefrierbox füllen und in Gefrierschrank stellen.

Serviervorschlag: Box unter warmes Wasser halten, bis sich das Eis löst. Auf Teller legen und mit scharfem Messer Eisscheiben abschneiden. Messer dabei öfters in heißes Wasser tauchen. Orange schälen, quer in dünne Scheiben schneiden und auf Eisscheiben legen. Mit steifgeschlagener Sahne garnieren.

Zitroneneis

1/4 l Sahne
100 g Akazienhonig
Saft von 2 – 3 Zitronen (1/8 l), unbehandelt
1 EL Rosinen, ungeschwefelt
1 EL Zitronat
1 EL Orangeat
1 EL Pinien
1 EL Pistazien
2 EL Rum (40%)

Rosinen, Zitronat, Orangeat, Pinien und Pistazien sehr klein schneiden und mit Rum mischen. Zitronen auspressen und Saft und Fruchtfleisch verwenden.

Sahne steif schlagen, Honig, Zitronensaft und die mit Rum gemischten Früchte und Nüsse unterziehen. In Gefrierbox füllen und in den Gefrierschrank stellen. Zum Verzehr in Scheiben aufschneiden.

Süßspeisen

Apfel im Schlafrock

Teig:
350 g Weizenvollkornmehl
2 TL Weinstein-Backpulver
1 TL Zimt
1 MS Vollmeersalz
Schale von 1 Zitrone,
  unbehandelt
100 g Sauerrahm
2 EL Wasser
100 g Honig
100 g Butter

Füllung:
8 – 10 Backäpfel (z.B.
  Boskoop), je nach Größe
Saft von 1 Zitrone,
  unbehandelt
100 g Haselnüsse
50 g Rosinen, ungeschwefelt
30 g Honig

Guß:
30 g Butter
30 g Honig

Frischgemahlenes Weizenvollkornmehl mit Backpulver, Zimt, Salz und abgeriebener Zitronenschale mischen. Sauerrahm, Wasser und Honig darin verrühren, kalte Butter darüberschneiden und alles rasch zusammenkneten. Teig 1/2 Stunde ruhen lassen.

Äpfel im ganzen abschälen und mit Apfelausstecher Kernhaus von beiden Seiten gut ausstechen. Äpfel im Zitronensaft wälzen.

Haselnüsse mit gewaschenen Rosinen grob zerkleinern (Rohkostmaschine: große Lochtrommel), mit Honig zusammenkneten und in die ausgestochenen Äpfel füllen.

Teig in 8 – 10 Teile schneiden und jedes Teil mit dem Nudelholz etwas auswellen. Apfel darauflegen und Teig glatt um den Apfel schließen.

Äpfel auf ungefettetes Backblech setzen und bei 180° auf der zweiten Schiene von unten ca. 40 Minuten backen. Butter mit Honig zerlaufen lassen, gebackene Äpfel damit bestreichen und auftragen.

Aprikosen- oder Zwetschgenknödel

300 g Weizenvollkornmehl
1 TL Zimt
1 TL Weinstein-Backpulver
1 MS Vollmeersalz
Schale von 1 Zitrone,
  unbehandelt
125 g Butter
125 g Honig

750 g Aprikosen (ca. 16 Stück)
  oder
500 g Zwetschgen
  (ca. 22 Stück)

Frischgemahlenes Weizenvollkornmehl mit Zimt, Backpulver, Salz und abgeriebener Zitronenschale vermischen. Kalte Butter darüberschneiden, Honig dazuwiegen und alles zu einem glatten Teig kneten. 30 – 60 Minuten ruhen lassen.

Teig in so viele Teile wie Obst schneiden. Jedes Teigstück in der Hand glattdrücken, Aprikose oder Zwetschge – jeweils mit Kern – darauflegen und mit Teig umwickeln. Auf ein leicht gefettetes Backblech legen und bei 200° auf der zweiten Schiene von unten 20 – 25 Minuten backen.

Tiefgekühltes Obst nicht auftauen, sondern gleich mit Teig umwickeln. Die Backzeit muß dann um ca. 15 Minuten verlängert werden.

Aprikosen- oder Zwetschgenknödel leicht abgekühlt oder kalt servieren.

Bayerischer Scheiterhaufen

10 Vollkornbrötchen (500 g)
750 g Äpfel, netto
150 g Sultaninen,
  ungeschwefelt
1/4 l Sahne
1/4 l Wasser
2 MS Vanille
2 MS Zimt
100 g Honig
20 g Butter

Brötchen zuerst senkrecht durchschneiden und dann in feine Scheiben aufschneiden. Äpfel schälen und fein schnitzeln (Rohkostmaschine: Scheibentrommel). Sahne mit Wasser mischen, Vanille, Zimt und Honig dazugeben und leicht erwärmen.

Auflaufform oder Backreine fetten und füllen: Unterste Schicht ein Drittel der Brötchenscheiben, darauf je die Hälfte der Apfelschnitze und der gewaschenen Sultaninen, dann wieder ein Drittel der Brötchenscheiben, darauf restliche Apfelschnitze und Sultaninen und alles mit Brötchenscheiben abdecken.

Erwärmtes Sahne-Honig-Gemisch langsam über die oberste Brötchenscheiben-Schicht gießen, so daß alle Scheiben damit getränkt sind. Mit Butterflöckchen bestreuen.

Bei 190° auf der untersten Schiene 45 – 50 Minuten backen.

Bulgurbrei

350 g Bulgur (siehe S. 348)
1 l Wasser
1/2 TL Vollmeersalz

300 g Sahne
125 g Honig

Bulgur in Wasser mit Salz 15 Minuten einweichen, dann langsam zum Kochen bringen und bei mäßiger Hitze 10 Minuten leicht kochen und 15 Minuten quellen lassen.

Sahne und Honig unterziehen, mit rohem Früchtekompott (siehe S. 308) und etwas Zimt servieren.

Dampfnudeln

500 g Weizenvollkornmehl
125 g Sahne
200 g Wasser
40 g Hefe

75 g Butter
75 g Honig
Schale von 1/2 Zitrone, unbehandelt
1/2 TL Vollmeersalz
Streumehl

75 g Sahne
75 g Wasser
50 g Butter
50 g Honig

Frischgemahlenes Weizenvollkornmehl in eine Schüssel geben, Sahne mit Wasser verrühren, Hefe darin auflösen, in die Mehlmitte gießen und mit Mehl zu einem dicklichen Brei rühren. Mit Mehl bestäubt ca. 15 Minuten gehen lassen.

Zerlassene Butter, Honig, abgeriebene Zitronenschale und Salz zum gegangenen Teig geben, 5 Minuten gut durchkneten und mit Mehl bestäubt ca. 45 Minuten gehen lassen. Teig nochmals kurz durchkneten, in 10 Teile schneiden und aus jedem Teil eine Kugel formen.

Sahne, Wasser, Butter und Honig in einem sehr gut schließenden Topf erhitzen und die angegangenen Teigkugeln nebeneinander hineinsetzen. Deckel schließen und möglichst noch mit einem schweren Gegenstand beschweren, damit kein Dampf austreten kann. Bei mäßiger Hitze nun 30 – 35 Minuten leicht köcheln lassen. Wenn die Flüssigkeit verbraucht ist, knistert und knackt es leicht im Topf. Jetzt sind die Dampfnudeln fertig. Nun erst darf der Deckel entfernt werden.

Dampfnudeln auf eine Platte stürzen und mit Vanillesauce (siehe S. 184), roter Fruchtsauce (siehe S. 182) oder rohem Beerenkompott (siehe S. 308) servieren.

Grießbrei

250 g Vollkorngrieß
1 l Wasser
2 MS Vollmeersalz

200 g Sahne
100 g Honig

Wasser mit Salz zum Kochen bringen, von der Kochstelle nehmen und mit Schneebesen langsam Grieß einrühren. Bei mäßiger Hitze kurz aufkochen und 5 Minuten ausquellen lassen.

Sahne und Honig unterziehen und mit rohem Früchtekompott (siehe S. 308) und etwas Zimt servieren.

Hirseauflauf

300 g Hirse
1 l Wasser
2 MS Vollmeersalz
1 Vanillestange
1 Zimtstange

75 g Butter
100 g Honig
Schale von 1 Zitrone,
 unbehandelt
100 g Rosinen
100 g Sahne
50 g Mandeln

Wasser mit Salz, Vanille- und Zimtstange zum Kochen bringen und Hirse einlaufen lassen. 10 Minuten leicht kochen, 20 Minuten bei kleinster Hitze quellen und dann fertige Hirse auskühlen lassen.

Butter und Honig verrühren, abgekühlte Hirse, abgeriebene Zitronenschale, gewaschene Rosinen und Sahne dazurühren. In gefettete Auflaufform geben und mit gehackten Mandeln (Rohkostmaschine: große Lochtrommel) bestreuen. Bei 200° auf der zweiten Schiene von unten ca. 50 Minuten backen.

Dazu rohes Früchtekompott (siehe S. 308) reichen.

Hirse-Apfel-Auflauf
Hirse so zubereiten und mit allen Zutaten verrühren, wie oben angegeben.

Zusätzlich 600 g Äpfel (netto) raspeln (Rohkostmaschine: große Lochtrommel) und unter Hirsemasse heben. Mit gehackten Mandeln bestreuen und backen wie oben.

Früchtekompott als Beilage kann hier entfallen.

Hirsebrei

1 l Wasser
1 Vanillestange
1 Zimtstange
2 MS Vollmeersalz
300 g Hirse

250 g Sahne
125 g Honig

Wasser mit Vanillestange, Zimtstange und Salz zum Kochen bringen. Hirse hineinlaufen lassen. Bei mäßiger Hitze 10 Minuten leicht kochen, 15 – 20 Minuten quellen lassen.

Sahne und Honig dazurühren und mit rohem Früchtekompott (siehe S. 308) und etwas Zimt reichen.

Kartäuserklöße

8 – 10 frische Vollkornbrötchen (500 g)
1/4 l Sahne
1/4 l Wasser
100 g Honig
1/2 TL Vanille

75 g Haselnüsse
1 TL Zimt
Butter

Vollkornbrötchen mit einem Reibeisen rundum leicht abreiben und senkrecht halbieren.

Sahne mit Wasser, Honig und Vanille verrühren, in eine Schüssel mit breitem Boden geben und die halben Brötchen darin einweichen. Nach einigen Minuten wenden, so daß sie sich allseitig mit Sauce vollsaugen können.

Haselnüsse fein reiben, mit Zimt mischen und die eingeweichten Brötchenhälften darin wenden. In Butter bei mäßiger Hitze allseitig ausbacken.

Dazu rote Fruchtsauce (siehe S. 182) reichen.

Rahmapfelstrudel

250 g Weizenvollkornmehl
2 MS Vollmeersalz
1 TL Obstessig
50 g Butter
1/8 l lauwarmes Wasser

800 g Äpfel
75 g Mandeln
125 g Rosinen
1 TL Zimt

125 g Crème fraîche
50 g Honig

zum Übergießen:
1/4 l Sahne

Zubereitung des Teiges und der Füllung wie beim Wiener Apfelstrudel (siehe Seite 328).

Der Teig wird geteilt, und beide Teile werden nacheinander in Backpfannenlänge ausgewalkt. Auf ein Geschirrtuch legen und jedes Teigstück mit der halben Menge von Crème fraîche und Honig bestreichen und mit der halben Menge der Äpfel belegen.

Backpfanne fetten und die zwei Strudel nebeneinander mit Hilfe des Tuches hineingleiten lassen. Mit Sahne übergießen. Bei 200° auf der mittleren Schiene 50 – 60 Minuten backen.

Der Rahmapfelstrudel ist saftiger als der Wiener Apfelstrudel. Auf die Vanillesauce als Beigabe kann verzichtet werden.

Rhabarber-Mohn-Strudel

Teig:
250 g Weizenvollkornmehl
2 MS Vollmeersalz
1 TL Obstessig
50 g Butter
1/8 l lauwarmes Wasser

Füllung:
150 g Mohn
200 g Wasser
50 g Sahne
100 g Mandeln
100 g Rosinen, ungeschwefelt
150 g Honig
1 TL Zimt
750 g Rhabarber

zum Übergießen:
1/4 l Sahne

Teig: Das frischgemahlene Weizenvollkornmehl mit Salz, Obstessig, kleingeschnittener Butter und lauwarmem Wasser verrühren und zu einem geschmeidigen Teig kneten. Den Teig ca. 50mal auf den Tisch schlagen, damit er elastisch und glänzend wird. Unter einer angewärmten Schüssel ca. 30 Minuten ruhen lassen.

Füllung: Mohn mahlen (Getreidemühle mit Keramik- oder Stahlmahlwerk, Einstellung wie bei Frischkornbrei), mit heißem Wasser übergießen und 15 Minuten quellen lassen. Sahne, gehobelte Mandeln (Rohkostmaschine: große Lochtrommel), gewaschene Rosinen, Honig und Zimt dazurühren.

Rhabarber waschen (Schälen nur bei älterem Rhabarber notwendig) und in 1/2 cm breite Stücke schneiden.

Fertigstellung: Teig teilen und auf bemehlter Arbeitsfläche in der Breite der vorgesehenen Backform zu einem Quadrat oder Rechteck auswalken. Mit Hilfe des Nudelholzes Teig auf ein sauberes Geschirrtuch legen. Halbe Menge der Mohnfüllung darauf verstreichen und Hälfte des Rhabarbers darüber verteilen. Mit Hilfe des Geschirrtuches zu einem Strudel rollen, die beiden Enden zusammendrücken und in die gefettete Backform gleiten lassen.

Mit der zweiten Teighälfte ebenso verfahren. Strudelrollen nebeneinanderlegen und mit Sahne übergießen. Bei 200° auf der mittleren Schiene 50 – 60 Minuten backen.

Rohrnudeln

750 g Weizenvollkornmehl
1/4 l Mineralwasser
40 g Hefe

200 g Sauerrahm
100 g Butter
100 g Honig
Schale von 1 Zitrone, unbehandelt
2 MS Vollmeersalz

20 g Butter
1 EL Honig
Zimt

Frischgemahlenes Weizenvollkornmehl in eine Schüssel geben, in die Mitte Vertiefung drücken und darin die in Mineralwasser aufgelöste Hefe mit Mehl zu einem dicklichen Brei rühren. Mit Mehl bestreut ca. 15 Minuten gehen lassen.

Zum gegangenen Vorteig Sauerrahm, zerlassene Butter (2 EL zurücklassen), Honig, abgeriebene Zitronenschale und Salz geben und alles gut zu einem geschmeidigen Teig kneten. In der zurückgelassenen Butter wälzen und zugedeckt 30 Minuten gehen lassen.

Gegangenen Teig kurz durchkneten und in 12 Stücke teilen. Diese ca. 5 Minuten angehen lassen.

Backpfanne (ca. 35 × 20 cm) einbuttern, zusätzlich mit Honig ausstreichen und leicht mit Zimt bestreuen. Teigstücke rundformen, in der zurückgelassenen Butter wälzen und mit etwas Abstand in die Backform legen.

In den kalten Backofen stellen und bei 200° auf der zweiten Schiene von unten ca. 40 Minuten backen. Auf ein Gitter oder Holzbrett stürzen. Warm, lauwarm oder kalt mit Vanillesauce (siehe S. 184) servieren.

Sahne-Reiskranz

300 g Naturreis
³/₄ l Wasser
2 MS Vollmeersalz
1 Vanillestange

¹/₄ l Sahne
100 g Honig
2 TL Agar-Agar
rohes Früchtekompott
  (siehe S. 308)

Reis in einem Sieb waschen. Wasser mit Salz und Vanillestange zum Kochen bringen und Reis dazugeben. Bei kleiner Hitze 40 Minuten kochen, 20 Minuten quellen lassen. Agar-Agar dünn auf den Reis streuen und gut verrühren.

Sahne steif schlagen, Honig dazugeben und nochmals durchschlagen.

Leicht abgekühlten Reis unter die Sahne heben und sofort in eine mit kaltem Wasser ausgespülte Kranzform (auch Porzellanform) füllen. 2 – 3 Stunden kühl stellen, dann Kranzform auf eine runde Porzellanplatte stürzen. In die Kranzmitte rohes Früchtekompott füllen und servieren.

Savarin mit Früchten

Teig:
500 g Weizenvollkornmehl
1/4 l Wasser
20 g Hefe

150 g Butter
60 g Honig
2 MS Vanille
Schale von 1 Zitrone,
 unbehandelt
2 MS Vollmeersalz
Vollkornsemmelbrösel

Zum Tränken und Verzieren:
gut 1/4 l Apfelsaft
250 g Rohmarmelade
 (siehe S. 178)
50 g Mandeln

Füllung:
750 g verschiedene Früchte
Saft von 1 Zitrone,
 unbehandelt
1 EL Honig
2 MS Zimt
200 g Sahne

Hefe in lauwarmem Wasser auflösen. Frischgemahlenes Weizenvollkornmehl in eine Schüssel geben, Hefe in die Mitte gießen, zu einem dicklichen Brei verrühren und mit Mehl bedeckt 15 Minuten gehen lassen.

Dann zerlassene Butter (1 TL zurücklassen), Honig, Vanille, abgeriebene Zitronenschale und Salz dazugeben und Teig ca. 5 Minuten gut kneten. Teig zu einer Kugel formen, in der zurückgelassenen Butter wälzen und ca. 45 Minuten gehen lassen.

Gegangenen Teig nochmals kurz kneten und Kugel formen. In die Teigmitte mit einem Kochlöffelstiel ein Loch drücken und dieses so vergrößern, daß der Teig in eine gefettete, mit Semmelbröseln ausgestreute Kranzform gelegt werden kann.

Im Backofen auf der untersten Schiene 20 Minuten bei 100° gehen lassen und anschließend 35 – 40 Minuten bei 175° backen.

Fertigen Savarin in der Form lockern und danach Apfelsaft über den heißen Kuchen gießen. Nach wenigen Minuten ist der Saft aufgesogen. Savarin nun auf eine Kuchenplatte stürzen. Noch warmen Savarin mit Rohmarmelade bestreichen und mit gehackten oder blättrig geschnittenen Mandeln bestreuen.

Obst kleinschneiden. Zitronensaft mit Honig und Zimt verrühren, Obst darunterziehen und in die Mitte des Savarins füllen.

Der Savarin kann lauwarm oder kalt gegessen werden. Dazu geschlagene Sahne reichen.

Schweizer Früchtereis

400 g Naturreis (Rundkorn)
1 1/4 l Wasser
1 Vanillestange
1 Zimtstange
Schale von 1/2 Zitrone, unbehandelt
2 MS Vollmeersalz
250 g Trockenobst, gemischt (ungeschwefelt), z.B. Aprikosen, Birnen, Feigen, Zwetschgen

1 – 1,5 kg gemischtes Obst, z.B. frische oder tiefgekühlte Kirschen, Äpfel, Aprikosen, Bananen, Kiwis, Orangen
Saft von 1 Zitrone, unbehandelt
1–2 EL Akazienhonig
1 MS Vanille
1 MS Zimt
200 g Sahne

Reis im Sieb waschen, Trockenfrüchte gründlich waschen und grob schneiden. Beides zusammen in Wasser mit Vanillestange, Zimtstange, Zitronenschale und Salz 40 Minuten leicht kochen, dann 20 Minuten quellen lassen. Nach 20 Minuten Kochzeit Zitronenschale, Vanillestange und Zimtstange herausnehmen.

Obst kleinwürfeln und mit Zitronensaft, Honig, Vanille und Zimt mischen, Sahne steif schlagen.

Beim Anrichten die frischen Früchte auf den Reis und darauf die Sahne häufen.

Wiener Apfelstrudel

250 g Weizenvollkornmehl
2 MS Vollmeersalz
1 TL Obstessig
50 g Butter
1/8 l lauwarmes Wasser

800 g Äpfel
75 g Mandeln
125 g Rosinen
1 TL Zimt

125 g Crème fraîche
50 g Honig

zum Bestreichen:
30 g Butter

Das frischgemahlene Weizenvollkornmehl mit Salz, Obstessig, kleingeschnittener Butter und lauwarmem Wasser verrühren und zu einem geschmeidigen Teig kneten. Den Teig ca. 50mal auf den Tisch schlagen, damit er elastisch und glänzend wird. Mit einer angewärmten Schüssel bedecken und ca. 30 Minuten ruhen lassen.

Äpfel vierteln, Kernhaus entfernen und fein schnitzeln (Rohkostmaschine: Scheibentrommel). Die Mandeln grob reiben, Rosinen waschen. In einer Schüssel Äpfel, Mandeln und Rosinen mit Zimt mischen.

Teig auf einer bemehlten Arbeitsfläche etwa in Backblechgröße auswalken. Mit Hilfe des Nudelholzes Teig auf ein Geschirrtuch heben. Crème fraîche mit Honig verrühren und auf den Teig streichen. Darauf das Apfelgemisch verteilen. Tuch anheben und Teig locker zu einem Strudel rollen. Teigenden zusammendrücken, vom Tuch auf das gefettete Blech gleiten lassen und mit zerlassener Butter bestreichen. Im Backofen bei 200° auf der mittleren Schiene ca. 50 Minuten backen.

Mit Vanillesauce servieren.

Zwetschgen- oder Aprikosenauflauf

800 g Kartoffeln
200 g Vollkorngrieß
2 EL Crème fraîche
1 TL Vollmeersalz

ca. 750 g große, feste Zwetschgen oder kleine Aprikosen

20 g Butter
100 g Vollkornsemmelbrösel
1 TL Zimt

zum Übergießen:
100 g Butter
100 g Akazienhonig

Kartoffeln in wenig Wasser gar kochen (ca. 30 Minuten), schälen, durch die Kartoffelpresse drücken und auskühlen lassen.

Dann Vollkorngrieß, Crème fraîche und Salz dazugeben und alles durchkneten. Kartoffelteig in 24 – 30 Stücke teilen. In den angefeuchteten Händen jeweils ein Teigstück glattdrücken, eine Zwetschge oder Aprikose mit Kern darauflegen und mit dem Teig umschließen.

Die Auflaufform gut einbuttern, Semmelbrösel mit Zimt mischen und damit die Form ausstreuen. Zwetschgen- oder Aprikosenknödel mit etwas Abstand nebeneinander in die Form legen und die restliche Semmelbrösel darüberstreuen. Bei

200° auf der zweiten Schiene von unten ca. 30 Minuten backen.

Butter bei milder Hitze zerlaufen lassen und flüssigen Honig dazurühren. Über die fertigen Knödel gießen und sogleich servieren.

Gärgemüse

Herstellung von milchsaurem Gemüse

Es gibt heute Spezial-Gärtöpfe in verschiedenen Größen, die es dem Familienhaushalt ermöglichen, milchsaures Gemüse selbst einzulegen.

Diese Art der Haltbarmachung von Gemüse ist das natürlichste Verfahren. Das Gemüse wird mit wenig Salz ohne Zuckerzusatz eingelegt. Das Salz schützt das Gemüse vor Fäulnis, bis die Milchsäuregärung abgeschlossen ist. Um den Beginn der Gärung zu beschleunigen, kann eine Tasse Sauerkrautsaft oder Molke zugegeben werden, nachdem das Gemüse eingelegt ist. Dies ist bei Gärtöpfen, die schon für die Milchsäuregärung gebraucht wurden, nicht notwendig, da trotz gründlichen Ausspülens (nur mit heißem Wasser, nie mit Spülmitteln) Milchsäurebakterien in den Keramiktöpfen zurückbleiben und die erneute Gärung schnell in Gang bringen.

Die Gärtöpfe haben am oberen Rand eine Rille, in die Wasser gefüllt und der Deckel hineingesetzt wird. Damit ist der Topfinhalt praktisch luftdicht abgeschlossen.

Der Gärtopf bleibt 10 – 14 Tage in der Küche bei Zimmertemperatur stehen. Sobald die Gärung in Gang kommt, entweichen Gase durch die Wasserrinne, es blubbert!

Dieses Blubbern läßt gegen Ende der Gärung an Intensität nach. Nach 14 Tagen wird der Gärtopf an einen kühlen Ort gestellt. Nach ca. 6 Wochen kann das erste Gemüse entnommen werden.

Wegen des verdunstenden Wassers muß die Wasserrille im Gärtopf des öfteren nachgefüllt werden. Auch muß sie im Laufe des Winters ab und zu mit warmem Wasser ausgewischt und mit frischem Wasser neu gefüllt werden.

Die geleerten Gärtöpfe und Formsteine werden mit heißem Wasser gründlich aus- und abgewaschen und bleiben bis zum nächsten Gebrauch luftig, nur mit einem Tuch bedeckt, stehen.

Buntes Wintergemüse (Gärgemüse)

Für einen 10-l-Gärtopf:
ca. 5 kg Wintergemüse, gemischt, z.B. Weißkraut, Sellerie, Rosenkohl, grüne oder halbreife Tomaten, Karotten, Blumenkohl, Zwiebeln, Knoblauch, Meerrettich

4 l Wasser
Gemüsereste und -schalen
einige Estragonstengel
4 Lorbeerblätter
2 EL Senfkörner
1 TL Piment
1 TL Wacholderbeeren
1 TL Pfefferkörner
80 g Vollmeersalz

Für dieses Gärgemüse kann alles verwendet werden, was im Spätherbst noch im Garten steht.

Weißkraut in ca. 2 cm breite Streifen, Sellerie in 1/2 cm breite Stifte schneiden. Rosenkohl halbieren, grüne oder halbreife Tomaten mit Holzsticks mehrmals einstechen, Karotten scheibeln, Blumenkohl in kleine Röschen teilen, Zwiebeln (möglichst kleine) halbieren oder vierteln, Knoblauchzehen halbieren und Meerrettich in dünne Scheiben schneiden. Das so vorbereitete Gemüse in einen gut gesäuberten Gärtopf gemischt einschichten.

Die beim Gemüseputzen anfallenden Gemüseschalen und -reste mit Wasser, den angegebenen Gewürzen und Salz ca. 15 Minuten kochen, abkühlen und abseihen. Über das Gemüse gießen.

Gemüse mit Formsteinen beschweren. Die Gemüsebrühe muß 1 – 2 cm über den Formsteinen stehen. Gärtopf schließen und in die Rille Wasser füllen.

Gärtopf 8 – 10 Tage bei Zimmertemperatur stehenlassen, dann an einen kühlen Ort stellen. Nach ca. 6 Wochen ist das Gemüse fertig und es kann mit der Entnahme begonnen werden.

Bei Gemüseentnahme möglichst einen Wochenbedarf vorsehen, Deckel schnell wieder aufsetzen und darauf achten, daß immer genügend Wasser in der Rille ist.

Italienisches Antipasta (Gärgemüse)

1 kg unreife, kleine Tomaten
1 kg kleine Gurken
1 kg Blumenkohl
500 g Champignons
500 g Paprikaschoten, rot
500 g Sellerie
500 g Fenchel
500 g kleine Zwiebeln
10 Knoblauchzehen

4 l Wasser
80 g Salz
1 TL Thymian, gerebelt
1 TL Pfefferkörner
1 TL Wacholderbeeren
1 TL Rosmarin
1 EL Origano
1 EL Basilikum

Wasser mit Salz kochen und abkühlen lassen. Tomaten mit einem Holzstäbchen mehrmals einstechen, Gurken an beiden Enden etwas abschneiden, Blumenkohl in kleine Röschen teilen, Pilze halbieren, Paprikaschoten in Streifen schneiden, Sellerie stifteln, Fenchel scheibeln, Zwiebeln halbieren oder vierteln, je nach Größe, Knoblauchzehen ganz lassen.

Gemüse in einer großen Schüssel mit allen angegebenen Gewürzen mischen und in einen gut gesäuberten 10-l-Gärtopf mit Rille bis ca. $4/5$ des Fassungsvermögens einfüllen. Abgekühltes Salzwasser darübergießen. Eingelegtes Gemüse mit Formsteinen beschweren. Das Wasser soll ca. 2 cm über den Formsteinen stehen. Topfdeckel aufsetzen und Wasser in die Rille füllen. 8 – 10 Tage bei Zimmertemperatur stehenlassen, dann an einen kühlen Ort stellen.

Nach ca. 6 Wochen ist das Gärgemüse fertig. Sodann kann mit der Entnahme begonnen werden.

Russisches Weißkraut (Gärgemüse)

2 kg festes Weißkraut
1 kg Sellerie
1 kg Paprikaschoten, rot
1 kg grüne Tomaten
1/2 kg Zwiebeln
10 Knoblauchzehen
4 l Wasser
80 g Vollmeersalz
Selleriegrün mit Stengeln
2 TL Wacholderbeeren
2 TL Pfefferkörner
2 EL Senfkörner
6 Lorbeerblätter

Wasser, Salz, Selleriegrün mit Stengeln und alle Gewürze ca. 15 Minuten kochen, dann abkühlen lassen (ergibt den Sud).

Weißkraut vierteln und in 2 cm breite Streifen schneiden. Sellerieknolle stifteln, ca. 1/2 cm dick, Paprikaschoten in 1/2 cm breite Streifen schneiden, Tomaten mit einem Holzstäbchen mehrmals einstechen, Zwiebeln je nach Größe vierteln oder in 1 cm breite Ringe schneiden, Knoblauch fein scheibeln.

In einen gut gesäuberten 10-l-Gärtopf Gemüse gemischt einschichten, ungefähr 4/5 gefüllt. Abgekühlten Sud durch ein Sieb über das Gemüse gießen. Mit Formsteinen eingelegtes Gemüse beschweren. Sud soll ca. 2 cm über den Formsteinen stehen. Topfdeckel aufsetzen und Wasser in die Rille füllen. 8 – 10 Tage bei Zimmertemperatur stehenlassen, dann Gärtopf an kühlen Ort stellen. Nach ca. 6 Wochen ist das Gemüse fertig und mit der Entnahme kann begonnen werden.

Bei Gemüseentnahme möglichst einen Wochenbedarf vorsehen und Deckel schnell wieder aufsetzen. Es muß immer 1 – 2 cm Sud über dem Gemüse stehen.

Sauerkraut

Für einen 10-l-Gärtopf:
ca. *9 kg Weißkraut aus biologischem Anbau*
ca. *50 g Vollmeersalz*
10 Lorbeerblätter
4 EL Kümmel
4 EL Senfkörner
30 Wacholderbeeren

Zwei große Weißkrautblätter zurücklassen. Das übrige Kraut mit großem Krauthobel oder Rohkostmaschine (Scheibentrommel) fein hobeln.

In den gut gesäuberten Gärtopf zuerst ein Weißkrautblatt legen und darauf einige Hände voll gehobeltes Kraut mit etwas Salz geben. Mit Holzstampfer Kraut so lange stampfen, bis es feucht wird und Krautwasser absondert. Dann Lorbeerblatt, 3 Wacholderbeeren und je 1 TL Kümmel und Senfkörner daraufstreuen. Die nächste Lage Kraut einlegen, mit Salz bestreuen und stampfen. Dies wird so lange wiederholt, bis der Topf gut 3/4 voll ist (Formsteine als Abdeckung müssen noch im Topf Platz finden).

Es hat sich auch bewährt, das gesamte gehobelte Kraut in einer großen Schüssel oder Wanne mit der Gesamtmenge Salz zu bestreuen und zu mischen. Nach einigen Stunden ist das Kraut weicher und läßt sich leichter einstampfen.

Gestampftes Kraut mit Weißkrautblatt abdecken und Formsteine darauflegen. Die Sauerkrautlake muß 1 – 2 cm über den Formsteinen stehen.

Nach trockenen Sommern kann das Kraut so trocken sein, daß es trotz festen Stampfens zu wenig Lake bildet. In diesem Fall wird, nachdem das gestampfte Kraut mit den Formsteinen bedeckt ist, so viel abgekochtes Salzwasser (1 l Wasser mit 20 g Vollmeersalz) dazugegossen, daß es 1 – 2 cm über den Steinen steht.

Nun Topfdeckel auflegen und Wasser in die Rille füllen. 10 – 14 Tage in der Küche stehenlassen. Bei sehr starker Gärung kann es vorkommen, daß die Krautlake über den Topfrand in die Wasserrille läuft. In diesem Fall etwas Lake abschöpfen, Rille säubern und Topf kühl stellen.

Nach ca. 6 Wochen kann das erste Sauerkraut entnommen werden. Im Laufe des Winters wird das Kraut weicher und säuerlicher. Im kühlen Keller ist das Kraut bis in das folgende Frühjahr hinein haltbar. Über dem im Topf verbliebenen Sauerkraut sollte immer 1 – 2 cm Lake stehen.

Rohes Sauerkraut findet Verwendung zu Krautsalaten (siehe S. 58, 59) oder ist auch mit kaltgeschlagenem Öl und Pellkartoffeln ein schnelles und vollwertiges Essen.

Anhang

Die Kollath-Tabelle als Wegweiser durch die Vollwertkost

Wie wertvoll die tägliche Nahrung ist, erfuhr der Verbraucher bisher durch den sogenannten Kalorienfahrplan. Dabei wurde der kalorisch berechnete Wert der Nahrung aus den Grundnährstoffen Eiweiß, Fett und Kohlenhydraten angegeben. Nicht ersichtlich war der technische Verarbeitungsgrad der Nahrung. So ist beispielsweise darin der gesundheitliche Wert von gekochtem und ungekochtem Gemüse oder der gesundheitliche Wert von Vollkorn- und Auszugsmehlprodukten nicht erkennbar.

Im Gegensatz dazu ist in der nachfolgenden Kollath-Tabelle die Nahrung nach ihrer Lebendigkeit bzw. dem Grad ihrer Unzerstörtheit eingeteilt.

Die Spalten 1 – 4 beinhalten die Kulturkost, d.h. die Kost, die der gesamten Menschheit mit regionalen Unterschieden seit Jahrtausenden zur Verfügung stand, und die Grundprinzipien der Vollwertkost.

Danach müssen täglich gegessen werden:

1. *Vollkornbrote,* und zwar abwechselnd verschiedene Sorten. Das Brot, die Brötchen und andere Backwaren müssen aus frischgemahlenem Vollkornmehl zubereitet sein.

2. *Das Frischkorngericht* muß aus frischgemahlenem oder gekeimtem Getreide unter Verwendung von frischem Obst zubereitet werden.

3. Die Nahrung muß einen großen Anteil von *rohem Gemüse, Salaten und Obst* enthalten.

4. Der Verzehr von *naturbelassenen Fetten* in Form von Butter, kaltgeschlagenem Öl, Nüssen oder Samen (z.B. Leinsamen) ist notwendig.

Folgende Nahrungsmittel sind zu meiden:

1. Jeder *in der Fabrik hergestellte Zucker:* weißer und brauner Zucker, Traubenzucker, Fruchtzucker, Malzzucker, Milchzucker.

2. *Alle Auszugsmehlprodukte,* wie Weißbrot, Schwarzbrot, Graubrot, weiße Brötchen, Kuchen und süßes Backwerk, Teigwaren, Pudding, geschälter Reis u. ä.

3. *Alle Obst- und Gemüsesäfte,* gleichgültig, ob frisch gepreßt oder fertig gekauft.

4. *Alle denaturierten Fette,* wie gewöhnliche Öle und Margarinen.

Die Spalten 5 und 6 der Tabelle enthalten die Zivilisationskost und die zu meidenden Nahrungsmittel. Diese in den letzten einhundert Jahren entstandenen Produkte sind Verursacher der ernährungsbedingten Zivilisationskrankheiten.

Jeder Verbraucher kann anhand der Kollath-Tabelle selbständig (ohne Beeinflussung durch jegliche Produktwerbung) über den gesundheitlichen Vollwert oder Minderwert seiner täglichen Nahrung entscheiden.

Für die Benutzer dieses Kochbuches gilt zusätzlich zu beachten, daß die Lebens- und Nahrungsmittel aus dem Tierreich in den Spalten 1 – 4 bis auf Butter, Sahne, Crème fraîche und Sauerrahm gemieden werden sollen.

Erläuterung der nachfolgenden Tabelle von Prof. Kollath

Prof. Kollath hat unsere Nahrung in *Lebensmittel* = Mittel zur Erhaltung des Lebens und der Gesundheit und *Nahrungsmittel* = Mittel zur Sättigung, Stillen des Hungers, eingeteilt.
Abgeleitet aus dieser Tabelle gilt folgender Ernährungsgrundsatz: Essen Sie zu Beginn jeder Mahlzeit Lebensmittel, dann essen Sie sich an erhitzten Nahrungsmitteln satt. Konservierte und präparierte Nahrungsmittel sollten Sie weitgehendst meiden.

Die Lebensmittel sind lebendige Nahrung, die entweder naturbelassen, mechanisch oder fermentativ verändert sind. Sie enthalten noch alle die Vitalstoffe in der von der Natur vorgesehenen Menge und in harmonischem Verhältnis. Sie sind unerläßlich zur Erhaltung des Lebens und der Gesundheit.

Die Nahrungsmittel sind durch Erhitzung, Konservierung und Präparierung verändert. Sie sind lediglich Träger von Nährstoffen ohne Eigenfermente und sind nur imstande, Teilaufgaben zu erfüllen. Sie reichen zur Erhaltung des Lebens, nicht zur Erhaltung der Gesundheit aus.

Natürliche Lebensmittel
Am wertvollsten sind folgende Lebensmittel:
Aus dem Pflanzenreich: die Nüsse, das Getreide, die frischen Gemüse und rohes Obst
Aus dem Tierreich: die rohen Eier und Rohmilch
Unter den Getränken: das Quellwasser

Mechanisch veränderte Lebensmittel
Diese Lebensmittel sind verändert durch:
– kalte Pressung der Ölfrüchte zu Öl
– frisches Mahlen des Getreides zu Vollkornschrot oder Vollkornmehl
– Schälen, Schneiden und Zerkleinern von Gemüse und Obst zur Frischkost
– kalte Pressung von Obst zu Saft
– Trennung der Milch durch mechanische Eingriffe in Butter, Sahne und Buttermilch
– Auch das Leitungswasser ist gegenüber dem Quellwasser mechanisch verändert.
Findet die Zerkleinerung des Getreides und Gemüses erst unmittelbar vor dem Verzehr statt, so ist der Verlust an Vitalstoffen unerheblich.

Fermentativ veränderte Lebensmittel
Diese Lebensmittel sind unter Mitwirkung der Eigenfermente, Hefen und Bakterien verändert. Durch Oxydation entsteht einerseits ein Vitaminverlust, andererseits erfolgt eine Aufwertung durch Bildung von neuen Aromastoffen, krankheitsverhütenden Stoffen (z.B. Milchsäure) und Hefen (Vitamin-B1-Produzent). Zu dieser Gruppe gehören die Vollkornschrot-Breie, die Gärgemüse, Gärsäfte, das luftgetrocknete und geräucherte Fleisch und der Fisch, die Gärmilch und die alkoholischen Gärgetränke Wein und Bier.

Durch Erhitzung veränderte Nahrungsmittel
Beim Backprozeß wird das Brot, mit Ausnahme der Rinde, nur auf ca. 95° erhitzt. Der Vitamin-B-Komplex wird erst bei ca. 160° zerstört. Deshalb ist das Vollkornbrot durch die einmalig ideale Wirkstoffzusammensetzung des Vollgetreides, seine relative Hitzeunempfind-

lichkeit und seine praktische Verwendbarkeit die wichtigste Grundlage einer gesunden Ernährung. Eine Voraussetzung muß zusätzlich erfüllt werden: Ein kleiner Teil Getreide muß täglich frisch gemahlen und unerhitzt in Form eines Frischkorngerichts gegessen werden, um den Fermentverlust beim Backen des Brotes auszugleichen. Bei erhitztem Gemüse, Obst, Milch und Fleisch ist der Wertverlust weitaus entscheidender als beim Vollkornbrot.

Durch Konservierung veränderte Nahrungsmittel
Eine weitere Verschlechterung der Nahrung erfolgt durch Konservieren = Haltbarmachen. Nicht nur Nahrung in Büchsen und Gläsern, sondern auch Dauerbackwaren zählen dazu. Die Konservierung geschieht durch Erhitzung, Trocknung, chemische Zusatzstoffe und Zuckerung.

Durch Präparierung veränderte Nahrungsmittel
Alle Produkte dieser Gruppe sind durch technische Maßnahmen gewonnen, zum Teil aus Lebensmitteln hergestellt, indem bestimmte Nährstoffe (Eiweiß, Fett oder Kohlenhydrate) isoliert herausgezogen werden. Die entstandenen Nährstoffe haben völlig andere Wirkungen als ihre Ausgangsprodukte. Dazu gehören die Auszugsmehle und die daraus hergestellten Produkte wie Weißbrot, Schwarzbrot, Nudeln, Kuchen und Torten. Dasselbe gilt für die Kunstfette, die Margarinen und chemisch gewonnenen Öle, die Stärkepräparate und die verschiedenen Fabrikzuckerarten.
Bei der Verwendung von Milchpräparaten für Säuglinge gilt es zu bedenken, daß sie statt mit den wertvollsten Lebensmitteln mit wertärmsten Präparaten genährt werden.

Ist Vollwertkost teurer als Normalkost?
Die Erfahrung in Kliniken, Gemeinschaftsküchen und privaten Haushalten ergab, daß Vollwertkost durch geschickten Einkauf, wohlüberlegte Planung und sinnvolle Zusammenstellung der Lebensmittel trotz ihres hohen gesundheitlichen Wertes billiger ist als die übliche Zivilisationskost.

Der Wert der Nahrung nimmt von links nach rechts in den Tabellen stetig ab.

Die Ordnung unserer
modifiziert für den

Lebensmittel

	I natürlich	*II mechanisch verändert*	*III fermentativ verändert*
Aus dem Pflanzenreich	*Nüsse:* z.B. Wal-, Hasel-, Kokosnuß, Mandeln *Ölfrüchte:* z.B. Olive, Sesam, Leinsaat, Sonnenblumenkerne *Getreide:* z.B. Weizen, Roggen, Gerste, Reis, Hirse, Buchweizen, gekeimtes Getreide *Gemüsefrüchte:* z.B. Tomate, Gurke, Kürbis, Melone, Paprika *Obst:* z.B. Beeren-, Kern-, Steinobst, Südfrüchte, Trauben *Gemüse:* z.B. Keim-, Frucht-, Blüten-, Stengel-, Wurzel-, Knollen-, Zwiebel-, Blattgemüse *Würzkräuter:* z.B. Petersilie, Schnittlauch, Kresse *Honig:* z.B. Blüten-, Waldhonig, unerhitzt	Geriebene Nüsse Naturbelassene kaltgepreßte Öle Gemahlenes Getreide als Vollkornschrot oder Vollkornmehl, unerhitzt Geschnittene Gemüsesalate Geschältes, zerkleinertes Obst Rohmarmelade Trockenobst, luftgetrocknet, unerhitzt Naturtrübe Säfte aus rohem Obst und Gemüse Geschälte, geriebene, zerkleinerte Gemüsesalate Unblanchierte Tiefkühlkost (Obst, Gemüse u. Kräuter) Geschnittene Kräuter	Mitwirkung der Eigenfermente, Hefen, Bakterien Unerhitzte Breie aus Vollkornschrot oder Vollkornmehl (Frischkornbrei) Gärsäfte, z.B. Most aus Trauben, Äpfeln, Birnen Gärgemüse, z.B. Sauerkraut, milchsaure Gurken, saure Bohnen Sojasauce *Met*
Aus dem Tierreich	*Rohmilch:* z.B. Kuh-, Schaf-, Ziegenmilch Muttermilch Rohe Eier	Butter, Sahne, Buttermilch, Magermilch, Molke Muscheln, Tartar	Dickmilch, Joghurt, Kefir, Quark, Käse – aus Rohmilch Fleisch und Fisch, unerhitzt, luftgetrocknet, geräuchert, in Lake eingelegt
Getränke	Naturquellwasser, Mineralwasser von der Quelle	Leitungswasser ohne chemische Zusätze	Gärgetränke, z.B. Wein und Bier ohne chemische Zusatzstoffe, Kaltauszug aus Teekräutern

Nahrung nach Prof. Kollath
Verbraucher von Helma Danner

	Nahrungsmittel	
IV erhitzt	*V konserviert*	*VI präpariert*
Gebäcke aus Vollkornmehlen, z.B. Vollkornbrot, Vollkornbrötchen, Vollkornkuchen	Dauerbackwaren, z.B. Knäkkebrot, Zwieback	Kunstfette, z.B. Margarine, chemisch gewonnene Öle, Kokosfett
Gekochte Gerichte aus Vollkorn, z.B. Vollkornnudeln, Vollreis, Hirse, Buchweizen, Mais	Vollkornbrot in Dosen oder durch Chemikalien haltbar gemacht	Stärkemehl, Auszugsmehl, z.B. Weizenmehl, Roggenmehl
Vollkorngetreideflocken, z.B. Hafer-, Gerste-, Hirseflocken, Fertigmüsli	Obstkonserven, eingemachtes Obst, Marmeladen mit Zucker	Produkte aus Auszugsmehl, z.B. Weißbrot, Schwarzbrot, Nudeln, Grieß, Reis, Fertigsuppen, -saucen und -salatsaucen
Gekochte Hülsenfrüchte, z.B. Linsen, Erbsen, Erdnüsse, Kastanien	Obst- und Gemüsesäfte in Flaschen und Dosen	Fabrikzucker, z.B. weißer Haushaltszucker, brauner, Frucht-, Trauben-, Milch-, Malzzucker
Sojamilch, Sojakäse	Trockenobst, erhitzt, geschwefelt	
Gekochte Kartoffeln, Pilze, Artischocken	Gemüsekonserven in Dosen und Gläsern (Baby- und Kleinkindkost)	Schokolade, Konfekt, Süßigkeiten
Gemüsegerichte	Salate, durch Chemikalien haltbar gemacht	Produkte aus Auszugsmehl und Fabrikzucker, z.B. Kuchen, Torten
Gekochtes Obst, z.B. Kompott, Mus ohne Zucker		Produkte aus Sojabohnen, z.B. Fleisch, Wurst
		Künstliche Aromastoffe, Vitamine, Fermente, Nährstoffe
Pasteurisierte, gekochte Milch, Schmalz, Butter, Sahne, Käse – aus pasteurisierter Milch	H-Milch, H-Sahne	Trockenmilch (Baby- und Kleinkindnahrung), Kondensmilch
	Sterilisierte Milch und Sahne	Trockenei
Fleisch, Fisch, Eier, gekocht oder gebraten	Fleisch- und Fischkonserven Erhitztes Fleisch und Fisch, durch Chemikalien haltbar gemacht (z.B. Phosphate in der Wurst)	Fleischextrakt Ferment-, Hormon-, Eiweißpräparate
Gekochter Tee Gemüsebrühe	Leitungswasser, Mineralwasser und Heilquellen in Flaschen	Künstliche Mineralwasser Branntwein
Getreidekaffee	Wein und Bier mit chemischen Zusatzstoffen, Dosenbier, Kunstwein, Likör	Limonaden, Frucht- und Colagetränke in Flaschen, Dosen und Beuteln

Getreidemühlen

Das Angebot an Haushalts-Getreidemühlen wurde in jüngster Zeit stark erweitert. Am Markt sind heute zwei Arten von Getreidemühlen:
1. Spezial-Getreidemühlen, nur zum Mahlen von Getreide geeignet,
2. Haushaltsgetreidemühlen, die schon vorhandene Marken-Küchengeräte zu universellen Küchengeräten aufwerten.

Das Mahlwerk als wichtigster Teil der Mühle wird in verschiedenen Materialien angeboten. 4 Hauptgruppen können nach heutigem Stand unterschieden werden:

A) das Stahlkegel-Mahlwerk
B) das Keramik-Mahlwerk
C) das kombinierte Naturstein-Kunststein-Mahlwerk
D) das echte Naturstein-Mahlwerk

In den folgenden Erläuterungen sollen die wichtigsten Merkmale der Mahlwerks-Gruppen aufgezeigt werden:

Das Stahlkegel-Mahlwerk ist aus gehärtetem Stahl hergestellt und arbeitet schneidend-reibend. Die damit ausgestatteten Getreidemühlen gibt es als Spezial-Mühlen oder als Haushaltsmühlen. Letztere können problemlos und ohne Aufwand an Küchenmaschinen vieler namhafter Elektrogerätehersteller angeschlossen werden und sind in ihrer Eigenschaft als Zusatzgeräte verhältnismäßig preisgünstig. Außer Getreide können auch ölhaltige Samen und getrocknete Gewürze gemahlen werden.

Das Keramik-Mahlwerk ist eine Neuentwicklung. Es besteht je nach Mühlentyp aus unterschiedlichen Formteilen hochverschleißfester Bio-Keramik. Auch damit können außer Getreide ölhaltige Samen und getrocknete Gewürze gemahlen werden.

Das kombinierte Naturstein-Kunststein-Mahlwerk enthält Natursteine bestimmter Korngröße, die in eine industriell hergestellte Einbettmasse – gegossen oder gepreßt – eingelegt sind. Das Mahlgut wird zwischen den Mahlsteinen zerrieben. Spezial-Getreidemühlen und Haushalts-Getreidemühlen sind damit ausgestattet.

Das echte Naturstein-Mahlwerk enthält als Mahlsteine aus dem Fels geschlagenen Granit mit speziell geschärften Mahlflächen. Durch sein Naturmaterial unterscheidet es sich von allen anderen Mahlwerken. Es ist ganz neu auf dem Markt und wird nur in Spezial-Getreidemühlen verwendet.

Vom gesundheitlichen Standpunkt aus ist die wichtigste Eigenschaft einer Mühle das Frischmahlen von Getreide. Mit welchem Mahlwerk das geschieht, ist von untergeordneter Bedeutung. Diese Meinung vertritt auch Dr. M. O. Bruker.

Meine Empfehlung zur Anschaffung einer Getreidemühle:
Zunächst kann zur Herstellung von grobgemahlenem Getreide für den Frischkornbrei eine handbetriebene Kaffeemühle Verwendung finden. Das frischgemahlene Vollkornmehl zum Backen von Kuchen und Brot kann zu Beginn mit der Vollwerternährung aus dem Naturkost- oder Bio-Laden und dem Reformhaus geholt werden.

Beim späteren Kauf einer eigenen Getreidemühle sind die Häufigkeit der Anwendung und die Größe der Familie wichtige Entscheidungsmerkmale. Bei gleichem Mahlwerk-Material und annähernd gleicher Mahlleistung sind erhebliche Preisunterschiede bei den einzelnen Mühlen zu beachten. Auch die preiswerte Umstellung von Elektro- auf Handbetrieb sollte berücksichtigt werden. Letzten Endes ist die Anschaffung einer Getreidemühle auch eine Frage des Geldbeutels.

Bezugsquellen:
Naturkost- und Bio-Läden
Reformhäuser

Begriffserläuterungen und Hinweise

Agar-Agar ist ein Produkt aus Meeresalgen, und zwar aus der Gruppe der Rotalgen. Es enthält reichlich Pektin und wird allgemein als natürliches Gelier- und Bindemittel verwendet.

Akazienhonig ist eine sehr flüssige Honigsorte. In der Küchenpraxis bietet dieser Honig deshalb ideale Verwendungsmöglichkeiten, z.B. für Salatsaucen, weil er sich schnell mit den übrigen Zutaten verbindet. Er ist auch sehr geschmacksneutral und sollte immer dann verwendet werden, wenn es das Rezept ausdrücklich vorschreibt.

Ananasschälen kann sehr einfach erfolgen: Die Frucht waschen, der Länge nach vierteln und mit gezacktem Messer den Strunk herausschneiden. Danach das Ananasviertel nochmals in zwei Achtel teilen. Nun mit dem Messer entlang der Schale schneiden und das Fruchtfleisch herausheben. Wenn am Fruchtfleisch noch einige tiefgehende Schalenteile sitzen, mit einem kleinen Messer herausschneiden.

Bulgur ist gequollener, angekeimter Weizen, der wieder getrocknet und grob oder fein vermahlen wurde. Er wird in den Mittelmeerländern und in Vorderasien verwendet. Kann durch Weizenschrot ersetzt werden.

Demeter-Grieß mit Schalenteilen ist gleichbedeutend mit Vollkorngrieß.

Echtes Bourbon-Vanillepulver wird aus ganzen, gemahlenen Vanilleschoten hergestellt.

Gekörnte Hefebrühe ist eine pulverförmige rein vegetarische Brühe mit Meersalz, Hefeextrakt und Gemüsezusatz.

Gemüsebrühepaste ist eine vegetarische Brühe mit hohem Anteil an Hefeextrakt, Gemüsezusatz und natürlichen Gewürzen. Sie eignet sich zur Bereitung von Suppen, Eintopfgerichten, Nudeln, Reis und Gemüse.

Hefeextrakt mit wertvollem Hefe-Eiweiß und vielen Vitaminen im natürlichen Verbund ist ohne jeden chemischen Zusatz. Es eignet sich zum Aufwerten und Würzen von Saucen, Suppen, Eintopfgerichten, Salaten und als Brotaufstrich.

Honig als Naturprodukt wird dort verwendet, wo zusätzlich gesüßt werden soll. Lieber bei der Quantität als bei der Qualität sparen. Zum Backen kann ein preisgünstiger Honig (aus Reformhäusern und Naturkostläden) von trotzdem guter Qualität und gutem Geschmack verwendet werden. Bei billigen Honigsorten wird oft das ganze Gebäck geschmacklich sehr negativ beeinträchtigt. Wem guter Honig zu teuer ist, der soll lieber auf Brotbacken statt Kuchenbacken ausweichen. Honig sollte immer, wenn nicht anders angegeben ist, abgewogen und nicht löffelweise geschätzt werden. Auf einen Eßlöffel können 30–300 g Honig aufgeladen werden, je nach Konsistenz.

Kaltgepreßte Öle sind unraffinierte Öle, die durch Pressung der Ölfrüchte, teils im kalten, teils im leicht erwärmten Zustand gewonnen werden.

Karobe oder Karube ist getrocknetes, gemahlenes Johannisbrot. Sie ist sehr wohlschmeckend und kann an Stelle von Kakao verwendet werden. Auf Grund ihrer natürlichen Süße kann die Honigmenge in den Rezepten je nach Geschmack verringert werden.

Lebkuchengewürz ist meist eine Mischung aus Zimt, Koriander, Nelken, Sternanis, Piment, Muskat, Ingwer.

Mineralwasser mit Kohlensäure kann statt Leitungswasser für Hefeteige verwendet werden. Es macht das Gebäck etwas lockerer.

Semmelstupfer ist ein kleines Stanzgerät zum Aufdrücken von Schnitten auf Brötchen.

Streumehl ist immer Weizenvollkornmehl, auch bei Teigen aus Roggenvollkornmehl.

Vanillestange, ein gutes, jedoch teures Gewürz für Süßspeisen. Nach Gebrauch abwaschen und trocknen, kann 10 – 20mal verwendet werden. Danach im getrockneten Zustand stückchenweise mit Getreide für süßes Gebäck mitmahlen.

Vitalstoffe sind biologische Wirkstoffe, die für die Erhaltung der Gesundheit notwendig sind. Darunter werden verstanden: die Mineralstoffe, Spurenelemente, Fermente oder Enzyme, ungesättigte Fettsäuren, Aromastoffe, Faserstoffe, wasserlösliche Vitamine, fettlösliche Vitamine und der Vitamin-B-Komplex.

Vollmeersalz ist ein aus Meereswasser gewonnenes, unraffiniertes Salz. Es enthält außer Natriumchlorid viele wichtige Mineralsalze und Spurenelemente.

Weinstein-Backpulver hat als Säureträger reine, natürliche Weinsteinsäure aus Ablagerungen in Weinfässern.

Abkürzungen und Maßangaben

TL	= Teelöffel	ccm =	Kubikzentimeter
EL	= Eßlöffel	ml =	Milliliter
MS	= Messerspitze	l =	Liter
		g =	Gramm
		kg =	Kilogramm

Backtemperatur: Ist in Grad (°) Celsius angegeben.

Rezeptangaben: Alle Rezepte sind für 4–5 Personen berechnet.

Schonendes Tiefkühlen

Tiefkühlen ist neben Einsäuern und Trocknen eine uralte, natürliche und bewährte Konservierungsart. Aus meiner jahrzehntelangen Erfahrung mit dem Tiefkühlen kann ich jedem Verbraucher bedenkenlos raten, alle geeignete Ware im gartenfrischen Zustand einzufrieren, ohne zu blanchieren. Beim Blanchieren wird ein Teil der Vitalstoffe, wie Mineralstoffe, Spurenelemente, Fermente, Aromastoffe und Vitamine, ausgeschwemmt, vermindert oder zerstört.

Das Blanchieren im Rahmen der Großserien-Verpackung von landwirtschaftlichen Erzeugnissen hat allein fertigungstechnische Gründe: Blanchierte Ware läßt sich gut abpacken und in ein handels- und verkaufsfreundliches Format bringen. Für die Hausfrau hingegen ist das Blanchieren ein völlig unnötiger Arbeitsgang.

Das Tiefkühlen von Gemüse sollte anwendungsgerecht erfolgen, das heißt, es sollte sauber gewaschen, geputzt und eventuell geschnitten und in der entsprechenden Verbrauchsmenge verpackt werden. Tiefgekühltes Gemüse ist bestens geeignet für gekochte Gemüsegerichte, Eintöpfe und Suppen.

Einfrieren von Obst

Eingefroren wird nur ganz frisches, einwandfreies Obst. Das Eingefrorene läßt sich zum Backen fast ebensogut verwenden wie roh. Das sich beim Auftauen absondernde Obstwasser wird mitverwendet.

Aprikosen
Die Aprikosen werden gewaschen, abgetrocknet und im ganzen für Aprikosenknödel eingefroren. Man kann sie stückweise aus dem Beutel nehmen.

Erdbeeren
Die frischen Erdbeeren waschen, die Blüte entfernen und einzeln auf eine Porzellan- oder Chromarganplatte legen und für ca. 1 Stunde in das Vorgefrierfach geben.
Wenn die Beeren etwas hart sind, portionsweise in Beutel füllen. Auf diese Weise sind die Erdbeeren einzeln gefroren und schneller aufgetaut. Sie lassen sich gut für Erdbeerkuchen und Erdbeerpudding verwenden, jedoch nicht mehr für Erdbeereis.

Himbeeren, Brombeeren
Vorsichtig waschen, abtropfen lassen, Blüte entfernen, in Gefrierdosen füllen und einfrieren.
Ideal für Grütze, Pudding oder als Kuchenbelag.

Johannisbeeren, schwarz und rot, Schwarzbeeren
Die Johannisbeeren waschen, abperlen und in Gefrierdosen füllen und einfrieren. Als Kuchenbelag, zum Frischkornbrei, für Rohmarmelade oder Dessert zu verwenden.

Kirschen, Sauerkirschen
Gewaschene Kirschen entstielen und in Gefrierbeutel geben.

Rhabarber
Waschen, schälen und in Stücke geschnitten portionsweise in Gefrierbeutel geben. Aufgetaut für Kompott geeignet.

Zwetschgen
Große, feste Zwetschgen waschen, abtrocknen und im ganzen einfrieren für Zwetschgenknödel.
Für Kuchen werden die gewaschenen Zwetschgen entkernt, eingeschnitten und portionsweise in Beutel eingefroren. Zum Mixen werden die Zwetschgen entkernt und halbiert eingefroren. Für Frischkornbrei und zu Süßspeisen geeignet.

Obst bleibt maximal bis zu 9 Monaten als Tiefkühlgut wohlschmeckend.

Einfrieren von Gemüse

Eingefroren wird nur ganz frisches, einwandfreies Gemüse. Das aufgetaute Gemüse eignet sich nur bedingt für Rohkost, jedoch bestens für Gemüse, Suppen und Eintöpfe.

Auberginen
Waschen, mit der Schale würfeln und in Portionen einfrieren. Man kann sie zusammen mit Paprika und Zucchini für Ratatouille oder ähnliches Gemüse einfrieren.

Blumenkohl oder Brokkoli
Die Blätter abschneiden, waschen und gut abtropfen lassen. Das Gemüse als ganzen Kopf oder in Röschen geteilt, je nach der gewünschten Zubereitungsart, in Gefrierbeutel geben und einfrieren.

Bohnen
Die Bohnen waschen, vorne und hinten abschneiden, brechen oder schnitzeln, je nach Sorte, und in Portionen in Gefrierbeutel geben. Nach Belieben auch mit Karotten und Petersilienwurzel zusammen für Fränkischen Bohnentopf.

Erbsen oder Maiskörner
Diese braucht man nicht portionsweise abzupacken, weil sie einzeln gefrieren und sich immer wieder bei Bedarf aus dem Gefrierbeutel nehmen lassen (nicht vorher waschen).

Karotten
Zarte Karotten nur bürsten und gescheibelt oder gewürfelt in Portionen in Gefrierbeutel geben und einfrieren.

Kohlrabi
Nur zarte Kohlrabi verwenden. Schälen und gebrauchsfertig geschnitten, eventuell schon mit Karotten gemischt zur Suppe, in Gefrierbeutel geben und einfrieren.

Lauch
Die Lauchstangen der Länge nach halbieren, gut waschen, aufschneiden und portionsweise in Gefrierbeutel geben.

Paprika
Waschen, entkernen und im ganzen einfrieren; geeignet zum Füllen oder in Streifen oder Stücke geschnitten zum Gemüse. Portionsweise in Gefrierbeutel geben.

Pilze
Die ganz frischen Pilze putzen, waschen, abtropfen lassen, eventuell auf einem Tuch trocknen, und die Pilzhüte (als Pfannengericht) im ganzen, die anderen geschnitten, in Portionen abgewogen, in Beutel einfrieren.

Rosenkohl
Festgeschlossene Röschen in Gefrierbeutel geben. Gefroren können sie nach Bedarf entnommen werden.

Spargel
Den frischen, zarten Spargel sorgfältig von oben nach unten schälen, waschen und naß in Verbrauchsportionen in Gefrierbeutel geben und einfrieren.
Dünner Spargel kann in 1 cm kleinen Stückchen portionsweise für Suppen oder in fingerlangen Stücken für Gemüse eingefroren werden.

Tomaten
Die Tomaten waschen, abtrocknen und in Gefrierbeutel einfrieren. Man kann sie stückweise entnehmen. Beim Auftauen unter warmes Wasser gehalten, sind sie gleich abgeschält. Als Salat nicht mehr zu gebrauchen, jedoch im ganzen gedünstet, als Soße oder zu Gemüse gut zu verwenden. Die Tomaten können auch vorher enthäutet, gemixt, in Becher oder Dosen gefüllt und eingefroren werden.

Zucchini
Die Zucchini können mit der Schale in Würfel, Scheiben oder bei größeren der Länge nach halbiert und entkernt in Gefrierbeutel eingefroren werden.

Gemüse sollte nicht länger als 9 Monate tiefgefroren aufbewahrt werden.

Einfrieren von Küchenkräutern

Peperoni
Peperoni waschen und in feine Stücke schneiden, am besten zieht man hierzu Gummihandschuhe an, da die Peperoni sehr scharf sind.
Die Stückchen in eine Gefrierdose mit Deckel geben und einfrieren. Nach Bedarf entnehmen.
(Zum Würzen von Pasta asciutta, serbischer Bohnensuppe etc.)

Petersilie und Dill
Petersilie gut waschen, abtropfen lassen und von den Stielen abzupfen. Auf einem sauberen Geschirrtuch nochmals leicht trockenklopfen. Nun in einen großen Gefrierbeutel geben, verschließen und in das Gefrierfach legen. Nach 24 Stunden herausnehmen und fest zer-

drücken, eventuell mit dem Nudelholz über die Tüte rollen. Dann den zerkleinerten Inhalt rasch in eine Gefrierdose geben, Deckel schließen und zurück ins Gefrierfach. Das muß alles sehr schnell gehen, damit die Petersilie nicht auftaut.
Man kann nun jederzeit das Essen mit gehackter Petersilie würzen und verschönern, besonders im Winter, wenn frische Kräuter nur selten zu bekommen sind.
Auf die gleiche Weise wird auch Dill eingefroren.

Schnittlauch
Den gewaschenen, trockenen Schnittlauch fein schneiden und gleich in eine Gefrierdose mit Deckel geben. Einfrieren. Nach Bedarf mit einem Teelöffel entnehmen und auf die Speisen oder Brote streuen.

Suppengrün
Für den Wintervorrat und die eilige Hausfrau ist es sehr praktisch, Suppengrün immer frisch und gebrauchsfertig im Gefrierfach des Kühlschranks zu haben (Karotten, Petersiliengrün und -wurzel, Sellerie, Selleriekraut, Lauch).
Im gleichen Verhältnis wie ein Bündel Suppengrün, nur die vielfache Menge davon (je nach Größe des Haushalts), wird obengenanntes Gemüse gewaschen, in große Stücke geschnitten und in einer Küchenmaschine zerkleinert (Gemüsewolf).
Die Masse in das Eiswürfelgitter fest hineindrücken, in einen Gefrierbeutel geben und sofort in das Gefrierfach legen.
Nach 24 Stunden herausnehmen, die Schale kurz unter kaltes Wasser halten und die Würfel herauspressen. Die Würfel in einem Tiefkühlbeutel sofort in das Gefrierfach zurücklegen. Je nach Bedarf die Würfel entnehmen und den Beutel wieder verschließen.

Im Sommer und Herbst, wenn mehr Küchenkräuter im Garten anfallen, als man verwenden kann, friert man den Rest für den Wintervorrat ein. Diese Kräuter eignen sich besonders gut für Salatsaucen und zum Überstreuen der Gerichte.
Einige Dosen Kräuter kann man auch im kleinen Gefrierfach lagern.

Küchenkräuter sollten nicht länger als 6 Monate im Tiefkühlschrank aufbewahrt werden.

Einfrieren von Backwaren

Gut zum Einfrieren eignen sich frischgebackene *Brötchen, Hefebrot* und *Hefegebäck.*

Sauerteigbrot kann zwei Tage liegen, ehe man es einfriert.

Das Brot kann vorher halbiert, geviertelt oder aufgeschnitten werden, je nachdem wie groß die aufgetauten Stücke sein sollen. In Gefrierbeutel geben; die Stücke können einzeln entnommen werden.

Kuchen, Tortenböden und Torten können auch eingefroren werden, jedoch ohne Schlagsahne. Auch in einzelnen oder mehreren Stücken, je nach Verbrauch, ist das Einfrieren möglich.
In Beutel oder Alu-Folie verpackt einfrieren.

Küchle und Faschingskrapfen leicht warm in Gefrierbeutel einfrieren. Können stückweise entnommen werden und schmecken, im Ofen aufgetaut, wie frisch.

Fertiggebackenes wie *Pizza, Gemüsepastetchen oder Quiche* kann stückweise frisch eingefroren werden. In Alu-Folie eingeschlagen oder mit Pappunterlage in Gefrierbeutel legen.

Backwaren sollten nicht länger als 3 Monate tiefgefroren aufbewahrt werden.

Rezept- und Zutatenregister

Adukibohnen, gekeimte 53
Ananas
-dessert 296
-Linsen-Salat 258
-torte Romantik 136
Aniszopf 87 f.
Antipasta, italienische
 (Gärgemüse) 334
Apfel
– Brat- Vicki 297
– im Schlafrock 318
-kuchen, Bauern- 118
-kuchen mit Rahmguß 116
-strudel, Rahm- 324 f.
-strudel, Wiener 328 f.
-torte 137 f.
-torte Prag 138
-Walnuß-Kuchen 117
Aprikosen
-auflauf 329 f.
-knödel 319
-Nuß-Konfekt 290
-Walnuß-Taler 294
Artischocken
– mit Avocadomayonnaise 264
– Romagna 212 f.
-salat à la Villars 254
Aspik, Gemüseallerlei in 267
Auberginen
-auflauf 213 f.
–, gebackene Priamos 245
–, gefüllte Knossos 218
-püree exquisit 265
-salat Olymp 254
-sauce 180
-scheiben, gebackene 244
Auflauf
– Aprikosen- 329 f.

– Auberginen- 213 f.
– Gemüse- Patmos 224
– Hirse- 322
– Kartoffel- Attika 228
– Zwetschgen- 329 f.
Avocado
-aufstrich, pikant 170
-dressing 185
-dressing, Frischkost-Platte mit 45
-füllung, Tomaten mit 63
-mayonnaise 180
-mayonnaise, Artischocken mit 264
-mayonnaise, Gemüsesalat mit 256
-Pilz-Aufstrich 170 f.

Backkartoffeln 276
Bananen
-eis 311
-Rhabarber-Creme 305 f.
-sahne, Johannisbeerpudding
 mit 301 f.
Basler Leckerli 154 f.
Bauern
-apfelkuchen 118
-salat, türkischer 66
-vollkornbrot (mit Sauerteig) 76 f.
Bayrischer
-Kümmellaib (mit Sauerteig und
 Hefe) 77
-Scheiterhaufen 319 f.
Becher
– Erdbeereis- 313 f.
– Früchteeis- 314
– Obst-Nuß- 303
– Schwarzwälder Kirsch 310
Beerengrütze, rote 301
Bergsteigersuppe 200
Bienenstich 119 f.

Biggimaus, Nougatcreme   177
Birne Gute Luise   296 f.
Blätterteigtaschen, gefüllte   219 f.
Blaukrautsalat   35
- Herbstfreude   35 f.
Blumenkohl
- auf Kopfsalat   36
- mit Curry   266
- natur   36
-Paprika-Salat   54
-salat mit Karotten   37
Bohnen
-, gebackene mit Tomaten   202
-, grüne orientalisch   268
- im Backrohr   200
-salat   255
-suppe, serbische   209
-topf, fränkischer   201
-topf, Izmir   201 f.
Borschtsch   190
Bratapfel Vicky   297
Brei
- Bulgur-   320
- Gries-   321
- Hirse-   323
- Kartoffel-   279
- Kartoffel- pikant   280
Brokkolisalat   37
Brot
- Aniszopf   87 f.
- Bauernvollkorn- (mit Sauerteig)   76 f.
- Bayrischer Kümmellaib (mit Sauerteig und Hefe)   78
- Dreikorn- (mit Spezial-Backferment)   80
- Frankenlaib (mit Spezial-Backferment)   80
- Französisches Stangen-   88
- Haferflocken-   89
- Hutzel-   161 f.
- Kärntner Früchte- im Römertopf (mit Spezial-Backferment)   85 f.
- Kartoffel-   89 f.
- Kürbiskern- (mit Spezial-Backferment)   81
- Oster-   90 f.
- Roggenvollkorn- (mit Spezial-Backferment)   81
- Rosinenzopf   91
- Sesam-   92
- Sonnenblumen- (mit Spezial-Backferment)   81
- Vollkorntoast-   93 f.
- Walliser Nuß- (mit Spezial-Backferment)   82
- Weihnachts-   166 f.
- Weizenvollkorn- (mit Spezial-Backferment)   82 ff.
Brotaufstrich
-, fränkische Liesel   171
- Grünkern-   172
- Variabel   171 f.
Brötchen
- Sonntags-   100
- Vollkorn-   100
- Zwiebel-   102
Brotfladen Kesra   96
Buchweizenfrikadellen   244
Bulgurbrei   320
Bunter
- Grünkernsalat   255
- Herbstsalat   38
- Melonensalat   297
- Salatteller   38
- Staudenselleriesalat   39
- Wintersalat   39
Buntes Wintergemüse (Gärgemüse)   333
Butter
- Feigen-   176
- Kräuter-   173
- Kräuter- Eva-Marie   173
- Kräuter-, Folienkartoffeln mit   216
- Meerrettich-   174
- Mohn   176
- Nuß-   177
- Pilz-   174
- Sesam   174
-spargel   265
- Tomaten-   175
- Walnuß-   175

- Wildkräuter- 175
- zeug 155

Champignons, Kopfsalat mit 51
Champignon-Zucchini-Gemüse 273
Chicoréesalat
- à la Rubin 39 f.
- Granata 40
- Korinth 40
- Riviera 41
- Supreme 41
- Texas 42
Chinakohl
- mit Clementinen 42
- mit Karotten 42
- mit Orangen 43
Christstollen 156 f.
Clementinen, Chinakohl mit 42
Creme
- Granatapfel- 299
- Reis- 308
- Rhabarber- 306
- Rhabarber-Bananen- 306
Cremesuppe
- Kräuter- 192
- Pilz- 195 f.
- Sellerie- 197
- Zucchini- 198
Croûtons, Lauchsuppe mit 193
Curry-Blumenkohl 266

Dampfnudeln 320 f.
Datteln, gefüllte 293
Dattel-Nuß-Konfekt 290
Dessert
- Ananas- 296
- Kastanien-Sahne- 302
- Kiwi-Eis- 315
- Mango- Ameera 302 f.
- Rhabarber 307
Dill
-sauce, Kopfsalat in 50
-Zitronen-Sauce 184
Dinkel
-Knusperröllchen 286
-pasteten mit Pilzfüllung 215

Dorfsalat, griechischer 47
Dreikornbrot (mit Spezial-
Backferment) 80
Dressing
- Avocado- 45, 185
- Feuerland- 185
- Kräuter-Salat- 186
- Mandel- 186
- Rahm- 187
- suprême 185
- Tomaten- 187
- Tomaten-Salat- 187
- Zitronen-Honig- 188

Eis
- Bananen- 311
- Kiwi 315
- Erdbeer- 313 f.
-, Feigen, Frische mit 314
- Früchte 314
-kaffee 312
- Nougat- 315
- Orangen- 315 f.
-torte 312 f.
- Zitronen- 316
Endivien
-Fenchel-Salat 43
-salat Herbstkönig 43
Erbsenpüree, griechisches 278
Erdbeer
-eis 313
-eisbecher 313 f.
-torte 139 f.

Faschingskrapfen 104 ff.
Feigen
-butter 176
-, Frische mit Eis 314
Feldsalat Brüssel 45
Fenchel
-Endivien-Salat 43
- nach sizilianischer Art 266 f.
-Radicchio-Salat 44
-Rapunzel-Salat 55
-salat Triest 44
Feuerlanddressing 185

Fladen
- Brot- Kesra 96
- Kräuter- 97
- Zwiebel- 103f.
Florentiner 146
Folienkartoffeln mit Kräuterbutter 216
Frankenlaib (mit Spezial-
  Backferment) 80
Fränkische Knieküchle 106f.
Fränkischer
- Bohnentopf 201
- Kartoffelsalat 256
Französisches Stangenbrot 88
Frikadellen
- Buchweizen- 244
- Grünkern- 248
- Hirse- 249
- Pilz- 251
- Reis- 252
Frische Feigen mit Eis 314
Frischer Obstkuchen 120
Frischkornfrühstück 25f.
- aus gekeimtem Getreide 27f.
- aus Hafer 28f.
Frischkost-Platte mit
  Avocadodressing 45
Früchte
-brot, Kärntner im Römertopf (mit
  Spezial-Backferment) 85f.
-eisbecher 314
-kompott, rohes 308f.
-reis, Schweizer 328
-Reissalat 298
-, Savarin mit 327f.
Fruchtmarmelade, rohe 178
Fruchtsalat, Diana 298
Fruchtsauce, rote 182f.

Gärtnerin
-omelett 217
-salat in Tomatensauce 46
Gazpachosalat 46
Gebackene
- Auberginen Priamos 245
- Bohnen mit Tomaten 203
- Kastanien 286f.

- Lauchstangen 245f.
- Maiskolben 246
- Pilzkappen 246f.
- Selleriescheiben 247
Gefüllte
- Auberginen Knossos 218
- Blätterteigtaschen 219f.
- Datteln 293
- Lauchrollen 220f.
- Lebkuchen 157f.
- Paprikaschoten 221
- Tomaten 221
- Walnußschnitten 140
- Weinblätter 276
- Zucchini 222
- Zucchini Akrotiri 223
Gelbe-Erbsen-Suppe 190
Gemüse
-allerlei in Aspik 267
-auflauf Patmos 224
- buntes Winter- (Gärgemüse) 333
- Champignon-Zucchini- 273
-drink 47
-gratin Hera 225
- Kartoffel-, saures 239
-kuchen Ronja 226
-Pilz-Ragout 270
-salat mit Avocadomayonnaise 256
-schaschlik 268
-suppe Mailänder Art 191
-suppe, rohe 196
-taschen 227
-topf, irischer 203
- Zucchini- 273
Geröstete Salzmandeln 287
Getreide, gekeimtes Frischkornfrüh-
  stück aus 27f.
Götterspeise 299
Granatapfelcreme 199
Griechischer
- Dorfsalat 47
- Orangensalat 49
- Reispudding 300
Griechisches
- Erbsenpüree 278
- Knoblauch-Kartoffel-Püree 278

Griesbrei 321
Grüne Bohnen, orientalisch 268
Grünkern
-Brotaufstrich 172
-frikadellen 248
– mit frischen Kräutern 279
-salat, bunter 255
-suppe 191
Gurken
-Karotten-Frischkost mit
 Sesamwürze 48
-Karotten-Salat 48
-suppe, griechische 191
-Tomaten-Salat 63

Hafer
-flockenbrot 89
-Frischkornfrühstück aus 28 f.
-Nuß-Küchle 250 f.
-Nuß-Plätzchen 147
Hagebuttenmarmelade 176
Hahn, Ostergebäck Hase und 110 f.
Hase, Ostergebäck Hahn und 110 f.
Haselnuß
-lebkuchen 158
-plätzchen 159
-taler 148
-Vollkornschnecken 107 f.
Hefe 86
–, Bayrischer Kümmellaib mit Sauerteig
 und 78
-butterkuchen 121
Herbstsalat, bunter 38
Herzogin-Kartoffeln 279
Himbeersahne, Melone mit 303
Hirse
-auflauf 322
-brei 323
-busserl 148 f.
-frikadellen 249
-kekse 149
-Nachtisch 300 f.
-topf 203
Honig
-Krokant-Ecken 122
-pfefferkuchen 160

-Zitronen-Dressing 188
-Zitronen-Sauce, Sommersalat mit 60
Husarenkrapfen 160 f.
Hutzelbrot 161 f.

Irischer Gemüsetopf 203
Italienische Antipasta
 (Gärgemüse) 334

Johannisbeer
-grütze 301
-pudding mit Bananensahne 301 f.

Karotten
-Blumenkohlsalat mit 37
– Chinakohl mit 42
-Gurken-Salat 48
-Kohlrabi-Salat 50
-salat 49
– Sauerkrautsalat mit 59
-Sellerie-Salat 49
Kärntner Früchtebrot im Römertopf
 (mit Spezial-Backferment) 85 f.
Kartäuser Klöße 323
Kartoffel
-auflauf Attika 228
-brei 279
-brei pikant 280
-brot 89 f.
-croquetten 249
-gemüse, saures 239
-gratin Peru 228 f.
-gulasch 229
-Knoblauch-Püree, griechisches 278
-Lauch-Gratin 229
-puffer 230
-rösti, Schweizer 282 f.
-Sahne-Gratin 280
-salat, fränkischer 256
-salat mit Rapunzel 257
-salat Nauplia 257
-salat Toskana 258
-suppe Piräus 192
Kartoffeln
– Back- 276
– Folien- mit Kräuterbutter 216

– Herzogin- 279
– Petersilien 281
– Sesam- 283
Kastanien
–, gebackene 286 f.
-Sahne-Dessert 302
-torte 141
Kichererbsenpastete 172 f.
Kipferl, Kümmel- 98
Kirsch
-becher, Schwarzwälder 310
-kuchen mit Mandelstreuseln 123
-kuchen versenkt 124
-torte, Schwarzwälder 143 f.
Kiwieis 315
Kleine Obsttörtchen 125
Knieküchle, fränkische 106 f.
Knoblauch- oder Kräutertoast 94
Knoblauch
-Kartoffel-Püree, griechisches 278
-Mandel-Paste 173 f.
Knödel
– Aprikosen- 319
– Zwetschgen- 319
Knusper
-stangen 287 f.
-würfel 149 f.
Kohlrabi-Karotten-Salat 50
Kokos
-raspeln, Schwarzwurzelsalat mit frischen 61
Kompott
– Früchte-, rohes 308 f.
– Trockenfrüchte- 309
Konfekt
– Aprikosen-Nuß- 290
– Dattel-Nuß- 290
– Mandel-Orange- 292
– Marzipan- 293
-Ostereier 291
Kopfsalat
– Blumenkohl auf 36
– in Dillsauce 50
– mit Champignons 51
– San Remo 51

– Taiwan 52
– Wildkräuter- 68
Kräutertoast, Knoblauch- 94
Kräuter
-butter 173
-butter Eva-Marie 173
-butter, Folienkartoffeln mit 216
-cremesuppe 192
-fladen 97
–, frischer Grünkern mit 279
-Maisschnitten 250
-remoulade 186
-Salatdressing 186
-sauce 181
Krautrouladen Atalante 231
Krautsuppe Kalinka 193
Krauttopf Natascha 204 f.
Krokant-Honig-Ecken 122
Kümmel
-kipferl 98
-laib, bayrischer (mit Sauerteig und Hefe) 77
-Schmand-Plätzchen 289 f.
Kürbiskernbrot (mit Spezial-Backferment) 81

Lauch
-Kartoffel-Gratin 229
-pastete 232
-quiche Moselle 233
-Reistopf Kos 205
-rollen, gefüllte 220 f.
-stangen, gebackene 245 f.
-suppe mit Croûtons 193
-topf 206
Laugenbrezen 99 f.
Lebkuchen
–, gefüllte 157 f.
– Haselnuß- 158
Linsen
-Ananas-Salat 258
-suppe Kreta 194
-suppe Provence 194
-topf 206
-topf, schwäbischer 208
Linzer Torte 142

Löwenzahnsalat Catalonia 52

Mai-Salat 53
Mais
-Kräuter-Schnitten 250
-kolben, gebackene 246
Makkaroni al Funghi 234
Mandel
-dressing 186
-Knoblauch-Paste 173f.
-Orange-Konfekt 292
-Orangen-Plätzchen 162
-sauce, Salat Gourmet mit 58
-streusel, Kirschkuchen mit 123
-splitter 292
-Zitronenkuchen 133
Mangodessert Ameera 302f.
Marzipan
-kartoffeln 293f.
-konfekt 293f.
-konfekt – Gefüllte Datteln 293
-konfekt – Aprikosen-Walnuß-Taler 294
Mayonnaise, Avocado- 180, 256, 264
Meerrettich
-butter 174
-sauce 181
Melone mit Himbeersahne 303
Melonensalat, bunter 297
Minestrone 207
Mohn
-butter 176
-gugelhupf 126
-kuchen 127
-Rhabarber-Strudel 324f.
-Vollkornschnecken 109
Mungbohnen, gekeimte 53
Mürbekeks Doppeltes Lottchen 150

Naturreis 280
Nikolaus 163
Nougatcreme Biggimaus 177
Nougateis 315
Nudel
-salat 259

-suppe 195
Nudeln, Vollkorn- 283f.
Nuß
-Aprikosen-Konfekt 290
-butter 177
-brot, Walliser (mit Spezial-Backferment) 82
-Dattel-Konfekt 291
-Haferküchle 250f.
-Hafer-Plätzchen 147
-hörnchen 109f.
-Obst-Becher 303
-printen 164
-Schmand-Plätzchen 151
-zopf 128

Obst
-kuchen, frischer 120
-kuchen Regina 129
-Nuß-Becher 303
-salat Gran Canaria 304
-salat Madeira 304
-salat rosé 305
-törtchen, kleine 125
Ölbohnen, türkische 272
Omelett, Gärtnerin- 217
Orangen
– Chinakohl mit 43
-eis 315f.
-Mandel-Konfekt 292
-Mandel-Plätzchen 162
-marmelade, rohe 178
-salat, griechischer 48
Orkas mit Tomaten 269
Oster
-brot 90f.
-gebäck Hase und Hahn 110f.
-gebäck, Tiroler 112ff.
Ostereier, Konfekt- 291

Paprika
-Blumenkohl-Salat 54
-schoten, gefüllte 221
-schote, Rote Rüben in 56
Pasta asciutta 270
Pastinakensalat 54

363

Perltapioka siehe Sagosuppe
Persimonpflaumen garniert 305
Petersilienkartoffeln 281
Pfeffer
-kuchen, Honig- 160
-nüsse 165
Pilz
-Avocado-Aufstrich 170 f.
-butter 174
-cremesuppe 195 f.
-frikadellen 251
-füllung, Dinkelpasteten mit 215
-Gemüse-Ragout 270
-kappen gebackene 246 f.
-ragout Dalmatien 234 f.
-sauce 182
Pilze in Senfsauce 271
Pizza
– Cagliari 235 f.
– Elliniki 236 f.
Polenta 281
Popcorn 288
Prasselkuchen 130
Preiselbeermarmelade 177
Preiselbeeren, Wirsingsalat mit 69
Pudding
– Johannisbeer- mit Bananensahne 301
– Reis-, griechischer 300
– Schokoladen- 309

Radicchio-Fenchel-Salat 44
Rahm
-apfelstrudel 324
-dressing 187
-guß, Apfelkuchen mit 116
-Sauerkraut-Strudel 238
Rapunzel
-Fenchel-Salat 55
–, Topinambursalat mit 65
-Weißkraut-Salat 67
Rapunzel, Kartoffelsalat mit 257
Ratatouille im Reisrand 237
Reis
-creme 307

-frikadellen 252
-Früchte-Salat 298
-Lauch-Topf Kos 205
– Natur- 280
-pudding, griechischer 300
-rand, Ratatouille im 237
-Sahne-Kranz 326
-salat pikant 260
– Schweizer Früchte- 328
-spinat 207
Rettich
-salat garniert 55
-Wildkräuter-Salat 55
Rhabarber
-Bananen-Creme 305 f.
-Creme 306
-dessert 307
-kuchen 131
-Mohn-Strudel 324 f.
Risotto 281
Roggenvollkorn
-brot (mit Spezial-Backferment) 81
-sticks 288 f.
Rohe
– Fruchtmarmelade 178
– Gemüsesuppe 196
– Orangenmarmelade 178
Rohes Früchtekompott 308 f.
Rohrnudeln 325 f.
Römertopf 84
–, Kärntner Früchtebrot im (mit Spezial-Backferment) 85 f.
Römischer Salat 56
Rosinenzopf 91
Rote Beerengrütze 301
Rote Fruchtsauce 182 f.
Rote Rüben
– in Paprikaschote 56
– mit Wildkräutern 57
-Salat Nikolajev 57
-Salat Thera 260
-Suppe, russische siehe Borschtsch
Russisches Weißkraut (Gärgemüse) 335

Sagosuppe 196
Sahne
- Bananen- mit
  Johannisbeerpudding 301 f.
- Himbeer-, Melone mit 303
-Kartoffel-Gratin 280
-Kastanien-Dessert 302
-Reiskranz 326
Salat
- Artischocken- à la Villars 254
- Auberginen- Olymp 254
- Bauern-, türkischer 66
- Blaukraut- 35
- Blaukraut- Herbstfreude 35 f.
- Blumenkohl- mit Karotten 37
- Bohnen- 255
- Brokkoli- 37
- Chicorée- à la Rubin 39 f.
- Chicorée- Granata 40
- Chicorée- Korinth 40
- Chicorée- Riviera 41
- Chicorée- Suprême 41
- Chicorée- Texas 42
- Dorf-, griechischer 47
- Endivien- Herbstkönig 43
- Feld- Brüssel 45
- Fenchel-Endivien- 43
- Fenchel-Radicchio- 44
- Fenchel- Triest 44
- Frucht- Diana 298
- Früchte-Reis- 298
- Gärtnerin- in Tomatensauce 46
- Gazpacho- 46
- Gemüse- mit
  Avocadomayonnaise 256
- Gourmet mit Mandelsauce 58
- Grünkern-, bunter 255
- Gurken-Karotten- 48
- Herbst-, bunter 38
- Karotten- 49
- Karotten-Sellerie- 49
- Kartoffel-, fränkischer 256
- Kartoffel- mit Rapunzel 257
- Kartoffel- Nauplia 257
- Kartoffel- Toskana 258
- Kohlrabi-Karotten- 50

- Kopf-, Blumenkohl auf 36
- Kopf- in Dillsauce 50
- Kopf- mit Champignons 51
- Kopf- San Remo 51
- Kopf- Taiwan 52
- Linsen-Ananas- 258 f.
- Löwenzahn- Catalonia 52
- Mai- 53
- Melonen-, bunter 297
- Nudel- 259
- Obst- Gran Canaria 304
- Obst- Madeira 304
- Obst- rosé 305
- Orangen-, griechischer 48
- Paprika-Blumenkohl- 54
- Pastinaken- 54
- Rapunzel-Fenchel- 55
- Reis- pikant 260
- Rettich- garniert 55
- Rettich-Wildkräuter- 55
-, römischer 56
- Rote-Rüben- Nikolajev 57
- Rote-Rüben- Thera 260
- Sauerkraut- Hawaii 58
- Sauerkraut- mit Karotten 59
- Sauerkraut- mit Wildkräutern 59
- Sauerkraut- Rouge 59 f.
- Schwarzaugenbohnen- 261
- Schwarzwurzel- mit frischen
  Kokosraspeln 61
- Schwarzwurzel- pikant 61
- Sellerie- Astor 60
- Sommer- mit Zitronen-
  Honig-Sauce 60
- Spargel- 261
- Spinat- Frühling 62
- Spinat- mit Tomaten 62
- Staudensellerie-, bunter 39
-teller, bunter 38
- Tomaten-Gurken- 63
- Tomaten- Messina 64
- Topinambur- Brasilia 64
- Topinambur- mit Rapunzel 65
- Topinambur- pikant 65
- Waldorf- 66
- Weißkraut- Adana 67

- Weißkraut-Rapunzel- 67
- Weißkraut- Regent 67
- Weißkraut-Trauben- 68
- Wildkräuter- 68
- Wildkräuter-Kopf- 68
- Winter-, bunter 39
- Winterobst- 311
- Wirsing- mit Preiselbeeren 69
- Zucchini- 69

Salatdressing
- Kräuter- 186
- Tomaten- 187

Salzmandeln, geröstete 287
Salzstangen 99 f.

Sauce
- Auberginen- 180
- Dill-, Kopfsalat in 50
- Frucht-, rote 182 f.
- Kräuter- 181
- Mandel-, Salat Gourmet mit 58
- Meerrettich- 181
- Pilz- 182
- Senf- 183
- Senf-, Pilze in 271
- Suprême, Spargel in 271
- Tomaten-, Gärtnerinsalat in 46
- Tomaten- natur 183
- Tomaten- scharf 183
- Vanille- 184
- Zitronen-Dill- 184
- Zitronen-Honig-, Sommersalat mit 60

Sauerkraut 336 f.
-Rahm-Strudel 238
-salat Hawaii 58
-salat mit Karotten 59
-salat mit Wildkräutern 59
-salat Rouge 59 f.

Sauerteig 74 ff.
- Bauernvollkornbrot mit 76 f.
- Bayrischer Kümmellaib mit Hefe und 78

Saures Kartoffelgemüse 239
Savarin mit Früchten 327 f.
Schaukelpferdchen 163
Scheiterhaufen, bayrischer 319 f.

Schmand
-Kümmelplätzchen 289 f.
-Nuß-Plätzchen 151

Schokoladen-Kugeln Corinna 291
Schokoladenpudding 309
Schwäbischer Linsentopf 208
Schwäbische Spätzle 282
Schwarzaugenbohnensalat 261
Schwarzwälder
- Kirschbecher 310
- Kirschtorte 143 f.

Schwarzwurzelsalat
- mit frischen Kokosraspeln 61
- pikant 61

Schweizer
- Früchtereis 328
- Kartoffelrösti 282 f.

Sellerie
-cremesuppe 197
-Karotten-Salat 49
-scheiben, gebackene 247
-salat Astor 60

Senfsauce 183
-, Pilze in 271

Serbische Bohnensuppe 209

Sesam
-brot 92
-butter 174
-kartoffeln 283
-würze, Gurken-Karotten-Frischkost mit 48

Sommersalat mit Zitronen-Honig-Sauce 60
Sonnenblumenbrot (mit Spezial-Backferment) 81
Sonntagsbrötchen 100

Spargel
- in Sauce suprême 271
- mit Butter 265
-salat 261
-suppe 197

Spätzle, schwäbische 282
Spezial-Backferment 78 f.
-, Dreikornbrot mit 80
-, Frankenlaib mit 80

–, Kärntner Früchtebrot im Römertopf mit 85 f.
–, Kürbiskernbrot mit 81
–, Roggenvollkornbrot mit 81
–, Sonnenblumenbrot mit 81
–, Walliser Nußbrot mit 82
–, Weizenvollkornbrot mit 82 ff.
Spinat
-quiche Marseille 239 f.
-Reis 207
-salat Frühling 62
-salat mit Tomaten 62
Stangenbrot, französisches 88
Staudenselleriesalat, bunter 39
Streusel
-lämmchen 111
-osterhasen 111 f.
-Zwetschgenkuchen 132
Strudel
– Rahmapfel- 324
– Rhabarber-Mohn- 324 f.
– Sauerkraut-Rahm- 238
– Wiener Apfel- 328 f.
Suppe
– Bergsteiger- 200
– Bohnen-, serbische 209
– Gelbe-Erbsen- 190
– Gemüse- Mailänder Art 191
– Gemüse-, rohe 196
– Grünkern- 191
– Gurken-, griechische 191
– Kartoffel- Piräus 192
– Kräutercreme- 192
– Kraut- Kalinka 193
– Lauch- mit Croûtons 193
– Linsen- Kreta 194
– Linsen- Provence 194
– Nudel- 195
– Pilzcreme- 195 f.
– Rote-Rüben-, russische siehe Borschtsch
– Sago- 196
– Selleriecreme- 197
– Spargel- 197
– Tomaten- mit Vollkornnudeln 197 f.
– Zucchini-Creme- 198

Teeblätter Honigduft 151 f.
Tiroler Ostergebäck 112 ff.
Tomaten
-butter 175
-dressing 187
–, gefüllte 221
-Gurken-Salat 63
– im Grünen 62
– mit Avocadofüllung 63
– mit gebackenen Bohnen 202
–, Orkas mit 269
-platte Marokko 64
-salatdressing 187
-salat Messina 64
-sauce, Gärtnerinsalat in 46
-sauce natur 183
-sauce scharf 183
–, Spinatsalat mit 62
-suppe mit Vollkornnudeln 197 f.
Topinambur
-salat Brasilia 64
-salat mit Rapunzel 65
-salat pikant 65
Torte
– Ananas- Romantik 136
– Apfel- 137 f.
– Apfel- Prag 138
– Erdbeer- 139 f.
– Kastanien- 141
– Linzer – 142
– Schwarzwälder Kirsch- 143 f.
Trauben-Weißkraut-Salat 68
Trockenfrüchte
-kompott 309
-marmelade 178
Türkische Ölbohnen 272
Türkischer Bauernsalat 66
Tzatziki siehe Gurkensuppe, griechische

Vanillesauce 184
Vollkorn
-brötchen 101
-nudeln 283 f.
-nudeln, Tomatensuppe mit 197 f.

-schnecken, Haselnuß- 107f.
-schnecken, Mohn- 109
-toastbrot 93f.
-waffeln 102

Waldorfsalat 66
Walliser Nußbrot (mit Spezial-
 Backferment) 82
Walnuß
-Apfel-Kuchen 117
-Aprikosen-Taler 294
-butter 175
-plätzchen 165f.
-schnitten, gefüllte 140
Weihnachtsbrot 166f.
Weinblätter, gefüllte 276
Weißkraut
-Rapunzel-Salat 67
-, russisches (Gärgemüse)
 335
-salat Adana 67
-salat Regent 67
-Trauben-Salat 68
Weizenvollkornbrot (mit Spezial-
 Backferment) 82ff.
Wiener Apfelstrudel 328f.
Wildkräuter
-butter 175
-Kopfsalat 68
-Rettich-Salat 55
-, Rote Rüben mit 57
-salat 68
-, Sauerkrautsalat mit 59

Winter
-gemüse, buntes (Gärgemüse) 333
-obstsalat 311
-salat, bunter 39
Wirsing
– auf ungarische Art 272
-salat mit Preiselbeeren 69

Zimtsterne 167
Zitronen
-Dill-Sauce 184
-eis 316
-Honig-Dressing 188
-Honig-Sauce, Sommersalat mit 60
-Mandelkuchen 133
Zucchini
-Champignon-Gemüse 273
-Cremesuppe 198
-Dschunken 240f.
-, gefüllte 222
-, gefüllte Akrotiri 223
-gemüse 273
-salat 69
-scheiben, gebackene 244
Zwetschgen
-auflauf 329f.
-knödel 319
-kuchen 134
-Streusel-Kuchen 132
Zwiebel
-brötchen 102
-fladen 103f.
-kuchen 241f.